AF551900

Nils Suling

WIR HELDEN VON ROM

Die wahre Geschichte der WM 1990 –
erzählt von allen Weltmeistern

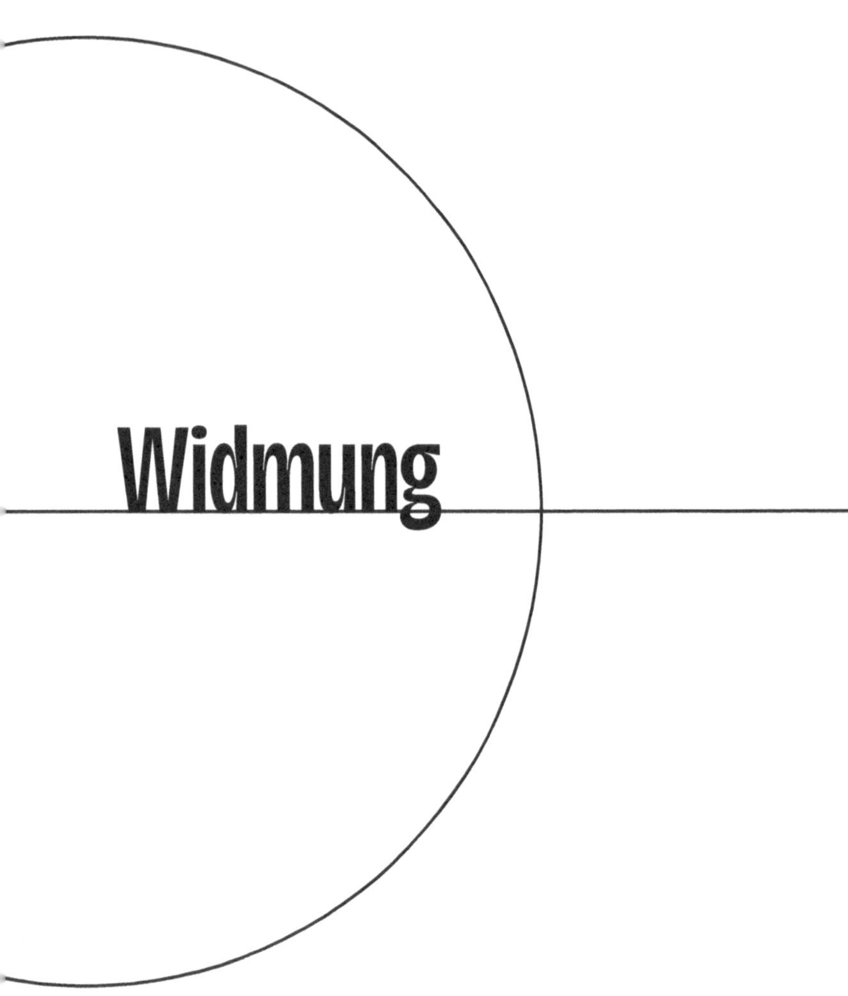

Widmung

Für Nicole, Estelle und Erika.
Ich liebe euch!

Inhalt

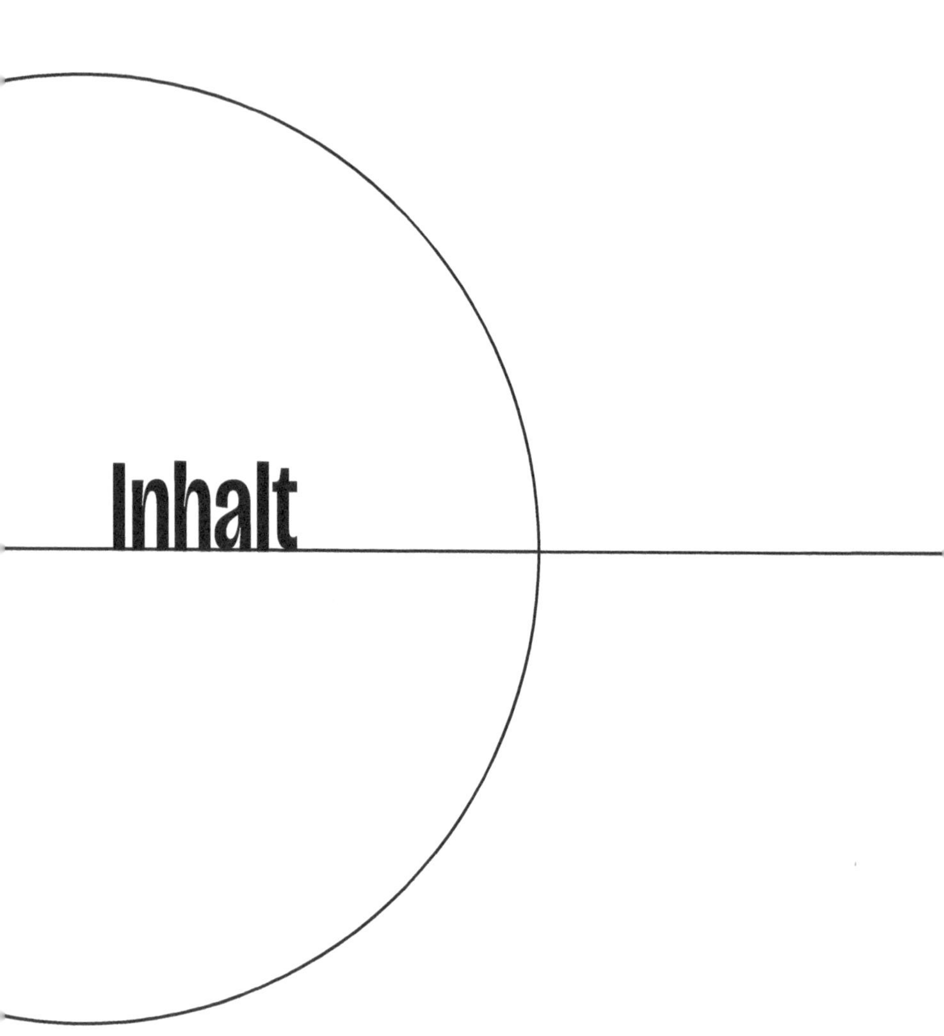

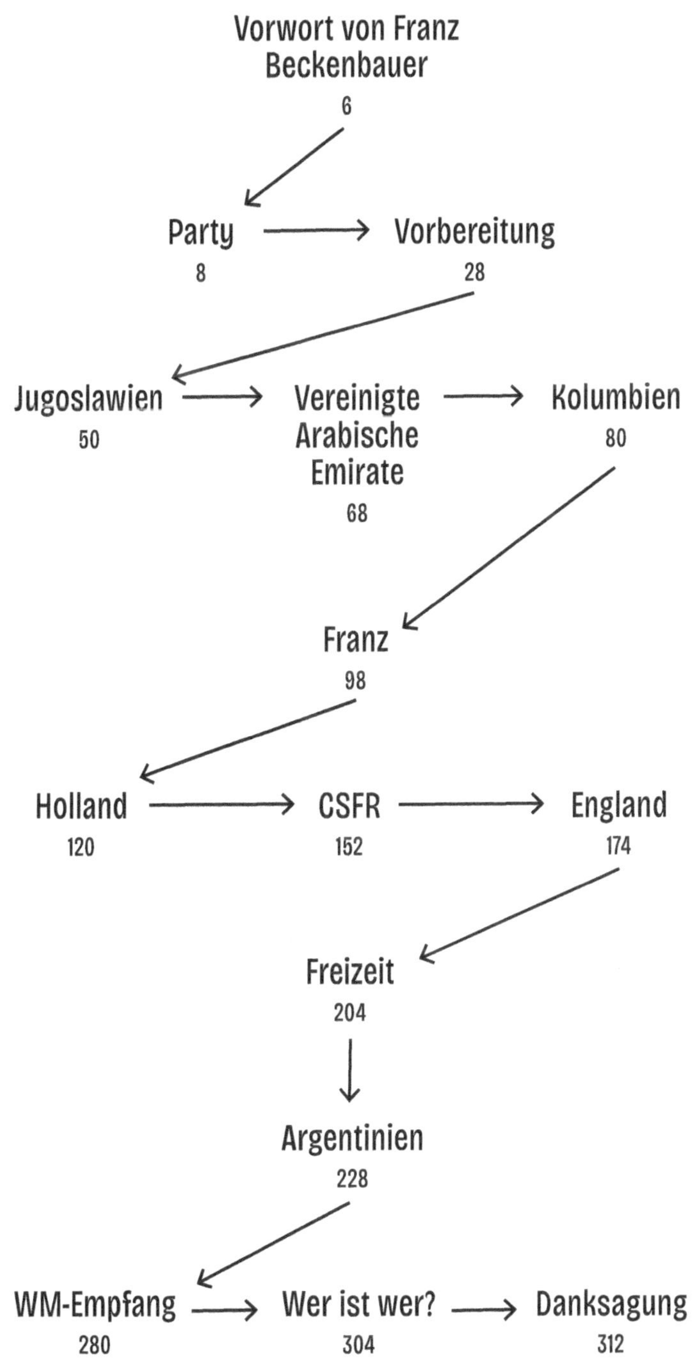
Vorwort von Franz Beckenbauer
6
Party
8
Vorbereitung
28
Jugoslawien
50
Vereinigte Arabische Emirate
68
Kolumbien
80
Franz
98
Holland
120
CSFR
152
England
174
Freizeit
204
Argentinien
228
WM-Empfang
280
Wer ist wer?
304
Danksagung
312

Vorwort von Franz Beckenbauer

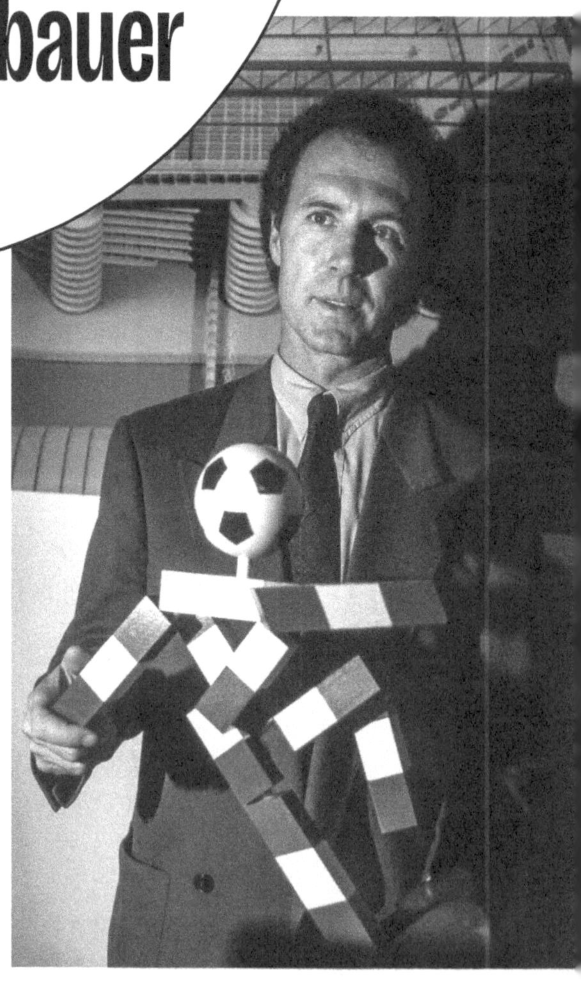

Liebe Freunde des Fußballs,

Deutschland ist viermal Weltmeister geworden. Mir persönlich liegt der Titel 1990 besonders am Herzen. Nicht nur, weil ich ihn als Trainer gewonnen habe, sondern noch viel mehr, weil ich eine so einmalige Mannschaft hatte.
„11 Freunde müsst ihr sein", hieß es ja früher. Wir waren mehr als nur 11 Freunde, weil auch die Ersatzspieler, Betreuer, Physios und das Trainerteam zu Freunden wurden. Ein verschworener Haufen, könnte man sagen.
Deshalb treffen wir 1990er uns ja bis heute regelmäßig.
Das macht man halt nur unter Freunden.
Es heißt, ich hätte in der Kabine immer nur den einen Satz gesagt: „Geht's raus und spielt's Fußball". Das waren tatsächlich immer meine letzten Worte, aber am Ende einer Ansprache, bevor die Mannschaft raus ist auf den Rasen. Ich habe darin immer die Schwerpunkte ins Gedächtnis gerufen, unsere Stärken, wichtige Duelle. Und zum Schluss sagte ich dann eben: „So, und jetzt geht's raus und spielt's Fußball!" Das war mein Kennzeichen, eine Art Mantra. Ein bissel mehr war da aber schon.

Ein WM-Turnier zu gewinnen, ist viel Arbeit und manchmal – Sie werden es nicht glauben – musste ich sogar etwas lauter werden ... Aber der Grundgedanke ist richtig: Nur mit Spaß am Fußball hast du Erfolg!
Ich habe schließlich selbst Fußball gespielt, was die Spieler natürlich wussten, sie vertrauten mir. Und ich wusste, was ihnen während des langen Zeitraums eines Turniers guttut.
Ich ließ ihnen Freiräume, und sie haben sie nie ausgenutzt und mich nie enttäuscht.
Von allen Weltmeisterschaften, die ich erlebt habe, war 1990 die schönste. Der WM-Titel ist aber nicht mein Verdienst, sondern das Verdienst der Spieler. Ich habe nur darauf geachtet, dass alles läuft. 1990 in Italien hat einfach alles gepasst, das Land, die Leute, die Atmosphäre. In Italien sind wir Freunde fürs Leben geworden.
Ich hoffe, den Spaß, den wir damals hatten, werden Sie auch beim Lesen haben!

Ihr

Franz Beckenbauer

PARTY

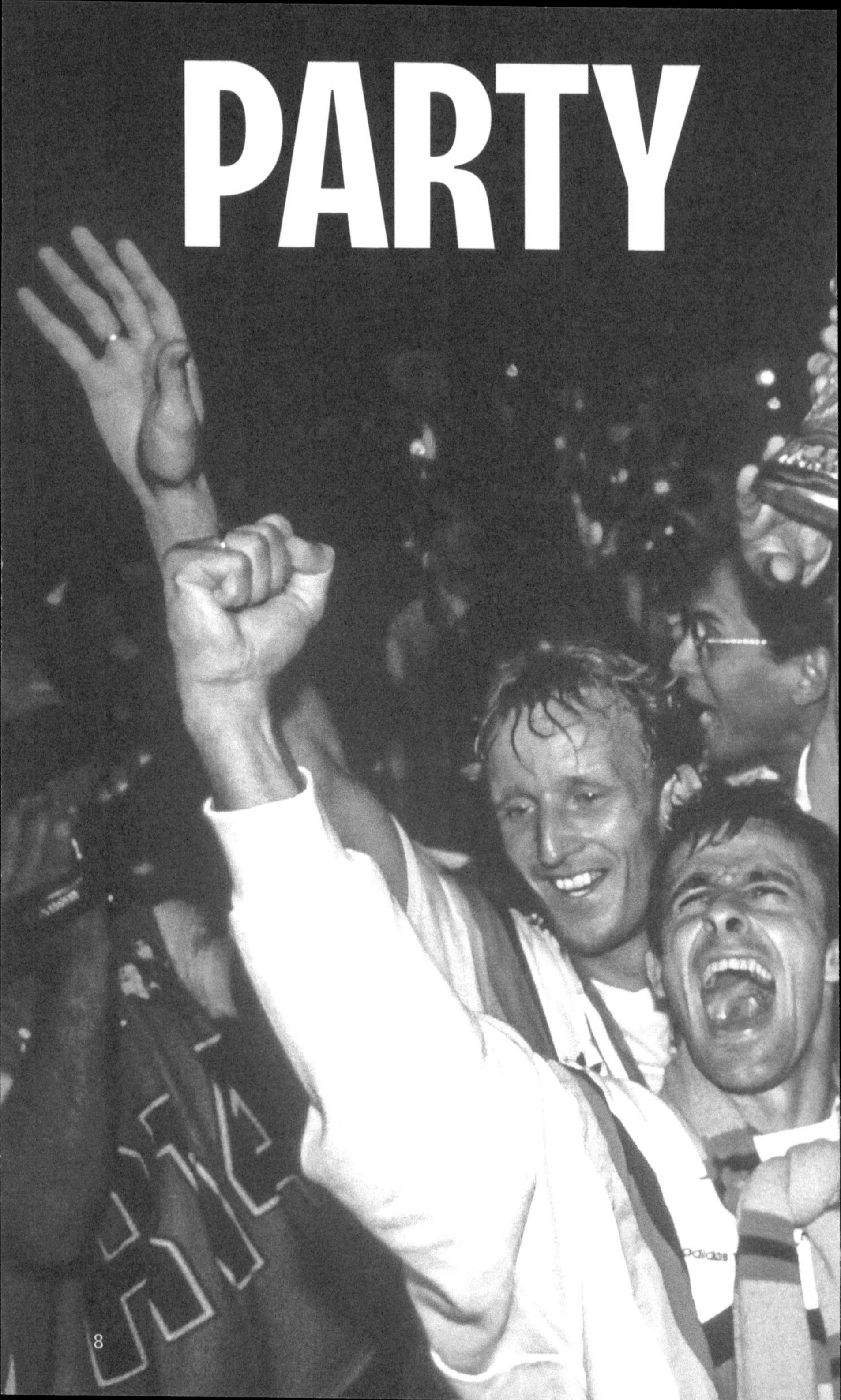

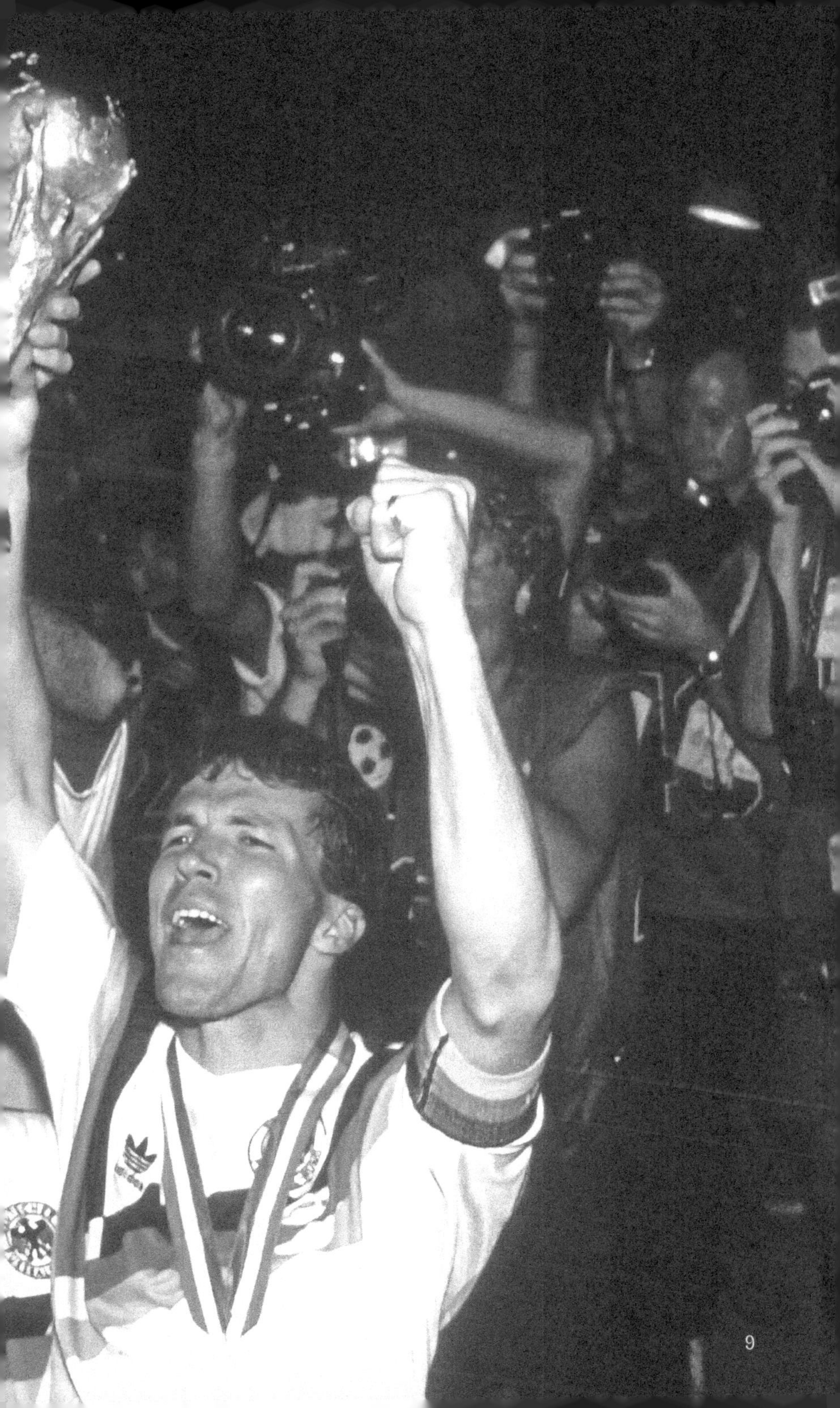

ANDREAS BREHME
über den Morgen nach
der Weltmeister-Party

Plötzlich steht Franz in der Tür und sagt: „Los, aufstehen, ihr seid die Letzten!“ Was Franz vergessen hatte, war seine Hose: Er stand in Unterhose vor uns.

Die WM-Feier in Rom

Nach dem 1:0 gegen Argentinien am 8. Juli 1990 im WM-Finale im Olympiastadion in Rom feiert die deutsche Mannschaft in der Villa Borghesiana den Titel.

LOTHAR MATTHÄUS Nach dem WM-Sieg haben wir im Hotel im kleinen Kreis gefeiert. Nicht mit 1000 Leuten. Es war die Truppe, die bei der Weltmeisterschaft immer zusammen war. Wir haben uns erst gar nicht umgezogen, sondern trugen die Freizeitanzüge der Nationalmannschaft, mit denen wir vom Stadion gekommen waren.

RUDI VÖLLER Das war eine tolle Nacht! Wir sind mit dem Bus in die Villa Borghesiana, unser Endspielquartier, gefahren. Weil ich seit drei Jahren in Rom spielte, kannte ich das Hotel. Es war schon spät, als wir dort ankamen.

THOMAS BERTHOLD Im Hotel trafen wir auf Carlos Alberto, den Kapitän der Brasilianer beim WM-Titel 1970. Der saß dann bei uns am langen Tisch.

ANDREAS MÖLLER Da ging dann die Post ab! Die Atmosphäre war toll. Zur Feier waren Familien, Freunde und Sponsoren eingeladen, Bändchen oder Gästelisten gab es nicht, jeder konnte wen mitbringen. Rein, rein, rein. Das war wurscht. Das war alles locker und lässig. Deshalb war es auch so schön.

KARL-HEINZ RIEDLE Es war eine magische Nacht! Unsere Frauen waren dabei, meine natürlich auch. Die Villa La Borghesiana lag etwas außerhalb Roms, ein traumhafter Ort! Es hatte bestimmt noch 30 Grad.

RAIMOND AUMANN Ich hatte meiner Frau vorm Finale versprochen: Wenn wir Weltmeister werden, dann bestelle ich uns einen Mercedes SL! Den Wagen habe ich noch während des Banketts in Auftrag gegeben, bei einem Vertreter von Mercedes, der auf der Party war. Mercedes war ja Partner des DFB. Das Auto wurde relativ schnell geliefert. Meine Frau hat sich wahnsinnig gefreut!

Franz bietet allen das Du an

Franz Beckenbauer ist seit dem Vorrundenaus der deutschen Nationalmannschaft bei der EM 1984 im Amt. Als Teamchef wird er 1986 Vizeweltmeister in Mexiko, bei der EM 1988 ist im Halbfinale gegen den späteren Europameister Holland Schluss. Nach dem Titel 1990 hört Beckenbauer auf. Im September 1990 wird er erst technischer Direktor und kurz danach Trainer bei Olympique Marseille.

ANDREAS BREHME: Nach der Siegerehrung und dem ganzen Brimborium sind wir sehr spät zurück ins Hotel gekommen, ich glaube erst um zwei Uhr nachts. Franz hat uns dort erst mal in den Besprechungsraum gebeten.

ANDREAS MÖLLER: Als wir ins Hotel kamen, sagte Franz: „Bitte alle mal in den Besprechungsraum!" Mir läuft es heute noch eiskalt den Rücken runter, wenn ich an die Situation denke. „Freunde", sagte er, „jetzt sitzen wir hier nochmal alle zusammen. Wie in den letzten Wochen bei Besprechungen. Ich möchte mich bedanken bei euch. Für euren Einsatz, für eure Hingabe. Ihr habt etwas geschaffen, das euch immer begleiten wird. Das ist das Größte für einen Fußballer. Ihr könnt stolz auf euch sein! Ihr habt es verdient, weil ihr die Besten wart! Weil ihr die Professionellsten wart! Ich möchte euch sagen: Ich biete jedem von euch das Du an!" Wow!, dachte ich, als Rudi Völler aufsteht und mich als Jüngsten aufforderte: „Andy, jetzt duze den Franz doch mal!" Alle haben laut losgelacht. Bis dahin war er für mich immer Herr Beckenbauer gewesen. Und jetzt: Der Franz! Er sagte dann noch: „Wenn jemand ein Problem hat, kann er sich immer an mich wenden! Und jetzt könnt's ihr feiern! Das habt ihr euch verdient!"

RUDI VÖLLER: Franz war auch für uns ältere Spieler, die wir mit ihm bereits per Du waren, nicht nur Trainer und Teamchef, sondern auch die Übervaterfigur. Für die jungen Spieler wie Andreas Möller war es eine Riesensache, als Franz allen das Du angeboten hat.

ANDREAS BREHME: Mit dem Du habe ich mich erst mal ein bisschen schwergetan. Denn der Franz ist eben der Franz, einer der Größten des Weltfußballs, zu dem ich immer aufgeschaut habe. Damals dachte ich: Das geht nicht! Wenn ich den Trainer duze, kriege ich Schweißausbrüche. Aber im Laufe der Zeit habe ich mich daran gewöhnt. Heute sind wir Freunde!

LOTHAR MATTHÄUS: Franz bot beim Bankett allen das Du an. Und er sagte, dass ihn jeder anrufen kann, wenn er Sorgen hat, sportlich oder privat. Eine große Geste. Für mich ist sie fast genauso viel wert wie der Gewinn des Titels.

GÜNTER HERMANN: Das war ein tolles Gefühl, als Franz uns das Du angeboten hat.

Die wilde Party

Die Spieler feiern nach dem WM-Titel wie die Weltmeister. Es gibt Bier, Prosecco, Schampus. An das Essen auf der Feier kann sich übrigens keiner erinnern …

KARL-HEINZ RIEDLE: Wir haben bis morgens im Pool gefeiert. Ich dachte immer, wir hätten auch den Franz reingeschmissen, aber der Lothar sagt, dass würde nicht stimmen. Wahrscheinlich habe ich das geträumt (lacht)! Wir hatten alle ein super Verhältnis untereinander. Auch unsere Frauen haben sich untereinander toll verstanden.

PIERRE LITTBARSKI: Ich kann mich noch genau an die Party erinnern. Ich trinke keinen Alkohol und war mehr oder weniger der Einzige, der nüchtern blieb. Ich habe mich um die Musik gekümmert. Das war ein bisschen komplizierter, weil ich es noch mit Kassetten gemacht habe. Ich habe auch Kassetten für den Bus zusammengemixt. Ich muss ehrlichweise gestehen, dass ich schon vorm Finale eine Feierkassette zusammengestellt hatte – mit „We are the Champions" (lacht)! Ich war so überheblich, nur Stimmungslieder aufzunehmen, weil ich überzeugt war, dass wir gewinnen. Eine Niederlage war in meinem Kopf nicht vorgesehen. Zum Glück hat es geklappt. Abends auf der Feier liefen vor allem Queen und „Er gehört zu mir" von Marianne Rosenberg – ein besonderer Wunsch von Lothar Matthäus. Das habe ich bestimmt hundertmal gespielt. Irgendwas war buffetmäßig aufgebaut, aber aufs Essen hat sich wahrscheinlich keiner konzentriert (lacht).

UWE BEIN: Ich habe keine Ahnung, was es zu essen gab, aber ich weiß, was ich getrunken hab: Bier, Wein, Champagner, alles durcheinander (lacht).

RUDI VÖLLER: Der Pokal stand vor mir auf dem Tisch – und ich habe mit ihm mehrmals angestoßen (lacht). Irgendwann nahm der Lothar ihn mit aufs Zimmer.

BERTI VOGTS: Ich weiß nicht, was es zu essen gab. Nebensächlichkeiten interessieren auf so einer Weltmeisterparty nicht (lacht)!

GUIDO BUCHWALD: An die Feier nach dem WM-Sieg habe ich gar nicht so viele Erinnerungen. Sie war, wie eine Feier so ist: Wer am nächsten Tag noch weiß, was alles passiert ist, der war nicht richtig dabei (lacht)!

ANDREAS MÖLLER: Um vier, fünf Uhr wurde es am Himmel langsam rot, die Sonne ging auf. Alle hatten einen im Tee. Wir standen im Pool, mit einer Zigarette in der Hand, und haben getanzt. Es kommt mir alles wie gemalt vor, wunderschön.

UWE BEIN: Irgendwen habe ich in den Pool geworfen, mit Klamotten. Ich weiß aber nicht mehr, wer das war, ich schwöre! Dann hat es mich selbst erwischt. Am Ende waren wir alle drin. Einige von uns haben im Pool eine schöne Zigarre geraucht.

THOMAS BERTHOLD: Auf der Party ging es drunter und drüber. Zu der Hotelanlage gehörte ein Pool, in den sind wir am Ende alle reingesprungen.

LOTHAR MATTHÄUS: Halb sechs, sechs, bei Sonnenaufgang, saß ich mit Andi Brehme auf dem Rasen vor dem Hotel. Drinnen tobte noch immer das Fest, unsere Frauen tanzten. Andi und ich waren acht Wochen auf einem Doppelzimmer zusammen. Es war ja nicht nur die WM, es war ja auch noch die Vorbereitung in Südtirol. Wir setzten uns auf den Rasen und redeten. Dabei teilten wir uns eine Flasche Bier mit einem Bügelverschluss, das weiß ich noch. Wir ließen noch einmal alles Revue passieren: die lange gemeinsame Zeit, das Finale, den von Andi verwandelten Elfmeter, den Aufenthalt am Spielort Mailand, wo Andi und ich als Inter-Spieler nur sieben, acht Kilometer vom Mannschaftsquartier entfernt wohnten. Dieser Moment mit Andi auf dem Rasen nach dem gewonnenen WM-Finale ist mir fast am stärksten in Erinnerung. Dazu die vielen ostdeutschen Fans nach dem Mauerfall. Sie kannten sich im westdeutschen Fußball sehr gut aus, haben uns im Stadion sehr unterstützt und auf dem Trainingsplatz Kontakt zu uns gesucht. Das war etwas Neues.

Viele machen durch

Ein kleiner Teil der Mannschaft legt sich kurz hin – der große Rest macht die Nacht durch.

PIERRE LITTBARSKI: Als ich Guido Buchwald auf dem Rasen liegen sah, dachte ich: Ja, ok, der ruht sich kurz aus, hat er sich verdient.

THOMAS HÄSSLER: Dass der Guido Buchwald auf dem Rasen vorm Hotel eingeschlafen sein soll, habe ich auch gehört … In dieser Nacht ist so viel Verrücktes passiert (lacht).

GUIDO BUCHWALD: Das war ja eine Feier im Freien, in dem tollen großen Garten des Hotels. Das Wetter war super, keiner wollte ins Bett. Irgendwann hieß es, jetzt müsst ihr aufs Zimmer und eure Sachen holen – weil in Frankfurt die Fans warteten und wir pünktlich losfliegen mussten. Es gibt so Gerüchte, dass ich auf der Wiese eingeschlafen bin. Kann schon sein – mit Sicherheit kann das sein (lacht laut).

THOMAS BERTHOLD: Irgendwann meinte Horst Schmidt, unser Delegationsleiter, wir müssten uns langsam mal auf den Weg machen, um den Flieger nach Frankfurt zu kriegen.

THOMAS HÄSSLER: Ich habe keine Sekunde geschlafen. Es gab fast niemanden, der aufs Zimmer gegangen ist. Das war eine so schöne Feier. Wir haben frühmorgens die Sonne aufgehen sehen. Am Ende mussten wir uns sputen, um rechtzeitig zum Flughafen zu kommen.

JÜRGEN KOHLER: Ich weiß nicht, ob ich überhaupt noch mal auf meinem Zimmer war. Ich weiß auch nicht, ob mein Koffer mit nach Hause gekommen ist (lacht). Ich weiß nur noch, dass ich eine Sonnenbrille aufhatte. Die Nacht war ein Highlight der WM. Wir waren eine ganz besondere Mannschaft, was den Zusammenhalt und die unterschiedlichen Charaktere betrifft. Der eine ein bisschen lauter, der andere ein bisschen leiser. Einer ein bisschen härter, der andere ein bisschen sanfter. Die Mischung stimmte einfach. Paul Steiner, Günter Hermann und Frank Mill, die keine Spiele gemacht haben, trieben uns im Training an und sorgten dafür, dass wir den Fokus behielten und konzentriert arbeiteten. Die verlangten uns ordentlich was ab. Das war etwas Besonderes. Dazu kam der tolle Staff, der Adi Katzenmeier, der Hans Montag, der Klaus Eder, unsere Physiotherapeuten. Oder der Manni Drexler, der sich um die Klamotten gekümmert hat. Sie alle haben Anteil am Titel. Die Stimmung war außergewöhnlich – vor dem Turnier, während des Turniers und nach dem Turnier. Einzigartig!

GÜNTER HERMANN: Ich habe gar nicht geschlafen in der Nacht nach dem Finale. Es gab einige Reden. Und Bier und Wein! Ich erinnere mich, wie Andreas Brehme und Pierre Littbarski mit ihren Frauen getanzt haben. Sepp Maier war auch dabei. Litti und ich haben ewig gequatscht. Wir waren so ziemlich die Letzten auf der Party.

RUDI VÖLLER: Ich war am Ende einfach kaputt, klar, ich hatte ja 90 Minuten gespielt. Die Minuten nach dem Spiel, die Stunden danach in der Kabine und auf der Party – das erlebte ich wie in Trance. Ich war jedenfalls nicht einer der Letzten auf der Party und froh, irgendwann im Bett zu liegen – aber in bester Stimmung (lacht)!

ANDREAS KÖPKE: Die Party ging bis frühmorgens. Einige haben noch sehr lange am Pool gesessen. Ich habe mich irgendwann noch ein bisschen schlafen gelegt. Es waren nur wenige von außerhalb dabei, unsere Frauen und der erweiterte Kreis der Nationalmannschaft. Das war cool, viel familiärer und intimer als 2014. In Rio waren Gott und die Welt auf der Feier, Rihanna, Gerald Butler, Oliver Pocher, viele, die ich gar nicht kannte. Wie in einer Disco. Ganz anders Rom 1990.

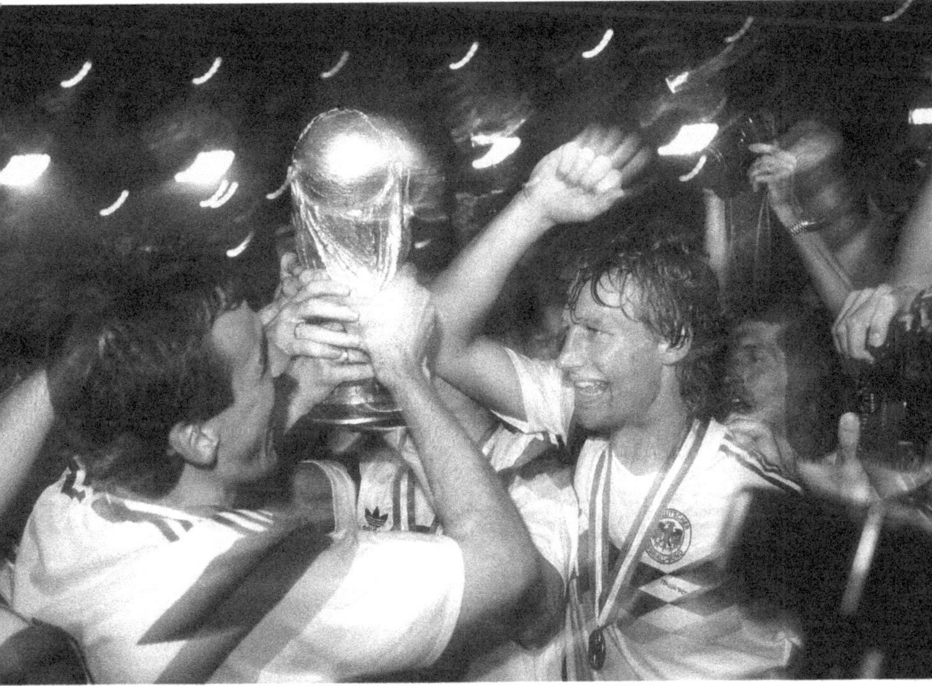

Wasser marsch!

Einige Spieler springen vor Freude in den Pool. Andere werden reingeschmissen. Ein paar kriegen später im Zimmer noch eine Extraladung Wasser ab.

ANDREAS MÖLLER: Die Wassereimeraktion von Uwe Bein war besonders verrückt. Der Uwe war als Spieler ein eher ruhiger Vertreter. Wenn es ums Feiern ging, war er aber ganz anders. Das Sprichwort Stille Wasser sind tief trifft auf ihn zu. Wir hatten schon einen im Tee, Uwe ist mit einem vollen Wassereimer durch die Zimmer gegangen.

UWE BEIN: Als es hell wurde, haben sich einige ins Bett gelegt, um noch ein Stündchen zu dösen. Aber daraus wurde nix! Ich bin zu Litti aufs Zimmer und habe ihm einen Eimer Wasser über den Kopf geschüttet. Kurz darauf stand Litti mit einem Eimer Wasser bei Andy Möller und mir im Zimmer. Andy rief: „Nee, nee, ich war´s nicht. Der Uwe war´s!" Ich riss noch das Bettlaken hoch, aber es nützte nichts (lacht)!

HANSI PFLÜGLER: Auf der WM-Party habe ich mich zurückgehalten. Die Spieler, die fünf, sechs oder sogar alle sieben Spiele gemacht haben, hatten mehr Grund, ordentlich und ausgelassen zu feiern als Spieler, die lediglich ein oder gar kein Spiel machen durften. Beim Titel 2014 waren jene, die nicht gespielt hatten, häufiger mit dem Pokal zu sehen als die, die alle Spiele gemacht haben.

RAIMOND AUMANN: Ich konnte meine Tasche gerade noch rechtzeitig zusammenpacken. Erst im Flieger haben wir geschlafen.

FRANK MILL: Ich habe bis sechs Uhr morgens durchgehalten. Mit mir saßen noch Olaf Thon und Klaus Augenthaler am Tisch. Auge mit einem Weizen, ich mit einem halben Bier, Olaf schlief mit dem Kopf auf dem Tisch – und hinter uns ging die Sonne auf ...

Der kaputte Kinder-wagen

Sepp Maier und Thomas Häßler feiern den WM-Titel auf besondere Art und Weise – mit einem kleinen Rennen.

KLAUS AUGENTHALER: Irgendwann bin ich ins Bett und habe so eineinhalb Stunden geschlafen. Meine Frau war mit unserer drei Monate alten Tochter angereist, und es war klar, dass sich die Kleine gegen sechs Uhr melden würde. Als es so weit war und ich aus dem Fenster schaute, sah ich, wie Sepp Maier mit Icke Häßler im Kinderwagen meiner Tochter durch den Rasensprenger lief. Die hatten ihren Spaß, aber der Buggy war hin (lacht)! Als wir morgens im Restaurant auftauchten, saß ein Großteil der Mannschaft beim Weißbierfrühstück.

THOMAS HÄSSLER: Ich kann mich vage dran erinnern, dass mich Sepp Maier im Kinderwagen der Tochter von Klaus Augenthaler durch einen Rasensprenger geschoben hat (lacht). Wenn schon Unsinn auf so einer Party, dann aber richtig ...

SEPP MAIER: Wir haben Icke Häßler so eine Kindermütze aufgesetzt und dann habe ich ihn in den Kinderwagen von Auges kleiner Tochter gesteckt und bin mit ihm durch den Rasensprenger gefahren. Er war ja auch der einzige Spieler, der in den Kinderwagen gepasst hat (lacht). Die Füße hat er aber schon raushängen lassen ...

PIERRE LITTBARSKI: Wie der Sepp Maier den Thomas Häßler mit dem Kinderwagen durch den Rasensprenger geschoben hat – legendär.

KARL-HEINZ RIEDLE: Sepp Maier und Thomas Berthold saßen in Unterhose mit einem Weißbier beim Frühstück. Wahrscheinlich saß ich auch in Unterhose da (lacht). Wir alle waren ziemlich voll, hatten ja bereits im Stadion losgelegt und dann immer weitergetrunken.

THOMAS BERTHOLD: Es wird erzählt, dass Sepp Maier und ich morgens in Unterhose und mit einem Weißbierglas am Frühstückstisch gesessen haben sollen. Das kann durchaus sein, das ist durchaus möglich (lacht)!

SEPP MAIER: Wir haben durchgefeiert. Morgens bin ich aber duschen gegangen – allerdings nicht auf dem Zimmer, sondern unter dem Rasensprenger. Dem musste ich immer hinterhergelaufen, damit er mich angesprüht hat. Danach bin ich so, wie ich war, zum Frühstück gegangen: in Unterhose und mit viel Restalkohol.

Die Franz-Überraschung

Die Mannschaft fliegt mit einer Sondermaschine von Rom nach Frankfurt. Vor der Abfahrt des DFB-Busses zum Flughafen sorgt der Teamchef für einen Lacher.

LOTHAR MATTHÄUS: Irgendwann waren wir auf unserem Zimmer. Auf einmal klopft es an der Tür. Andi schlief, also ging ich aufmachen – und da steht Franz vor mir, in Boxershorts und mit freiem Oberkörper, und sagt: „Hey, wir müssen fahren, sonst verpassen wir den Flieger!" Wir hatten den Pokal bei uns. Nicht die eigenen Frauen, sondern den Pokal!

PIERRE LITTBARSKI: Dass Franz in Boxershorts vor der Tür von Lothar und Andi gestanden haben soll, das habe ich auch gehört (lacht).

ANDREAS BREHME: Lothar und ich hatten während der ganzen WM ein Zimmer geteilt. Das haben wir auch in dieser Nacht gemacht. Unseren Frauen blieb nichts anderes übrig, als ein eigenes Doppelzimmer zu beziehen. Vorher saßen wir auf dem Rasen, tranken Bier. Einige Polizisten feierten mit uns. Als wir endlich aufs Zimmer kamen, war es schon neun Uhr morgens. Plötzlich stand Franz in der Tür und sagte: „Los, aufstehen, ihr seid die Letzten!" Was Franz vergessen hatte, war seine Hose: Er stand in Unterhose vor uns (lacht).

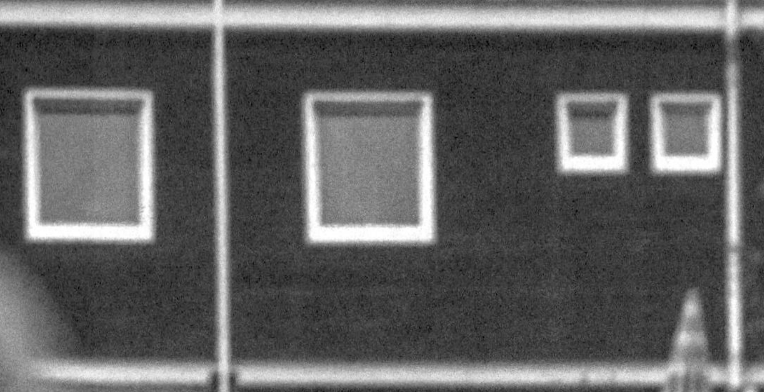

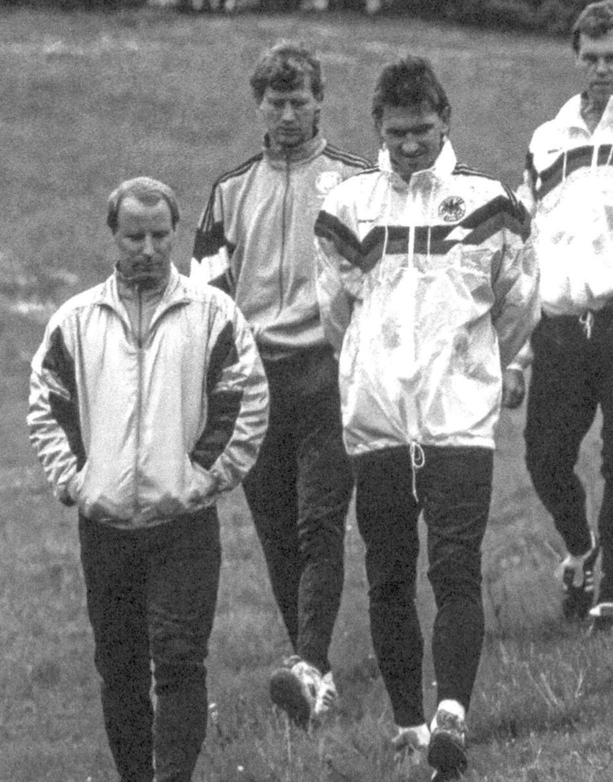

VORBE

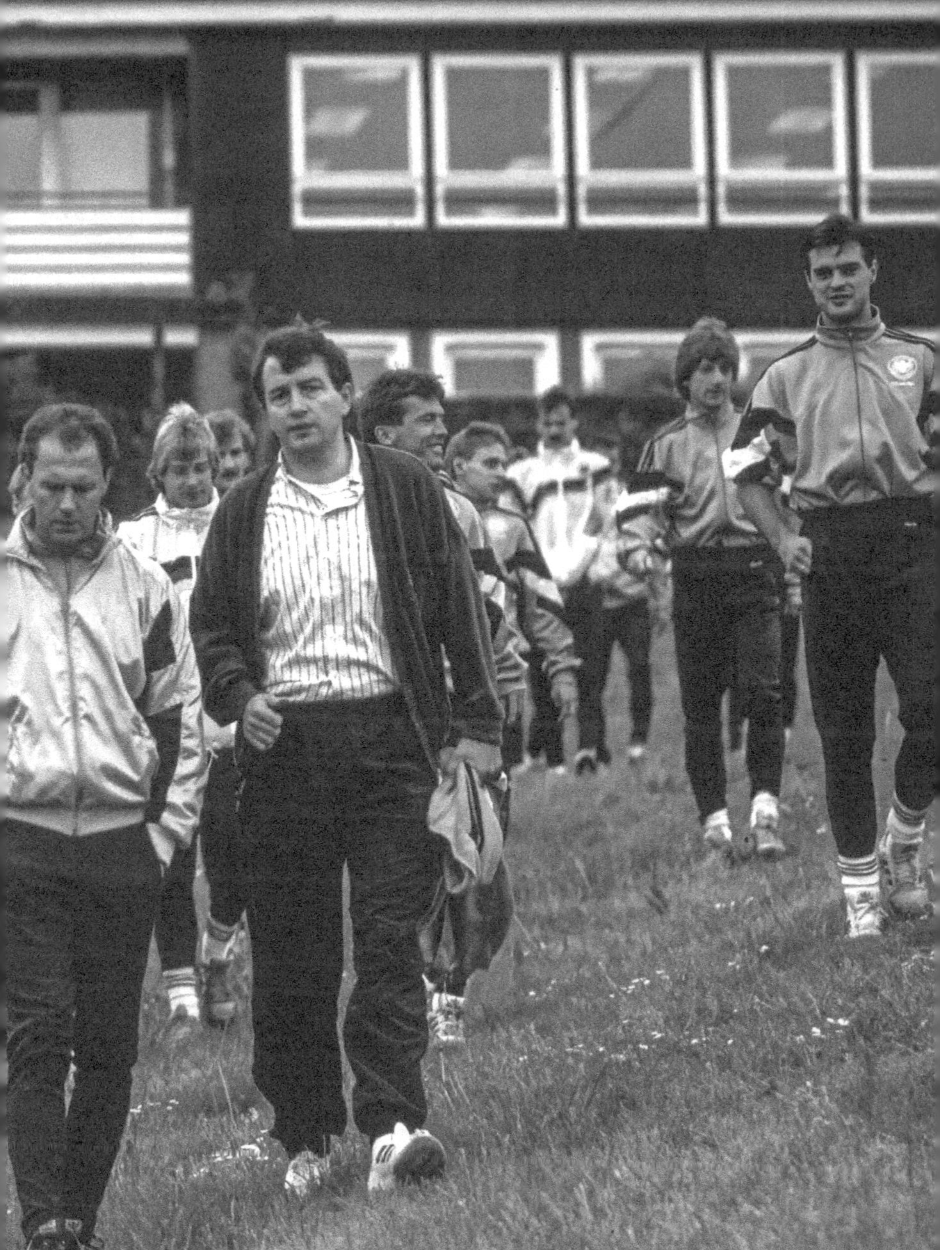

REITUNG

KLAUS AUGENTHALER über seine WM-Nominierung

Ich wollte die WM eigentlich absagen. Aber Franz überredete mich, Gott sei Dank!

Das Pool-Geschenk

Die deutsche Mannschaft hat ihr WM-Quartier im Castello di Casiglio in Erba nahe des Comer Sees.

BERTI VOGTS: Eigentlich sollten wir ja in Verona spielen, hatten da in der Nähe schon eine Unterkunft. Zwei Monate vor der WM rief mich dann Franz an und sagte: „Wir spielen jetzt in Mailand, such uns bitte dort ein Hotel!" Also bin ich losgetigert und drei, vier Tage durch Mailand und Umgebung gezogen.

WOLFGANG NIERSBACH: Eigentlich war Verona die erste Wahl für unsere Gruppenspiele. Wir hatten dort sogar schon ein Quartier. DFB-Präsident Neuberger, der auch Organisationschef der FIFA war, ist bei dieser Entscheidung von den Italienern ausgebremst worden. Der Neuberger war voll auf Verona fixiert und der OK-Chef Luca di Montezemolo, der spätere Ferrari-Boss, hat gesagt: „Nix da! Die Deutschen spielen in Mailand!" Es ging dabei um die größere Stadionkapazität. Daher haben wir erst im Dezember 1989 unser Quartier gefunden. Dieser Wechsel entpuppte sich als Glücksfall. Im ersten Spiel gegen Jugoslawien waren 40.000 Deutsche im Stadion! Das wäre heute gar nicht mehr möglich, so viele Karten kriegst du ja gar nicht mehr von der FIFA. Die Euphorie, die nach dem Spiel ausgebrochen ist, hat uns durch das ganze Turnier getragen.

BERTI VOGTS: Wir hatten dann ein schönes Hotel gefunden, konnten da aber nicht rein, weil es schon für die FIFA-Schiedsrichter reserviert war. Darüber haben wir uns furchtbar aufgeregt. Wir haben sogar den DFB-Präsidenten Neuberger angerufen und uns beschwert: „Das kann doch nicht sein, dass uns die Schiedsrichter vorgezogen werden! Das ist so ein tolles, ruhiges Hotel und auch der Trainingsplatz ist super." Aber es hieß nur: „Wenn die FIFA sich so entschieden hat, können wir nichts machen." Als ich das dem Franz so geschildert habe, hat der auch noch mal den Präsidenten angerufen, ist aber ebenfalls abgeblitzt. Also habe ich weitergesucht. Schließlich haben wir doch noch ein passendes Hotel gefunden, bei dem allerdings etwas fehlte. Ich habe den Franz angerufen und gesagt: „Du weißt, dass das Hotel keinen Pool hat, oder?" Franz war erst überrascht, aber dann sagte er: „Bauen wir halt einen!" Da war ich verblüfft: „Was? Das musst du mit dem Präsidenten und dem DFB besprechen, ich ruf da aber nicht an!" Er blieb cool: „Ruhig, Berti, wir bauen da einen Pool, kein Thema!" Der Pool wurde dann tatsächlich auf DFB-Kosten gebaut. Nach der WM hat Franz dem Hotel den Pool geschenkt (lacht)!

Die Libero-Oldies

Klaus Augenthaler ist mit 32 der zweitälteste Spieler im WM-Kader. Nur sein Back-up, der Ersatzlibero Paul Steiner vom 1. FC Köln, ist älter.

PAUL STEINER: Ich hatte eigentlich schon abgeschlossen mit dem Traum von der Nationalmannschaft. Ich war bei der Olympia-Auswahl und der B-Nationalmannschaft, die es damals noch gab, dabei. Aber da hat man nie erkennen können, dass ich wirklich noch mal den Sprung mache. Man hat es schwer gehabt, da reinzukommen. Nationalspieler zu werden, war damals noch ein bisschen schwerer als heute. Franz hat aber schon mal mehr gewagt als seine Vorgänger und auch mal Jüngere eingeladen oder etwas Neues ausprobiert. Er wollte bei der Weltmeisterschaft jede Position doppelt besetzt haben. Dann ist man wohl irgendwann auf mich gekommen. Das war auch in der Presse zu lesen, aber darauf hab ich eh nie viel gegeben. Es war der 1. oder 2. April, als der Franz tatsächlich angerufen hat. Er sagte: „Ich bin's, der Franz. Ich will dich mitnehmen nach Italien." Damals gehörten zum erweiterten Kader vor der WM ja noch 28 Leute. Ich sagte ihm: „Ich komme da jetzt nicht mit, um sechs Wochen Vorbereitung mitzumachen und dann nach Hause zu fahren. Dafür ist mir in meinem Alter mein Urlaub zu wichtig." Da sagte er: „Nee, nee, du bist schon mit dabei!" Da war schon klar, dass ich neben den 12, 13 Leuten, die sowieso schon feststanden, als Ersatzmann für Klaus Augenthaler auch mitfahren würde. Es war natürlich klar, dass es hieß, behalt das erst mal für dich. Denn da war ja noch der Holger Fach dabei, der auch ein Kandidat als Libero war. Franz hat mir aber im ersten Gespräch schon gesagt: „Du fährst auf jeden Fall mit." Da sagte ich: „Oh, Hoppla! Das kommt jetzt alles ein bisschen plötzlich. Kann ich mir das noch mal überlegen?" „Ja, klar", sagte er, „ich rufe dich später noch mal an." Dann habe ich meine Frau gefragt: „Was soll ich denn jetzt machen? Dann wäre ich ja acht Wochen unterwegs." Meine Frau meinte nur: „Wenn du das nicht machst, bist du verrückt." Ich hab ihm dann zugesagt – und war dann dabei. So bin ich plötzlich doch noch nominiert worden, im hohen Alter mit 33 (lacht).

KLAUS AUGENTHALER: Ich wollte die WM eigentlich absagen. Ich hatte Achillessehnen- und Leistenprobleme. Das zweite Kind war gerade drei Monate alt und ich dachte: Warum soll ich mich quälen? Ich habe schon eine Weltmeisterschaft gespielt. Weltmeister wirst du sowieso nicht. Ich wollte mich auf die kommende Saison beim FC Bayern konzentrieren und dementsprechend vorbereiten, um fit in die Saison zu starten. Für mich war der Verein eigentlich wichtiger als die Nationalmannschaft. Aber Franz überredete mich, Gott sei Dank! Wenn der Kaiser anruft, überlegt man nicht lange. Als es losging mit den Vorrundenspielen, konnte ich schmerzfrei spielen.

Paul Steiner: Es war ja so, dass Klaus Augenthaler in der Vorbereitung angeschlagen war und sich nicht so gut gefühlt hat. Franz hatte mich gefragt, ob ich bereit bin. „Natürlich", habe ich ihm geantwortet. Nach dem Testspiel in Düsseldorf gegen die Tschechoslowakei fiel die Entscheidung: Kann Auge oder kann er nicht? Er sagte, dass er sich gut fühle und bereit sei. Damit war klar, dass er dabei ist und bei der WM spielen kann. Ich habe dann beim Test gegen Dänemark eine Halbzeit gespielt. Mein einziges Länderspiel (lacht)! Wenn die Leute mir später sagten: „Du hast ja ein Länderspiel", dann antwortete ich immer: „Nee, nee, ich habe nur 45 Minuten." Nach der WM habe ich mich beim Bundesligaauftaktspiel verletzt. Kreuzbandriss! Nach OP und Reha war ich erst 1991 wieder zurück. Da war ich schon 34 und wusste, dass ich nicht mehr auf den alten Leistungsstand zurückkommen werde, also habe ich meine Karriere beendet.

Die Vorbereitung

Die Nationalmannschaft bereitet sich in Malente in Schleswig-Holstein, wo schon die Weltmeister von 1974 gewohnt haben, in Kaiserau in Nordrhein-Westfalen und in Kaltern in Südtirol in Trainingslagern auf das Turnier vor.

RUDI VÖLLER: Während der Vorbereitung in Kaltern wurden die Abende auch mal ein bisschen lang – und langweilig. Ich glaube, Franz Beckenbauer war unterwegs, hatte ein Spiel angeschaut und uns allein gelassen. Nicht, dass wir das extrem ausgenutzt hätten. Aber wir haben damals so einen kleinen Mannschaftsabend gemacht. Das gehört ja auch dazu, um eine erfolgreiche WM zu spielen. Unter anderen war der Andi Brehme dabei, Jürgen Klinsmann und ich. Wir hatten natürlich ein paar Bier getrunken und sind dann in Trainingssachen in den Pool gesprungen. Das war nett (lacht).

JÜRGEN KOHLER: Eine der schönsten WM-Geschichten war, als Sepp Maier unserem Physio Adi Katzenmeier in der Vorbereitung einen echten Hasen in den Medizinkoffer geschmuggelt hat. Andi Brehme hat dann im Training eine Verletzung simuliert, ist wie vom Blitz getroffen umgefallen. Adi, der ein toller Mensch war mit einem klasse Humor, ist sofort hingerannt und wollte helfen – und hat natürlich große Augen gemacht, als er den Koffer geöffnet hat, in dem der lebendige Hase saß (lacht). Adi haben wir während der WM mal in Klamotten in den Pool geworfen. Danach wollte er abreisen, was wir natürlich nicht zugelassen haben (lacht).

SEPP MAIER: Wir haben alle viel Schabernack getrieben. In der Vorbereitung haben wir unserem Masseur Adi Katzenmeier einen echten Hasen in seinen Medizinkoffer gesetzt. Das war aber nicht nur ich allein, weil allein kann man so eine Nummer nicht abziehen. Der arme Adi war richtig sauer und wollte abreisen. Der wollte sich sogar beim DFB-Präsidenten über uns beschweren. Der Pierre Littbarski, der Hund, hat mir mal Pfeffer in meinen Schnupftabak gemischt. Hei, das hat gezwirbelt in der Nase (lacht).

GÜNTER HERMANN: In Italien haben wir bei der ersten Trainingseinheit gemerkt: Diese Mannschaft passt zusammen wie Arsch auf Eimer.

RUDI VÖLLER: Schon im Trainingslager in Kaltern am See war zu spüren, welche Kraft und Stärke in dieser Mannschaft stecken. Im Quartier am Comer See sind wir dann noch enger zusammengerückt. Wir waren ganz unter uns, denn erstmals waren bei dieser WM keine Journalisten mehr bei uns im Spielerhotel untergebracht. Es gab in dieser langen Zeit, in der wir so eng beieinander waren, nie Stress. Die Harmonie war außergewöhnlich. Jeder Spieler hat sich dem Erfolg untergeordnet und sich in die Mannschaft eingebracht, auch diejenigen, die nicht so oft zum Einsatz kamen. Dieser Teamgeist war die Grundlage dafür, den Titel zu gewinnen.

LOTHAR MATTHÄUS: Die Vorbereitung lief sehr gut. Wir hatten eine top eingestimmte Mannschaft mit Spielern aus den besten Teams Europas. Wir hatten mit Andi Brehme, Jürgen Klinsmann und mir drei Spieler von Inter Mailand in unseren Reihen. Das war ein Riesenvorteil, denn wir hatten fünf Spiele in unserem Heimstadion. Für mich war das San Siro mein Wohnzimmer, dort habe ich mich wohlgefühlt: 70.000 bis 80.000 Menschen ganz nah am Spielfeld. Das war schon etwas anderes als das Münchner Olympiastadion. Ich hatte im San Siro große Erfolge gefeiert, Inter gegen Neapel zur Meisterschaft geschossen. Uns sind die Sympathien zugeflogen, das hat auf die Mannschaft abgefärbt. Die Zuschauer im Stadion waren alle Inter-Fans – und somit unsere Fans!

RUDI VÖLLER: Es war schnell klar, schon in der Vorbereitung, dass acht, neun Spieler gesetzt sind. So gab es keine größeren Stammplatzrivalitäten. Es war und ist eine tolle Gemeinschaft. Das spüren wir immer wieder, wenn wir uns nach all den Jahren regelmäßig treffen.

BODO ILLGNER: Meine liebsten Erinnerungen an die WM 1990 sind der Teamgeist und die ganze Atmosphäre, die damals geherrscht hat. Der Zusammenhalt in der Mannschaft war ein wichtiger Schlüssel zum Erfolg. Da trägt Franz Beckenbauer einen ganz, ganz großen Anteil daran. Neben den Spielern, den Betreuern, den Masseuren und dem ganzen Tross. Die Art und Weise, wie er die Mannschaft geführt hat und auch mal hat laufen lassen, war etwas ganz Besonderes und sehr wichtig.

FRANK MILL: Es gab damals nie Streit, Theater oder Missgunst. Wenn du so eine starke Konkurrenz im Sturm hast mit Jürgen Klinsmann und Rudi Völler, dann wäre die normale Reaktion doch, dass man hofft, dass die mal keinen guten Tag haben und man reinkommt. Das war aber damals nicht so. Man hat sich gegenseitig alles gegönnt, man hat sich der Harmonie im Team und dem großen Ziel des Titels untergeordnet.

HANSI PFLÜGLER: Der Schlüssel zum Erfolg 1990 war die Harmonie in der Mannschaft. Da gab es keinen, der auf den anderen neidisch war, wenn er spielte. 99 Prozent aller Spieler waren ja auf dem Höhepunkt ihrer Karriere. Da hat sich aber trotzdem jeder dem Erfolg und dem großen Ziel untergeordnet. Ich hatte am Anfang noch gedacht, ob nicht vielleicht der ein oder andere mal Stunk macht. Aber da kam nichts.

LOTHAR MATTHÄUS: Am Trainingsgelände herrschte immer eine gute Atmosphäre, da kamen auch mal 5000 Italiener. Die anderen Spieler haben gemerkt, dass wir von den Italienern herzlich und respektvoll aufgenommen wurden. Ob es der Kellner im Teamquartier, Schloss Casiglio in Erba, war oder die Menschen auf der Straße: Wir wurden gefeiert.

ANDREAS MÖLLER: Ich habe immer gesagt: Jedes Trainingsspiel dieser Mannschaft war wie ein kleines Länderspiel. Ein so hohes Niveau hatte das. Das muss man sich mal vorstellen: Bei A gegen B konntest du nicht erkennen, wer B war. So eine Qualität haben alle gehabt. Plus lustige Typen. Die Mischung hat hundertprozentig gepasst. Die Ersatzspieler haben keinen Stunk gemacht. Alle waren charakterlich einwandfrei. Man hat natürlich besondere Spieler gehabt: Völler, Brehme, Matthäus, Augenthaler, Berthold – das waren große Stützen in dieser Mannschaft. Es gab klare Hierarchien. Aber die haben alle mitgenommen und das nicht raushängen lassen. Diese vier WM-Wochen waren der schönste fußballerische Teil meines Lebens.

BODO ILLGNER: Ein wichtiger Aspekt war auch, dass es eine gesunde Mischung in der Mannschaft gab. Auf der einen Seite die, die mit Wut im Bauch antraten, um das verlorene WM-Finale 1986 wettzumachen, wie Andi Brehme, Lothar Matthäus, Rudi Völler, Pierre Littbarski oder Thomas Berthold. Auf der anderen Seite die jungen, unbefangenen, ehrgeizigen Leute, von denen viele schon zusammen in der U21 zusammengespielt haben. Wie Stefan Reuter, Jürgen Kohler, Thomas Häßler, Andy Möller und ich.

HOLGER OSIECK: Nachdem Horst Köppel nach der WM 1986 aufgehört hat als Co-Trainer bei der Nationalmannschaft, hat Franz mich gefragt, ob ich das machen will. Am Anfang waren wir beide allein. Dann sagte Franz: „Wir brauchen einen Torwarttrainer. Das macht der Sepp!" Also kam Sepp Maier dazu. Und bei großen Turnieren wie EM und WM kam dann noch Berti dazu. Wir waren eine gute Crew.

BERTI VOGTS: Holger Osieck und ich haben das Training geleitet. Das war ein tolles Team mit Franz, Holger und Sepp Maier. Damals reichte noch ein Torwarttrainer für drei Torhüter (lacht). Sepp, Holger, die Masseure und ich haben Franz geduzt. Die Spieler haben ihn gesiezt. Ich war auch für die Beobachtung der Gegner zuständig. Da kam es auch mal vor, dass ich allein in einer kleinen Maschine geflogen bin. Wir haben die Erkenntnisse dann meist zwei Tage vorm Spiel stundenlang abends besprochen. Bei Franz im Turmzimmer – da haben wir dann auch mal ein Gläschen Wein dabeigehabt (lacht). Die Spieler durften abends auch mal ein Bierchen oder ein Glas Rotwein trinken.

HOLGER OSIECK: In erster Linie habe ich mit der Mannschaft gearbeitet, das Training gestaltet. Wir haben uns im Trainerteam untereinander bestens abgestimmt, damit der Laden entsprechend lief. Die Zusammenarbeit war wunderbar. Bei Berti und Franz gab es bei unseren gemeinsamen Spielbesprechungen in Franz' Turmzimmer Wein, bei mir war's Bier (lacht).

Zwei Kapitäne auf der Bank

Frank Mill ist bei Borussia Dortmund der absolute Leader, in der Nationalelf ist er aber ebenso zweite Wahl wie der Kölner Paul Steiner. Beide sind aber enorm wichtig für die DFB-Elf.

FRANK MILL: Ich weiß noch, dass Franz mich „Kapitän der Ersatzspieler" genannt hat. Wir beide sind allein die Treppen hinuntergegangen zum Trainingsplatz, der ja ein bisschen tiefer lag. Und da hat er mich so genannt. Das war halb Spaß, halb Ernst. Das ist dann so hängen geblieben. Das hatte auch, glaube ich, ein bisschen mit meinem Alter zu tun, ich war damals ja schon 32 und einer der Ältesten. Und vielleicht schwang auch Wertschätzung für meine Rolle im Team mit, weil ich mich klaglos untergeordnet habe für den Erfolg der Mannschaft und immer mit vollem Einsatz trainiert habe.

PAUL STEINER: Es ist nicht sonderlich aufgefallen, dass ich der Älteste war in der Mannschaft. Allerdings bin ich dann im Laufe der Vorbereitung und des Turniers in eine Rolle reingewachsen, in der man dem ein oder anderen Mal Ratschläge gibt oder gut zuredet, wenn es mal nicht so läuft. Lothar Matthäus hat mich mal „Kapitän der Ersatzspieler" genannt. Das konnte ich schon verstehen. Es war ja klar, dass ich nicht zum Einsatz kommen werde, wenn Klaus Augenthaler, der ja eine sehr gute WM gespielt hat, fit ist. Daher wurde meine Rolle auch eine andere, denn ich wurde wichtig für die jüngeren Spieler und die Ersatzspieler. Leute wie Uwe Bein, Olaf Thon oder Thomas Häßler, mit dem ich auf einem Zimmer war, waren ja in ihren Vereinen feste Größen und hatten ein enormes Standing. Bei der WM haben sie zwar auch gespielt, standen aber immer irgendwie auf der Kippe. Daher war es wichtig, so auf sie einzuwirken, dass sie diese Rolle akzeptieren – was ich mit meiner Erfahrung gerne gemacht habe. Es war wichtig für das Team, dass da einer war, der ihnen sagte: „Haltet den Ball flach. Wenn ihr gebraucht werdet, müsst ihr bereit sein." Das haben alle verinnerlicht, auch ein so junger Spieler wie der Andreas Möller, dem ich immer wieder gesagt habe: „Deine Zeit kommt noch." Wir hatten große Ziele – da hat sich jeder untergeordnet. Wenn wir uns heute treffen, fühlt sich das immer wie ein Klassentreffen an. Es hat sich eine Freundschaft entwickelt. Eine Freundschaft, die man nicht jeden Tag pflegt, aber die da ist, wenn man sich sieht. Wir haben alle ein tolles Verhältnis zueinander. Das ist schon eine besondere Mannschaft – und Franz war ihr Anführer!

Die Verletzten

Vor der WM bereitet Franz Beckenbauer die ein oder andere Verletzung seiner Spieler Sorgen.

JÜRGEN KOHLER: Am 4. Juni 1990, sechs Tage vor unserem ersten WM-Spiel ist es passiert: Ich habe einen komischen Schritt gemacht in Südtirol im Trainingslager – zack, Muskelfaserriss! Gott sei Dank hatten wir damals tolle Ärzte und Physios dabei. Ich habe die ersten Spiele verpasst, war aber nach zehn Tagen wieder fit. So etwas gehört zum Fußball ja dazu, so etwas passiert. Bei Dr. Müller-Wohlfahrt war ich in den besten Händen. Der konnte einem auf den Tag genau vorhersagen, wann man wieder spielen kann. Da war mir klar, dass ich auf jeden Fall bei der WM noch zum Einsatz kommen kann.

GÜNTER HERMANN: Ich hatte mich vor der WM beim Pokalspiel gegen den VfB Stuttgart schwer verletzt und bin erst zwei Bundesligaspiele vor Saisonende und dem Pokalfinale gegen Kaiserslautern zurückgekommen. Ich war für die WM gar nicht mehr eingeplant. Eigentlich sollte Holger Fach hin. Aber der fiel dann verletzt aus. Die BILD-Zeitung hat versucht, Stefan Kuntz reinzuschreiben. Doch Franz hat sich für mich entschieden.

OLAF THON: Dass ich überhaupt bei der WM dabei sein durfte, war ein kleines Wunder. Ein halbes Jahr vorher hatte ich eine schwere Verletzung und deswegen eine Syndesmosen-Operation am Sprunggelenk. Neun Wochen hatte ich eine Schraube im Bein, die mein Schien- und mein Wadenbein zusammengehalten hat. Ich bin erst Mitte April wieder in den Spielbetrieb bei Bayern eingestiegen und gerade so eben auf den WM-Zug aufgesprungen. Deswegen bin ich Franz Beckenbauer bis heute unendlich dankbar, dass er mich überhaupt mitgenommen hat.

RAIMOND AUMANN: Die medizinische Abteilung war damals anders aufgestellt als heute. Ich habe kürzlich erst zu Klaus Augenthaler gesagt: Wenn man sich mal vorstellt, dass wir damals in warme Wasserbecken nach den Spielen und Einheiten rein sind – und heute steckt man die Leute in Eistonnen. Dazwischen muss irgendwas passiert sein (lacht).

LOTHAR MATTHÄUS: Mir hat beim WM-Sieg übrigens eine Verletzung enorm geholfen. Nur so konnte ich beim Turnier meine Bestleistung zeigen. Ich hatte mir im November 1989 in der Serie A einen dreifachen Bänderriss im rechten Fußgelenk zugezogen. Die Liga hat im Winter durchgespielt, es gab keine Pause. Aufgrund der Verletzung musste ich jedoch mehrere Wochen aussetzen: Das war für meinen Körper und meinen Geist im Nachhinein sehr hilfreich. Ich war bei der WM nicht ausgelaugt von einer langen Saison, sondern voller Energie und Dynamik.

Das Torhüter-Roulette

Bodo Illgner (1. FC Köln), Raimond Aumann (Bayern München) und Andreas Köpke (1. FC Nürnberg) sind die drei Torhüter im deutschen WM- Kader. Illgner ist als Nummer eins gesetzt.

RAIMOND AUMANN: Ich wäre natürlich gerne die Nummer eins bei der WM gewesen, klar. Aber es gab das Spiel gegen Uruguay vor der WM, wo wir in Stuttgart 3:3 gespielt haben. Damit waren meine Chancen, bei der Weltmeisterschaft zu spielen, gesunken. Ich kann mich noch gut erinnern, dass der Franz mich in Stuttgart gefragt hat: „Willst du spielen, Raimond?“ Ich war da in der Hochphase, hatte gerade die beiden Spiele mit dem FC Bayern im Europapokal der Landesmeister gegen den AC Mailand bestritten, ich war in einer super Verfassung. Und ich habe gesagt: „Klar, Franz, gib mir eine Chance!“ Ich bin dann eingewechselt worden beim Stand von 3:0 – und am Ende stand es 3:3. Es hatte vielleicht ein, zwei unglückliche Situationen gegeben. Ja, plötzlich war ich dann als feste Nummer zwei eingeplant. Das war für mich damals schon schwer zu begreifen. Aber im Sinne der gesamten Mannschaft habe ich das akzeptiert. Ich habe Bodo nie etwas Schlechtes gewünscht. Im Gegenteil! So ist es nun mal: Es kann immer nur ein Torwart die Nummer eins sein. Ich hätte gerne gespielt. Es hat nicht sollen sein.

ANDREAS MÖLLER: Das ist auch so eine irre Geschichte: Bei den Torhütern gab es keine Nummer zwei oder drei. Da ist der Wolfgang Niersbach in die Kabine und hat gefragt: „Franz, wer ist denn heute zweiter Torwart?“ Da hat der Franz gesagt: „Schreib doch irgendeinen hin! Entweder Aumann oder Köpke.“ Dann sagte er – das muss man sich mal vorstellen: „Gegen Jugoslawien nehmen wir den Aumann und im nächsten Spiel macht's der Andy Köpke.“ Weil beide gut waren! Daran sah man, dass Franz gedacht hat: Das ist meine Mannschaft, ich vertraue hier jedem! Das hat er allen gezeigt.

ANDREAS KÖPKE: Am Anfang war klar geregelt, wer zweiter und wer dritter Torwart war. Dann hat der Franz irgendwann gesagt, dass wir uns auf der Bank abwechseln. Ich saß im zweiten Spiel gegen die Vereinigten Arabischen Emirate als Ersatztorwart draußen. Als ich dann wieder dran gewesen wäre, hing mein Trikot nicht mehr in der Kabine. Auf einmal war ich wieder raus! Das war halt so. Das wurde mir auch nicht groß erklärt. Ich habe mich deswegen aber nie hängen lassen. Für sowas bin ich auch nicht der Typ. Wenn ich auf dem Trainingsplatz bin, dann will ich auch eine vernünftige Leistung abliefern. Dass ich überhaupt dabei war, war ja schon eine große Bestätigung für mich und meine Leistung. Franz hat mich damit belohnt, dass ich überhaupt als dritter Torwart dabei sein durfte.

RAIMOND AUMANN: Natürlich wollte jeder von uns spielen. Bodo war gesetzt als Nummer eins, ich war gesetzt als zwei, Andy war die drei. Wir sind sehr respektvoll miteinander umgegangen. Ich glaube, dass das in der heutigen Zeit ein wenig verloren gegangen ist. Natürlich ist es auch damals jedem schwergefallen, hintanzustehen. Aber ich glaube, dass wir alle drei im Sinne des Teams gehandelt haben. Dass es keine Animositäten gegeben hat, war unser größtes Plus, dieser Zusammenhalt innerhalb der Mannschaft. Das war eine Mannschaft, die sicher Qualität gehabt hat, keine Frage. Aber der Zusammenerhalt, das respektvolle Miteinander, das Familiäre, das Franz mit reingebracht hat – das hat uns bis zum WM-Titel getragen.

BODO ILLGNER: Das Verhältnis der drei Torhüter untereinander war spitze. Für mich war es natürlich am einfachsten, weil ich ja gespielt habe. Raimond Aumann und Andy Köpke haben sich super verhalten, haben überragend trainiert. Wir haben uns gegenseitig gepusht. Das war ein supergesundes Verhältnis. Hut ab und vielen Dank noch heute an die beiden, die sich überragend verhalten haben. Dazu hat auch Sepp Maier beigetragen.

ANDREAS KÖPKE: Das Verhältnis unter uns Torhütern war gut. Wir hatten keinerlei Probleme miteinander. Natürlich ist es immer ein Konkurrenzkampf. Wenn du als Nummer drei mitgehst, kannst du dir ja ausrechnen, dass du, wenn was passiert, immer noch nicht spielst, sondern bloß auf die Nummer zwei vorrückst. Es gab kein Theater oder Stress. Die Spiele waren auch nicht so, dass man sagen konnte, der Bodo hält schlecht. Er hat eine gute WM gespielt und sogar einen Elfmeter gehalten. Es gab da keine Diskussionen, keinen Grund, irgendwas zu ändern. Mit Sepp Maier als Torwarttrainer hat es riesigen Spaß gemacht. Der hat für gute Laune gesorgt.

SEPP MAIER: Die drei Torhüter und ich, wir waren eine eigene Welt in der Mannschaft. Wir haben uns natürlich integriert, haben aber auch unser eigenes Süppchen gekocht, wie man so schön in Bayern sagt. Ich habe immer geschaut, dass die Stimmung stimmt. Ein Torhüter darf im Training gar nicht merken, wie schnell die Zeit vergeht. Da ist die Mischung von Spaß und harter Arbeit wichtig. Es muss kurzweilig und nicht langweilig sein! Franz – und später auch Berti Vogts – hat mir immer die Wahl gelassen, wen wir als dritten Torhüter mitnehmen.

ANDREAS BREHME: 1990 gab es keine Torwartdiskussion. Bodo Illgner war gesetzt, und Raimond Aumann und Andy Köpke haben keinen Stress gemacht. Bodo hat gut gehalten, aber auch wirklich wenig auf die Kiste gekriegt. Es hat, glaube ich, kein Turnier gegeben, bei dem Deutschland so wenige Chancen zugelassen hat. Eigentlich haben wir Bodo nur im Halbfinale gebraucht (lacht). Ich saß mal mit Rudi Völler zusammen, als er meinte: „Wir hätten auch mit elf Feldspielern spielen können, letzter macht Hand." Und Sepp Maier sagte mal zu mir: „1990 hätten wir gar keinen Torwart gebraucht." (lacht)

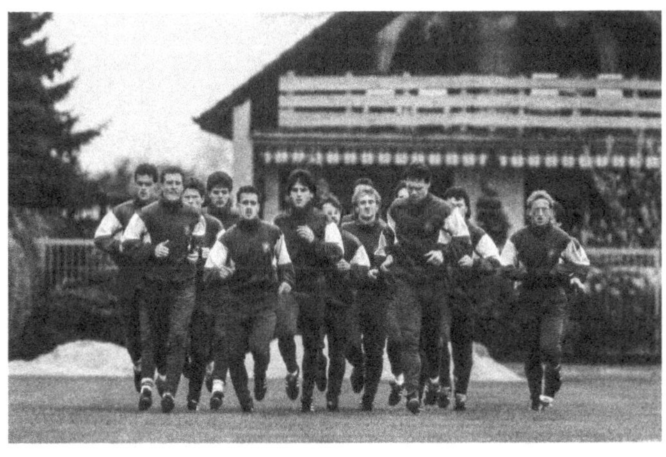

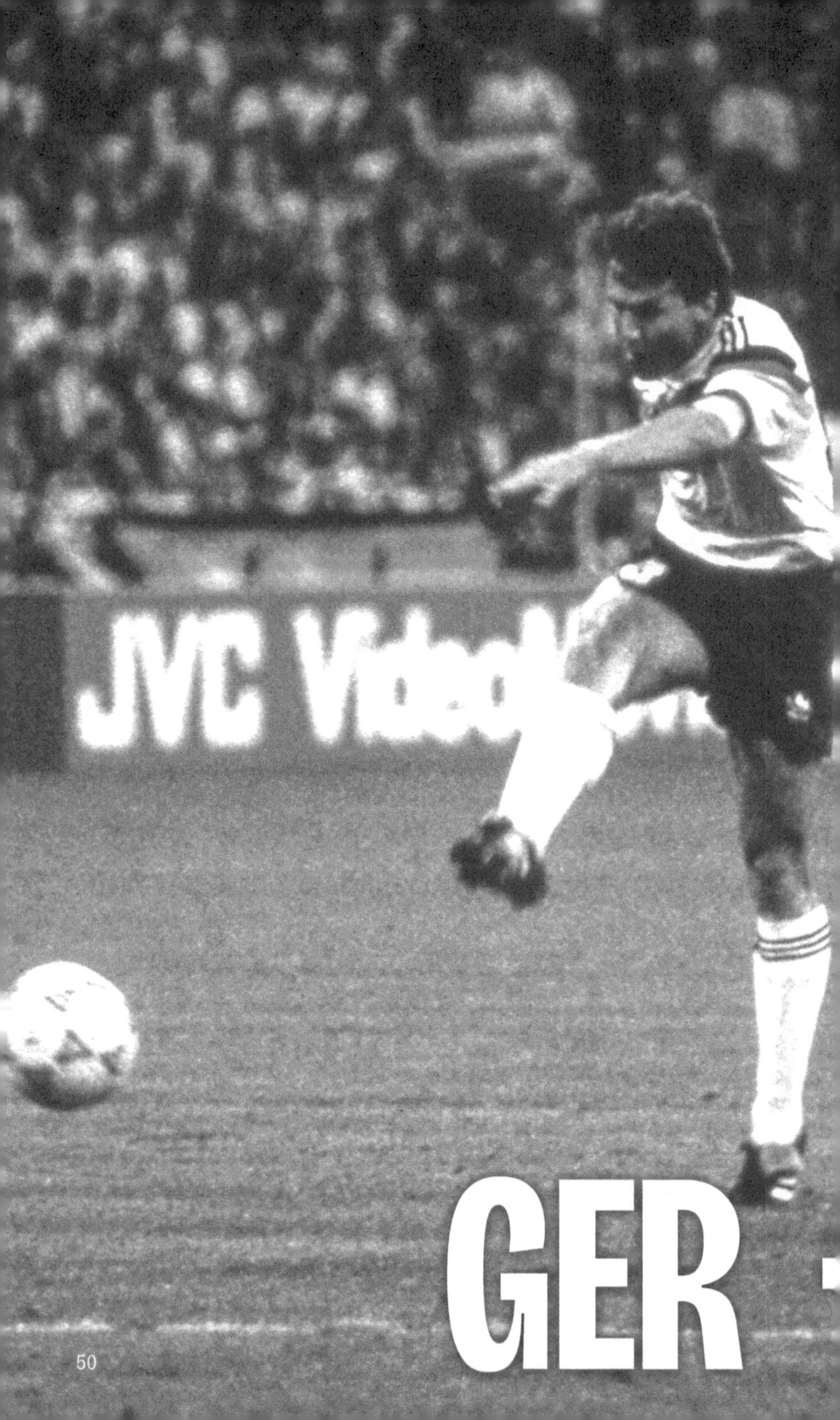

GER

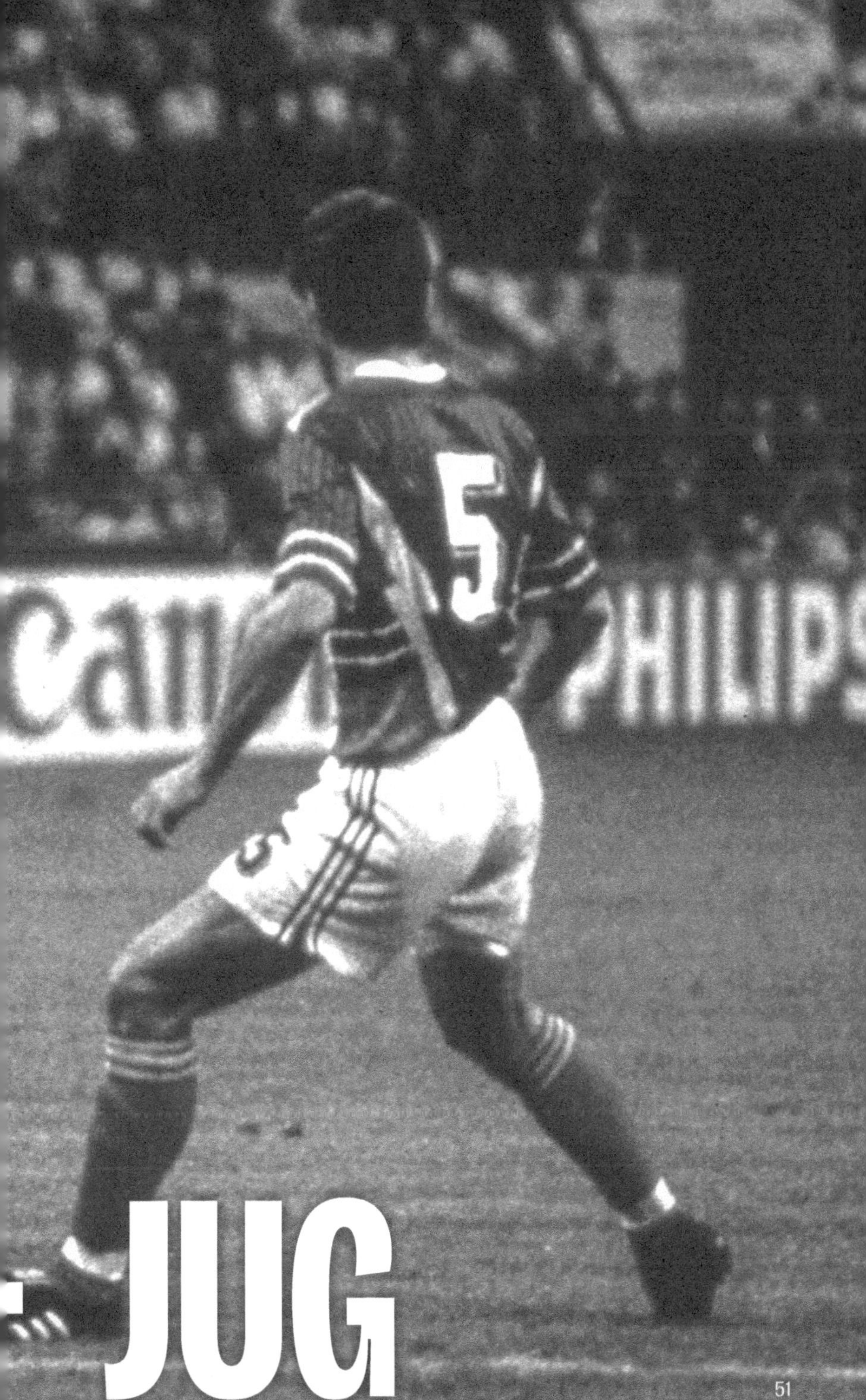

-JUG

LOTHAR MATTHÄUS
über sein Jahrhundert-
tor gegen Jugoslawien

Ich bin an den Jugoslawen vorbei, als wären sie blaue Fahnenstangen.

Deutschland - Jugoslawien

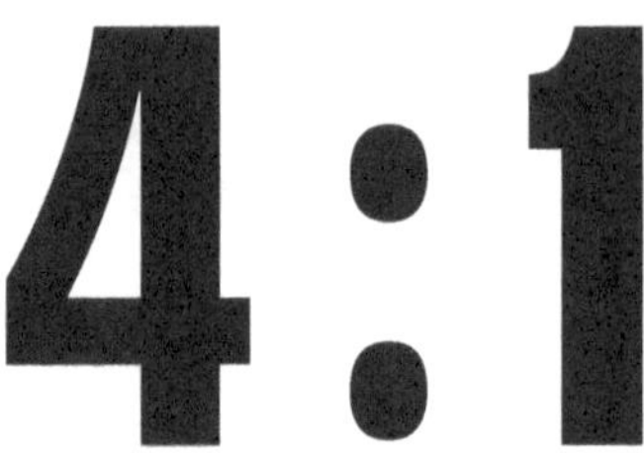

10. Juni 1990 in Mailand, Gruppe D

1:0 Matthäus (29.)
2:0 Klinsmann (40.)
2:1 Jozić (55.)
3:1 Matthäus (64.)
4:1 Völler (70.)

Deutschland: Littbarski für Häßler (75.)
Möller für Bein (75.)
Yogoslawien: Brnović für Savićević (55.)
Prosinečki für Sušić (56.)

Brehme (Gelb)

Mikkelsen (Dänemark)

74.765

DEUTSCHLAND

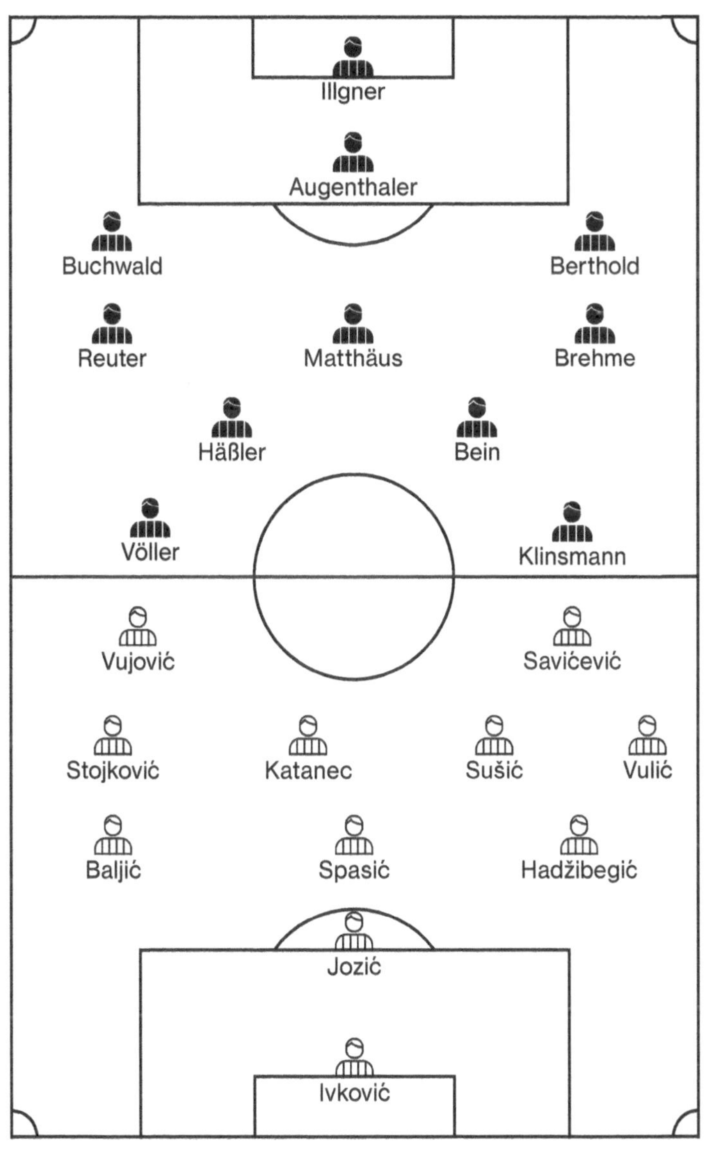

JUGOSLAWIEN

Der Traum-start

Deutschland gegen Jugoslawien ist das siebte Spiel bei der WM 1990. Einen Tag zuvor hat Kolumbien die Vereinigten Arabischen Emirate in der deutschen Gruppe D mit 2:0 geschlagen.

FRANZ BECKENBAUER: Ich hatte die Spieler vorher gewarnt: Das sind die besten Jugoslawen, die ich je gesehen habe! Aber ich habe auch gesagt: Keiner ist besser als wir!

PIERRE LITTBARSKI: Das war kein Eröffnungsspiel gegen Jugoslawien – das war ein Erdbeben! Ich bin Fan von der eigenen Mannschaft geworden! Viele von uns waren bis in die Haarspitzen motiviert bei diesem Turnier, weil wir wussten, dass es die letzte Chance war, diesen Titel zu gewinnen. Wir haben diesen Titel geholt, weil wir mit Abstand die beste Turniermannschaft waren.

LOTHAR MATTHÄUS: Das 4:1 gegen Jugoslawien war vielleicht mein bestes Länderspiel. Wir haben damit Kraft und Selbstvertrauen gewonnen, die Konkurrenz geschockt – und hatten Ruhe vor den Journalisten.

FRANZ BECKENBAUER: Lothar hatte die gleiche Wichtigkeit für die Mannschaft, die Maradona 1986 für Argentiniens Weltmeisterelf hatte. Er war Kapitän und hat allen sofort gezeigt, wer der Herr im Haus ist. Sein Solo über den halben Platz wird man nie vergessen. Er hat mit seiner Kraft, seiner Qualität, seiner Schnelligkeit und Energie allen vorgelebt, was Deutschland bei diesem Turnier will – nur den Titel! Lothar Matthäus war fast Mitglied des Trainerteams, mein Partner. Wir hatten ein sehr inniges, kollegiales Verhältnis. Er war nicht nur Spieler, er hat auch als Trainer gedacht. Er hat mir wertvolle Impulse gegeben, wenn ich mal Zweifel hatte. Als Spieler war er näher an der Mannschaft dran als ich. Da hatte er viel bessere Einsichten. Er hat mir viele wertvolle Tipps gegeben.

KLAUS AUGENTHALER: Der Sieg im ersten Spiel hat uns enormes Selbstbewusstsein verliehen. Jugoslawien war ein Mitfavorit. Die mit 4:1 zu düpieren, hat eine ungeheure Euphorie ausgelöst. Das war ein sensationelles Spiel von Lothar Matthäus. Dadurch sind wir noch mehr zusammengewachsen.

LOTHAR MATTHÄUS: Wir waren total motiviert. Franz Beckenbauer hat uns mit auf den Weg gegeben, dass wir gleich ein Zeichen setzen sollen. Er sagte: „Wir haben bei den letzten beiden Turnieren den Titel verpasst. Glaubt an euch!" Jugoslawien hatte eine gute Mannschaft. Die sind später erst im Viertelfinale gegen Argentinien ausgeschieden.

RUDI VÖLLER: Von allen sieben Spielen, die wir abgeliefert haben, war das Jugoslawien-Spiel mit Abstand das Beste. Lothar Matthäus hat das beste Spiel seines Lebens gemacht. Ich traf auch. Franz Beckenbauer hatte uns akribisch mit Videoanalysen vorbereitet. Jugoslawien war eine super Mannschaft, vor der wir Respekt hatten. Der 4:1Sieg zum Auftakt setzte dann eine Euphorie frei, die uns die gesamte WM über beflügelte. So einen Gegner dermaßen zu dominieren – das war schon eine Ansage! Da wussten wir: Wir sind nur schwer zu stoppen.

ANDREAS BREHME: Als wir gegen Jugoslawien, einen Geheimfavoriten, direkt ein super Spiel hingelegt haben, brach in Deutschland gleich Euphorie aus. Da schwimmst du schnell auf einer ganz anderen Welle. Franz Beckenbauer hat vorhergesagt: „Wenn wir gut ins Turnier starten, ist alles möglich." Wenn wir uns heute treffen, sagt jeder: Das erste Spiel war das wichtigste. Und wenn du so ein Spiel ablieferst, hast du plötzlich ein unglaubliches Selbstvertrauen. Da glückt dir alles.

FRANK MILL: Das 4:1 gegen Jugoslawien war natürlich ein Zeichen. Ein tolles Spiel. Mit einem überragenden Lothar Matthäus. Ich habe nie ein besseres Spiel von ihm gesehen. Er hat zwei Tore gemacht, war so schnell und giftig. Die ganze Mannschaft war gut, da passte einfach alles. Da war klar: Wir zählen zu den Mannschaften, die um den Titel mitspielen.

So lief das Spiel

Nach Zuspiel in die Spitze von Stefan Reuter dreht sich Lothar Matthäus und vollstreckt vom Sechzehner mit Links zum 1:0. Das erste deutsche Tor bei der WM 1990.

LOTHAR MATTHÄUS: Ich habe das 1:0 mit dem linken Fuß erzielt. Ein Tor aus 20 Metern. Mit links! Sowas kannte man nicht unbedingt von mir. Es war aber nichts Besonderes! Ich habe bei Inter Mailand zwei Jahre lang nach jedem Training eine Sonderschicht eingelegt und mit links geschossen. Giovanni Trapattoni hatte mir gesagt: „Lothar, benutz deinen linken Fuß!" Das 1:0 war also die Belohnung für harte Arbeit. Diese Aktion hatte ich jede Woche nach dem Training unendlich oft geübt, den kompletten Ablauf inklusive Abschluss. Da wusste ich: Das kann meine, das kann unsere WM werden!

THOMAS BERTHOLD: Die ersten drei Spiele habe ich Innenverteidiger gespielt. Dann bin ich nach rechts gegangen. Auf der rechten Seite zu spielen, ist natürlich viel anstrengender, weil es viel laufintensiver ist. Die Außenspieler müssen die langen Strecken zurücklegen: hoch und runter. Ich war ein Allrounder – und als sich Jürgen Kohler verletzt hatte, haben wir das, glaube ich, in der Mitte ganz gut gemacht.

LOTHAR MATTHÄUS: Mein 3:1 werde ich natürlich nie vergessen! Ich habe den Ball gewonnen. Doppelpass mit Klaus Augenthaler. Die Jugoslawen standen offen, ich hatte plötzlich richtig viel Platz. Ich wurde schneller und schneller, daher war es nicht leicht, mich zu stoppen. Jürgen Klinsmann hat einen Gegner zur rechten Seite gezogen, Rudi Völler einen nach links. Der Libero der Jugoslawen kam zögerlich aus der Abwehr. Die Nummer sechs hätte mich nur mit einem Foul stoppen können, ein anderer Spieler kam von der Seite. Beide kamen zu spät. Gefühlt habe ich die ganze jugoslawische Mannschaft aussteigen lassen. Ich bin an den Jugoslawen vorbei, als wären sie blaue Fahnenstangen. Zum Selbstvertrauen kam noch Glück: Wenn du nicht an dich glaubst, schießt du aus dieser Entfernung nicht aufs Tor. Ich war in Italien gereift und stärker geworden. Außerdem hatte ich schon das 1:0 erzielt. Ich dachte mir: Was kannst du schon verlieren? Du kannst es, das ist deine Distanz! Ich habe den Ball optimal getroffen, er ist knapp über den Rasen geflogen und ohne Rotation wie eine Kanonenkugel ins Tor eingeschlagen. Jürgen Klinsmann war der erste Gratulant. Dieser Treffer aus 22 Metern hat das Spiel entschieden. Das 3:1 war enorm wichtig, weil die Jugoslawen nach dem Anschlusstor wieder an sich geglaubt haben. Sie hatten eine breite Brust, kamen noch einmal ins Spiel. Aber nach dem Treffer, war das Spiel entschieden.

BERTI VOGTS: Franz und ich hatten ein sehr gutes Verhältnis zueinander. Wir haben ja schon zusammen in der Jugendauswahl gespielt, wurden später als Spieler zusammen Weltmeister. Ich war 1990 Trainer der U16 und U21. Es war schon klar, dass ich nach der WM sein Nachfolger als Bundestrainer werde. Franz hatte mich gefragt: „Mensch, mach bitte mit bei der WM!" Ich sagte sofort zu: „Natürlich, kein Problem!" Ich hatte nur eine Bedingung: „Ich will nicht unten auf der Bank sitzen, ich will lieber von oben auf der Tribüne die Spiele verfolgen. Da habe ich einen besseren Überblick."

HOLGER OSIECK: Im Jugoslawien-Spiel haben wir zum ersten Mal ein Walkie-Talkie eingesetzt. Dadurch konnte man Spielsituationen kurz nachbereiten bzw. mögliche taktische Änderungen besprechen. Berti saß auf der Tribüne mit dem einen Gerät und ich hatte das andere unten auf der Bank. Der Franz war während eines Spiels nicht ansprechbar, das muss man wissen (lacht). Dann rief Berti an: Kling, kling! Da sagte Franz hektisch: „Was ist denn jetzt passiert? (lacht)" Da habe ich ihm gesagt, was Berti beobachtet hat. Und Franz nur so: „Sehen wir auch, sehen wir auch." Dann war eine weitere Aktion und wieder macht es: Kling, kling. Da ruft der Franz: „Was will der denn schon wieder?" (lacht). Ich sag zu ihm: „Berti sagt, wir sollen ein bisschen mehr mit langen Diagonalbällen von der rechten auf die linke Seite spielen." Da brüllt der Franz: „Wir haben aber keinen, der die spielen kann." Damit war das Thema beendet (lacht). Bei den nächsten Spielen haben wir dann auf die Walkie-Talkies verzichtet.

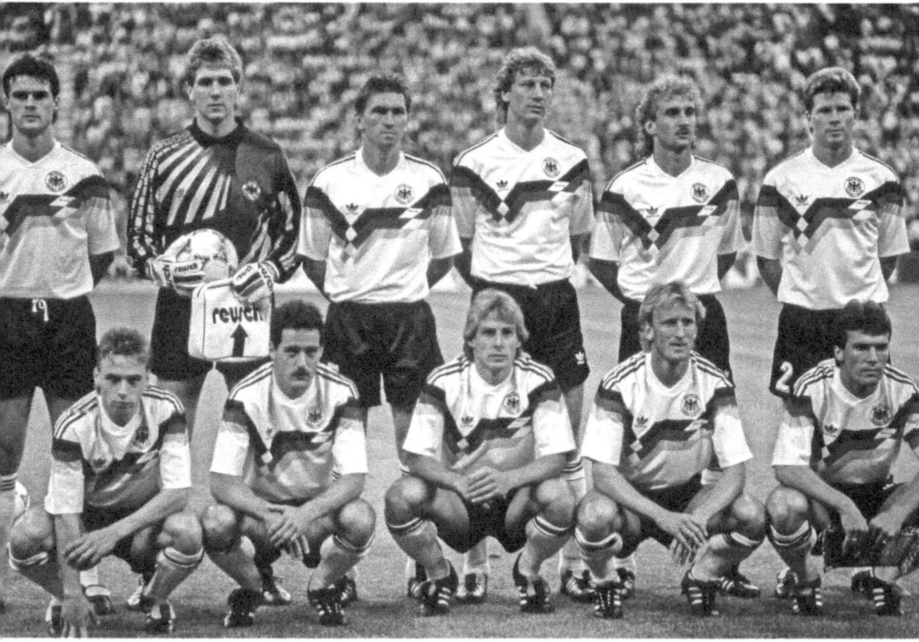

Das Tor-rätsel

Der Ball fliegt zum 4:1 ins Tor. Selbst die TV-Bilder geben nicht hundertprozentig Aufschluss, ob Andreas Brehme der Torschütze ist oder ob Rudi Völler noch am Ball war. Die FIFA schreibt das Tor Brehme zu. Fünf Tage später wird die Entscheidung geändert. Nach Intervention des DFB, der hoffte, dass Rudi Völler vielleicht als bester Torjäger den Goldenen Schuh gewinnen könnte.

RUDI VÖLLER: Das Tor zum 4:1 gegen Jugoslawien war natürlich mein Treffer und nicht der von Andi Brehme (lacht). Aber Spaß beiseite, der Ball wäre nicht reingegangen, wenn ich nicht reingesprungen wäre, dann hätte ihn der jugoslawische Torwart Tomislav Ivković im Nachfassen gehalten. Ich habe den Ball auf jeden Fall noch berührt. Über einen Treffer von Andi Brehme hätte ich mich genauso gefreut, aber hier musste ich eben noch ein bisschen nachhelfen. Ich hatte nur Angst, dass der Schiedsrichter Foul pfeift, weil ich ein bisschen mit gestrecktem Fuß hingegangen bin. Meine erste Reaktion war typisch für einen Mittelstürmer: Nach einem Tor habe ich immer erst zum Linienrichter geschaut, ob er die Fahne hebt oder nicht, dann zum Schiri, was der macht – und das alles, bevor ich richtig zu jubeln angefangen habe. Gott sei Dank hat er es laufen lassen – und das Tor zählte!

ANDREAS BREHME: Rudis Tor gegen die Jugoslawen gehörte eigentlich mir, der Ball war schon über der Linie. Aber ich habe es ihm geschenkt, damit er Torschützenkönig wird (lacht)!

FRANZ BECKENBAUER: Beim 4:1 war nicht ganz klar, wer das Tor gemacht hat. Der Torwart hatte einen Schuss von Andi Brehme durch die Handschuhe rutschen lassen. Während der Ball ins lange Eck trudelte, kam der Rudi Völler an und behinderte den Torwart noch mal entscheidend. Der Ball war drin! Doch wer war der Torschütze? Der DFB hat sich nach dem Spiel dafür eingesetzt, dass Rudi das Tor gutgeschrieben wird, um ihm zu helfen, die Torjägerkrone zu gewinnen.

Die Matthäus-Gala

Lothar Matthäus legt ein sensationelles Spiel mit zwei Toren hin. Auf der Tribüne jubelt ihm Fritz Walter, Weltmeister-Kapitän von 1954, zusammen mit seiner Frau Italia, zu.

PIERRE LITTBARSKI: Lothar Matthäus war an diesem Tag einfach überragend, nach 70 Minuten stand es 4:1 für uns. Ich saß zu diesem Zeitpunkt auf der Bank, schaute nach rechts, schaute nach links, sah Andy Möller, Olaf Thon, Karl-Heinz Riedle, diese ganzen Granaten und dachte: Du kannst froh sein, wenn du bei der WM überhaupt mal zum Einsatz kommst (lacht).

OLAF THON: Die Art und Weise, wie Lothar Matthäus in unserem Eröffnungsspiel gegen Jugoslawien die Tore gemacht hat, das war ein Ausrufezeichen. Das hat die anderen Mannschaften ein bisschen eingeschüchtert. Dieser Sieg war ganz entscheidend.

KARL-HEINZ RIEDLE: Das Jugoslawien-Spiel war der Startschuss für eine grandiose Zeit, da haben wir überragend gespielt und eine Euphorie entfacht.

STEFAN REUTER: Im Grunde war es ein Traum für uns, mit dem 4:1 gegen Jugoslawien so stark ins Turnier zu starten. Das hat so viel Rückenwind und Selbstvertrauen gegeben. Die Jugoslawen haben damals eine richtig starke Mannschaft gehabt – und die dann so souverän zu schlagen, damit haben wir ein Zeichen gesetzt. Lothar Matthäus hat das Spiel seines Lebens gemacht. Das war eine Initialzündung!

LOTHAR MATTHÄUS: Wir waren alle glücklich, wir hatten gewusst, wie schwer das Spiel wird. Ich weiß, dass Franz Beckenbauer nach der Partie auf der Pressekonferenz gesagt hat: „Wenn Lothar immer so spielt, gibt es keinen Besseren auf der Welt." Natürlich habe ich nicht immer so gespielt, aber 1990 wurde ich als Weltfußballer ausgezeichnet. Franz hat uns nach dem Spiel gesagt, dass wir noch lange nicht da sind, wo wir hinwollen. Und zwar nach Rom. Er hat dafür gesorgt, dass wir nicht abheben. Innerlich war er vielleicht begeistert, aber er hat es nicht gezeigt. Er hatte immer etwas zu nörgeln, er war ein Perfektionist (lacht).

FRANZ BECKENBAUER: Als Teamchef war ich schon sehr froh, dass wir mit 4:1 gegen Jugoslawien gestartet waren. Da weißt du, was die Burschen können. Ich habe meine Lektion von 1986 gelernt. Menschlich und als Trainer. Ich war damals sehr bedacht darauf, den Ball zu halten. Es ist eine alte Weisheit: Solange man in Ballbesitz ist, ist es für den Gegner schwer, ein Tor zu schießen. Klar, ich habe viele Fehler gemacht. Ich habe die WM 1986 gebraucht, um es 1990 besser zu machen.

KLAUS AUGENTHALER: Viele von uns brachten ja die Erfahrung von der WM 1986 in Mexiko mit, wo wir keine Truppe waren, obwohl wir ja im Finale gestanden haben. Das wollten wir in Italien anders und besser machen! Es war ein Riesenunterschied zur Mannschaft in Mexiko. Wir waren ein Kollektiv. Von 1 bis 22 waren wir eine Mannschaft! In Mexiko war es so, dass wir drei oder vier Gruppen hatten. Die Münchner, die Kölner, die Hamburger und die anderen Bundesligaspieler. Da gab es viele Scharmützel. Vor den Spielen trainierten wir oft A gegen B, und dabei ging es richtig zur Sache. Das war wahrscheinlich schlimmer als in den WM-Spielen selbst.

LOTHAR MATTHÄUS: Die Mannschaft hat die Rückfahrt zu unserem Quartier übrigens ohne mich angetreten. Ich musste zur Dopingprobe. Das hat genervt. Anstatt mit der Mannschaft habe ich mit einer Flasche Bier und vier Leuten von der FIFA gefeiert. Ich musste bei der WM dreimal zur Kontrolle, einmal kam ich erst um 2:30 Uhr raus ...

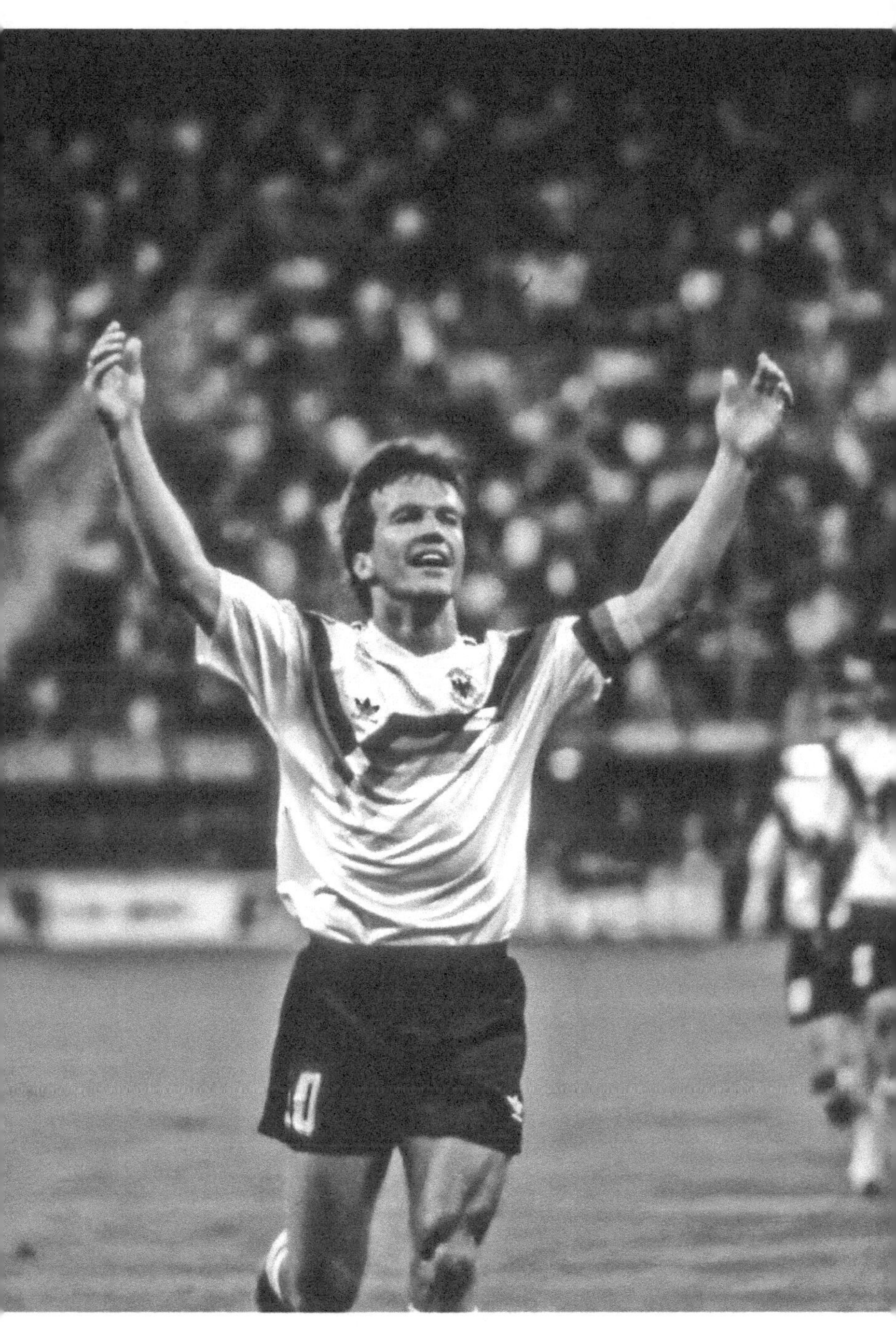

GER

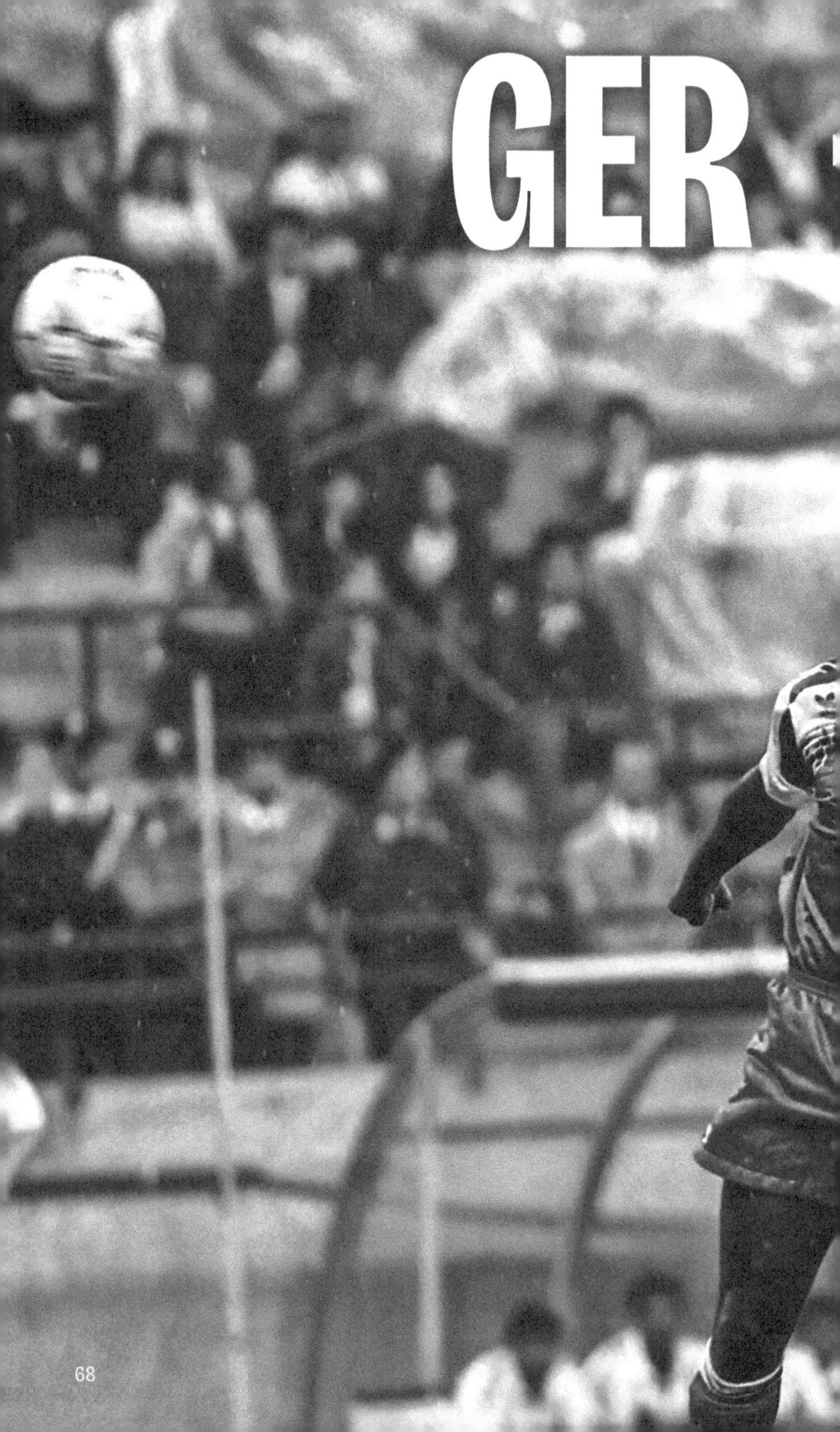

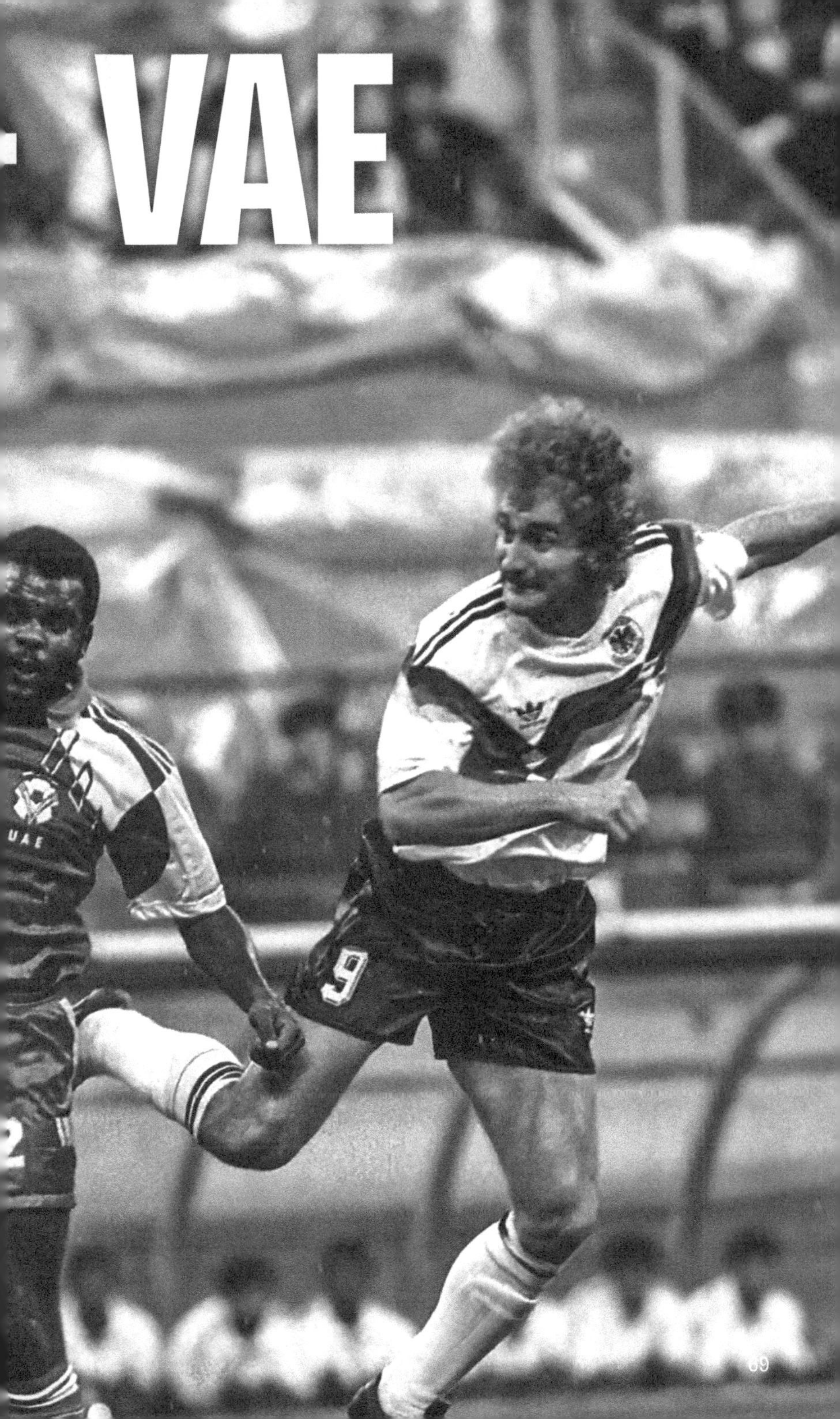

VAE

PAUL STEINER
verrät, wie sich die
Nationalspieler untereinander
aus Spaß nannten.

„Die, die auf dem Spielberichtsbogen standen, waren die Würste. Und die, die nicht draufstanden, das waren die Bratwürste.

Deutschland - VAE

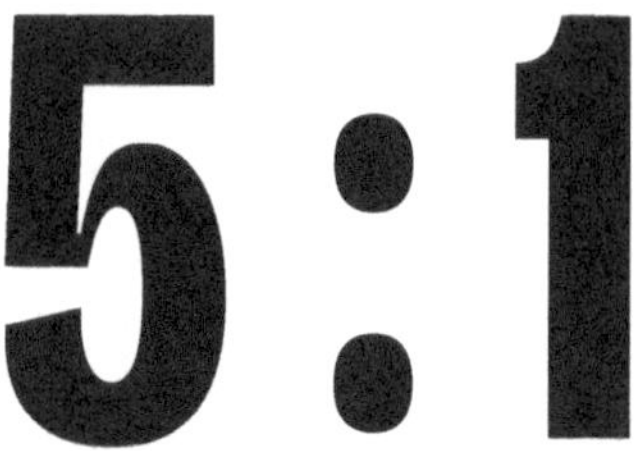

5:1

15. Juni 1990 in Mailand, Gruppe D

1:0 Völler (36.)
2:0 Klinsmann (38.)
2:1 K. I. Mubarak (46.)
3:1 Matthäus (47.)
4:1 Bein (59.)
5:1 Völler (75.)

Deutschland: Littbarski für Berthold (46.)
Riedle für Klinsmann (72.)
ARE: Hussain für K. I. Mubarak (84.)
Al Haddad für I. Abdulrahman (87.)

Brehme – Mohamad, Abbas (Gelb)

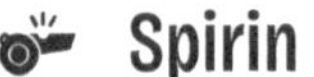

Spirin (UdSSR)

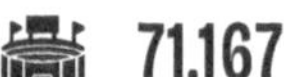

71.167

DEUTSCHLAND

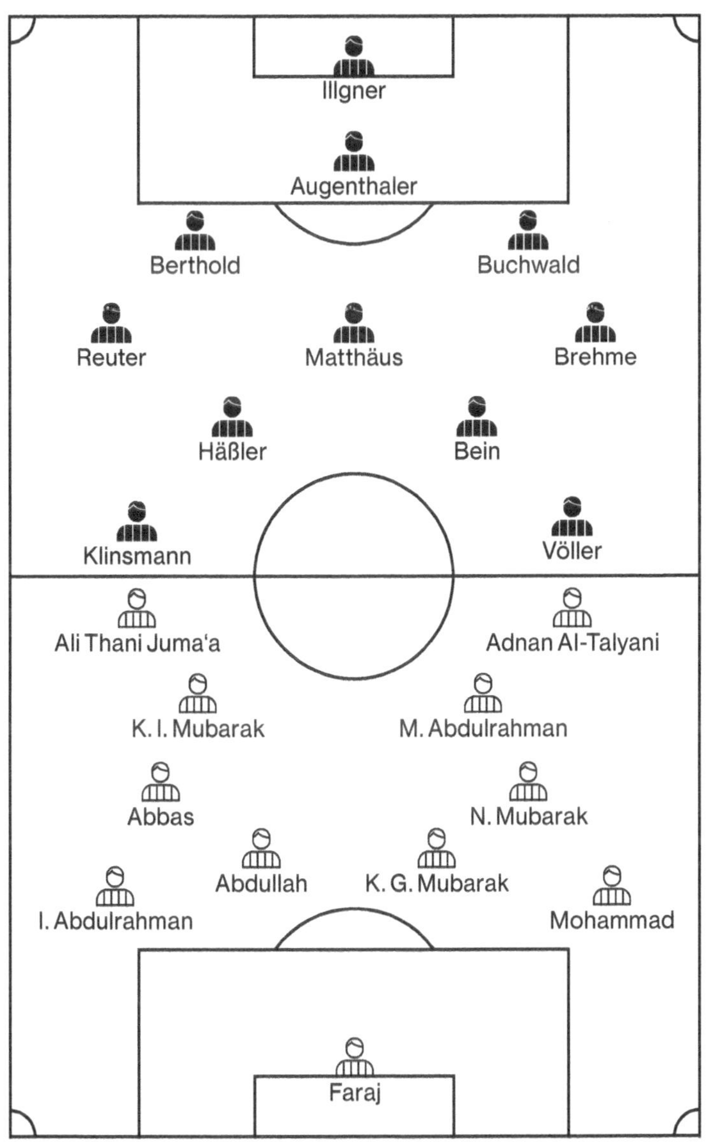

VEREINIGTE ARABISCHE EMIRATE

Das Vorspiel

Auch das zweite deutsche Spiel der Gruppe D findet im Mailänder Stadion San Siro statt. Von den 22 Spielern sind wieder nur 16 im Kader. Der Rest darf aber auf der Bank sitzen anstatt auf der Tribüne.

PAUL STEINER: Es durften ja nur 16 Spieler auf dem Spielbogen stehen. Der Rest war außen vor. Unter uns hatten wir uns immer einen Spaß erlaubt und haben die Spieler von 12 bis 22 in zwei Kategorien unterteilt. Die, die auf dem Spielberichtsbogen standen, waren die Würste. Und die, die nicht draufstanden, das waren die Bratwürste. Wir haben dann immer einen Gag draus gemacht und uns gefragt: „Bist du heute eine Wurst oder eine Bratwurst?" Darüber lachen wir heute noch. Dann heißt es: „Ich war dreimal Wurst und viermal Bratwurst" (lacht). Da sieht man, dass trotz Stress und Druck eine gewisse Lockerheit vorherrschte.

LOTHAR MATTHÄUS: Auf dem Weg zum Stadion hat man links und rechts ohne Ende deutsche Fahnen gesehen. Aus Ost und West! Viele Leute, die ein Jahr vorher noch hinter der Mauer gelebt haben, standen da auf einmal mit deiner Flagge. Die Ostdeutschen liebten uns genauso wie die westdeutschen Fußballfans. Dadurch haben wir uns alle in der Pflicht gesehen, eine Topleistung abzurufen.

KARL-HEINZ RIEDLE: Ich kann mich noch gut an die Fans erinnern, die an den Straßen Spalier standen, wenn wir vom Comer See Richtung Mailand gefahren sind. Die Begeisterung der Fans war unglaublich. Wir haben natürlich gespürt, dass wir auf einmal für die Fans aus dem Westen und dem Osten Deutschlands gespielt haben.

THOMAS BERTHOLD: Die ersten Spiele waren Heimspiele. Da waren mehrheitlich deutsche Fans im Stadion. Hinzu kam, dass wir ja fünf Spieler hatten, die zu dieser Zeit in Italien gespielt haben. Das hat uns auch noch mal Sympathien im Land eingebracht. Die positive Stimmung, die nach dem Mauerfall in Deutschland herrschte, hat auch uns noch getragen. Es war die Weltmeisterschaft zur Wende.

LOTHAR MATTHÄUS: Vor dem Spiel gegen die Vereinigten Arabischen Emirate war ich noch bei meinem Stammfrisör in Italien. Wir haben die ganze Zeit nur über Fußball geredet. Zum Glück hat er mir vor lauter Freude und Begeisterung nicht das Ohr abgeschnitten (lacht).

FRANZ BECKENBAUER: Gegen die Vereinigten Arabischen Emirate hatten wir auch mit dem Wetter zu kämpfen. Mei, was für Gewitter! Ich war mit der Mannschaft aber sehr zufrieden. Denn wenn in so einem Spiel die Einstellung nicht stimmt, dann wachsen die sogenannten Kleinen über sich hinaus und machen den Großen Schwierigkeiten.

LOTHAR MATTHÄUS: Im Spiel gab es sintflutartigen Regen. Das hatte ich in Mailand so heftig noch nie erlebt. Die VIPs flohen von ihren Plätzen, Journalisten arbeiteten unter riesigen, grauen Planen. Was mich gewundert hat: Der Rasen blieb in erstaunlich gutem Zustand!

Die große Verballer-Show

Die deutsche Mannschaft ist von Beginn an drückend überlegen, vergibt aber zu viele Chancen. ARD-Kommentator Heribert Faßbender spottet live im TV in Richtung Rudi Völler: „Mannomann, Rudi, so kannst du noch Ehrenbürger von Abu Dhabi werden."

RUDI VÖLLER: Die Vereinigten Arabischen Emirate waren gut bedient mit den fünf Gegentoren. Jürgen Klinsmann und ich haben in den ersten 20 Minuten – bevor wir die Tore erzielt haben – viele Chancen ausgelassen. Wir hätten in dem Spiel eigentlich beide drei Tore machen müssen (lacht).

UWE BEIN: In der ersten Halbzeit haben wir uns ein bisschen schwergetan. Aber dann sind die Tore gefallen. Klar, das Spiel kann man auch 10:1 gewinnen. Das war durchaus möglich.

RUDI VÖLLER: Jürgen Klinsmann und ich haben am Anfang leider einige Chancen vergeben. Wir waren total überlegen, sind aber nicht unruhig geworden. Ich habe dann noch zwei Tore erzielt, Jürgen Klinsmann eins, wir haben 5:1 gewonnen und uns vorzeitig für das Achtelfinale qualifiziert. Kolumbien im abschließenden Gruppenspiel war dann der erheblich schwierigere Gegner, wobei es für uns um nichts mehr ging – wir waren schon durch.

JÜRGEN KLINSMANN: Weil ich so viele Dinger vergeben habe, war ich schwer sauer auf mich. Es hat mich gewurmt, dass ich so viele Torchancen ausgelassen habe.

PIERRE LITTBARSKI: Wir haben uns in dem Spiel zwar viele Chancen erarbeitet, aber Rudi hat auch sehr viel vergeben (lacht). Trotz des wilden Wetters hat es aber Spaß gemacht – 5:1, da waren schöne Tore mit dabei.

UWE BEIN: Ich kann mich natürlich noch gut an mein Tor erinnern: Von Litti kommt der Pass. Ich habe den Ball angenommen und bin von halblinks vorm Sechzehner in Richtung Mitte gelaufen. Dann habe ich mir den Ball auf meinen schwachen Rechten gelegt. Mit links war die Schussbahn zu. Dann habe ich einfach mal abgezogen aus so ungefähr 18 Metern. Der Torwart von den Emiraten hat sich auch nicht so gut angestellt. Damals hieß es: Der Schuss war unhaltbar. Mit rechts habe ich normalerweise nie vom Sechzehner geschossen… (lacht).

RUDI VÖLLER: Meine beiden Treffer waren echte Völler-Tore (lacht). Beim ersten habe ich eine Flanke kurz vor dem Fünfmeterraum verwertet. Das zweite Tor habe ich aus meiner Lieblingsposition bei Ecken und Freistößen heraus erzielt. Manchmal habe ich schon am ersten Pfosten gestanden, wenn die Ecke reinflog, manchmal bin ich erst reingelaufen. Von dieser Position im Fünfer habe ich viele Tore per Kopf erzielt. Ich war ja nur – in Anführungszeichen – 1,80 Meter groß, aber aus dem Spiel heraus sind mir viele Kopfballtore gelungen. Auch weil ich immer ein bisschen vorausgedacht habe: Wo kann der Ball hinfliegen? Ich habe oft spekuliert, wo der Ball hinkommen könnte. Und oft richtig gelegen.

STEFAN REUTER: Das 2:0 von Jürgen Klinsmann habe ich mit einer Flanke von rechts vorbereitet. Da ist Klinsi richtig schön hochgesprungen und hat den reingeköpft. Ich weiß nicht, ob man das als Assist bezeichnen kann, aber vor dem ersten Tor von Lothar Matthäus gegen Jugoslawien habe ich ihm den Ball mit dem Außenrist in die Spitze zugespielt.

UWE BEIN: Vor der WM habe ich eine gute Bundesligasaison gespielt, und auch die letzten Testspiele liefen ganz ordentlich. Plötzlich stand ich in der Startformation, obwohl mich da keiner so richtig erwartet hat. Es lief auch wirklich ganz gut für mich, und nach der Pause gegen Holland habe ich dann ja wieder gespielt. Bei einer WM gibt es Höhen und Tiefen. Aus dem Nichts kommt dann einer daher und stellt alles auf den Kopf. Vor der WM hieß es, Andy Möller wird der Topstar. Und dann habe ich plötzlich gespielt.

ANDREAS MÖLLER: Ich hatte alle WM-Qualifikationsspiele gemacht. Alle! Da gab es auch wenige Verletzungen im Team. Deswegen war ich auch ein bisschen enttäuscht, dass ich bei der WM nicht in der Stammformation stand. Der Franz hat sich für den Kölner Block entschieden. Für Littbarski und Häßler. Der Guido Buchwald war gesetzt als Sechser und als Mann für die Sonderaufgaben. Über allem stand natürlich der Lothar Matthäus. Der Leader. Offensiv wie defensiv war er der Chef im Ring. Ich habe das so akzeptiert. Ich war in dem ein oder anderen Vorbereitungsspiel vor der WM vielleicht auch nicht ganz so gut und dann geht das relativ schnell. Franz hat auf Erfahrung gesetzt, was okay war. Ich habe mich in der Mannschaft sehr wohl gefühlt, weil ich auch wusste, dass ich mithalten kann und dass ich konkurrenzfähig bin. Ich war anerkannt als Fußballer. Der Olaf Thon war auch so wie ich hinten dran. Uwe Bein war auch so ein Wackelkandidat. Der Franz stand auf den Uwe, weil der ein Fußballer vom Allerfeinsten war.

OLAF THON: Das Spiel gegen die Vereinigten Arabischen Emiraten war zum Warmschießen. Ich kann mich noch erinnern, als der Kaiser aufsprang, als das Gegentor fiel.

FRANZ BECKENBAUER: Beim Gegentor haben die Jungs ein bisschen geschlafen. Es war vielleicht ein wenig zu früh in der zweiten Halbzeit. Sie waren vielleicht in Gedanken noch in der Kabine. Klaus Augenthaler und Thomas Berthold haben auf Abseits gespielt. Der kleine Thomas Häßler stand da plötzlich als letzter Mann hinten drin. Das darf nicht passieren!

OLAF THON: Franz hat immer sehr früh den Finger in die Wunde gelegt. Ich saß nicht weit weg von ihm auf der Bank und kann mich deutlich daran erinnern, wie er über Lothar Matthäus schimpfte. Der Franz hat immer über ihn geschimpft, und wenn das Spiel vorbei war, hat er ihn gleich in den Arm genommen (lacht). Er hat Lothar unterstützt, aber ihn auch immer wieder angestachelt, noch mehr zu geben. Lothar war der verlängerte Arm des Trainers. Sie kommunizierten dementsprechend. Der Franz hat dem Lothar nie etwas Böses ins Gesicht gesagt, aber wenn der 50 Meter weg war, hat er ihn auch mal auf Übelste beschimpft. Gut, dass der Lothar das nie gehört hat (lacht).

FRANZ BECKENBAUER: Es war unser Ziel, Gruppenerster zu werden. Denn so hatten wir den Vorteil, das Achtelfinale und das Viertelfinale in Mailand zu spielen. Nach einem gemeinsamen Weißwurstessen hatte ich den Spielern am nächsten Tag ein paar Stunden freigegeben. Die meisten waren am Comer See unterwegs. Ich glaube, einige waren sogar Wasserski fahren.

GER

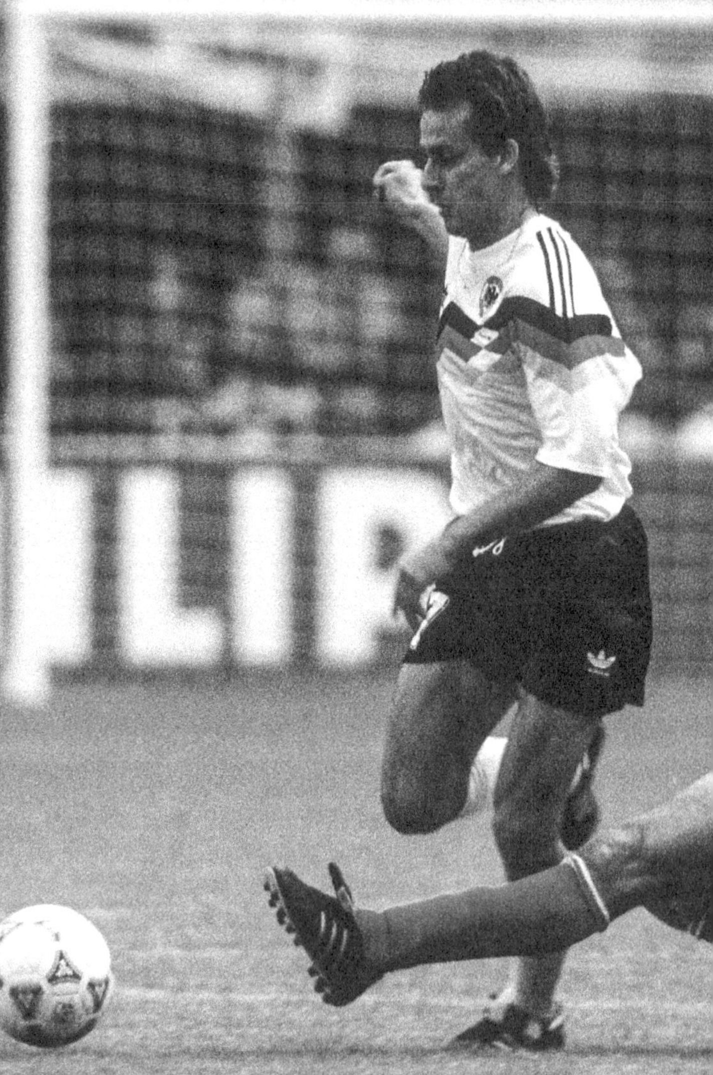

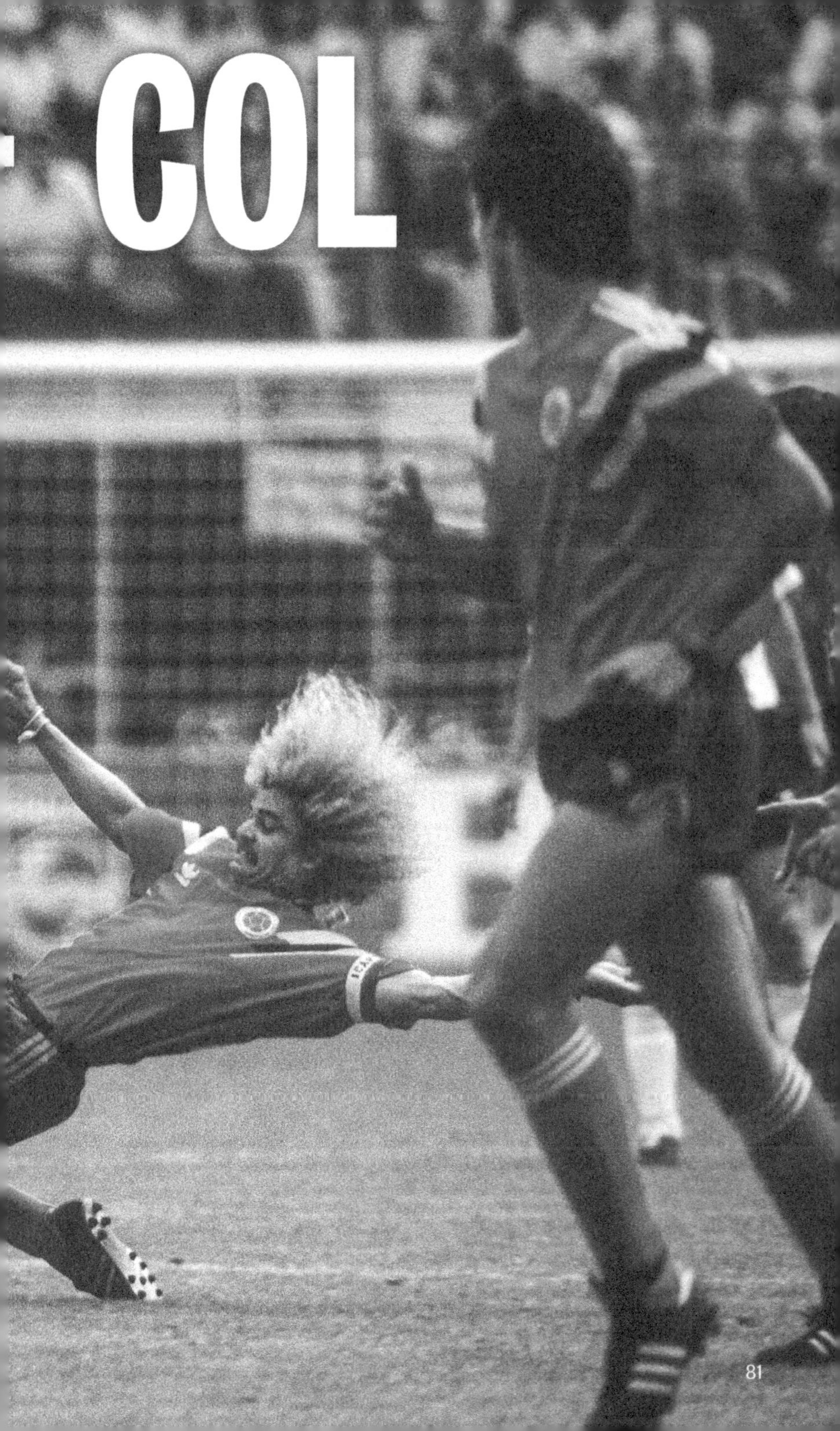

COL

JÜRGEN KOHLER
über seine Nichtnominierung fürs letzte Gruppenspiel

Ich war richtig sauer über die Entscheidung und habe vor Wut gegen eine Tür getreten. Es sind auch ein paar Wuttränen geflossen bei mir.

Deutschland - Kolumbien

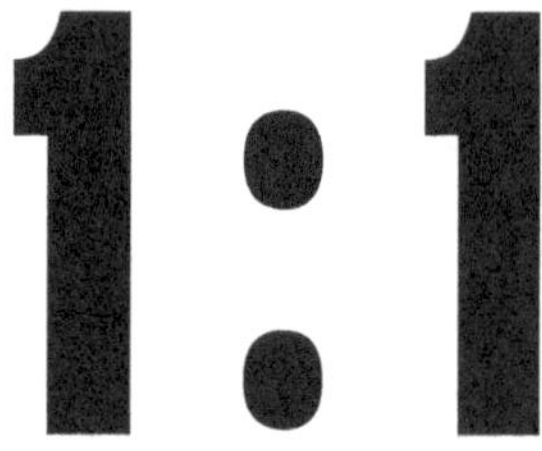

19. Juni 1990 in Mailand, Gruppe D

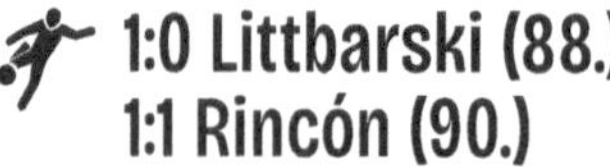

1:0 Littbarski (88.)
1:1 Rincón (90.)

Deutschland: Littbarski für Bein (46.)
Thon für Häßler (84.)

Herrera, Gabriel J. Gómez, Álvarez (Gelb)

Snoddy (Nordirland)

72.510

DEUTSCHLAND

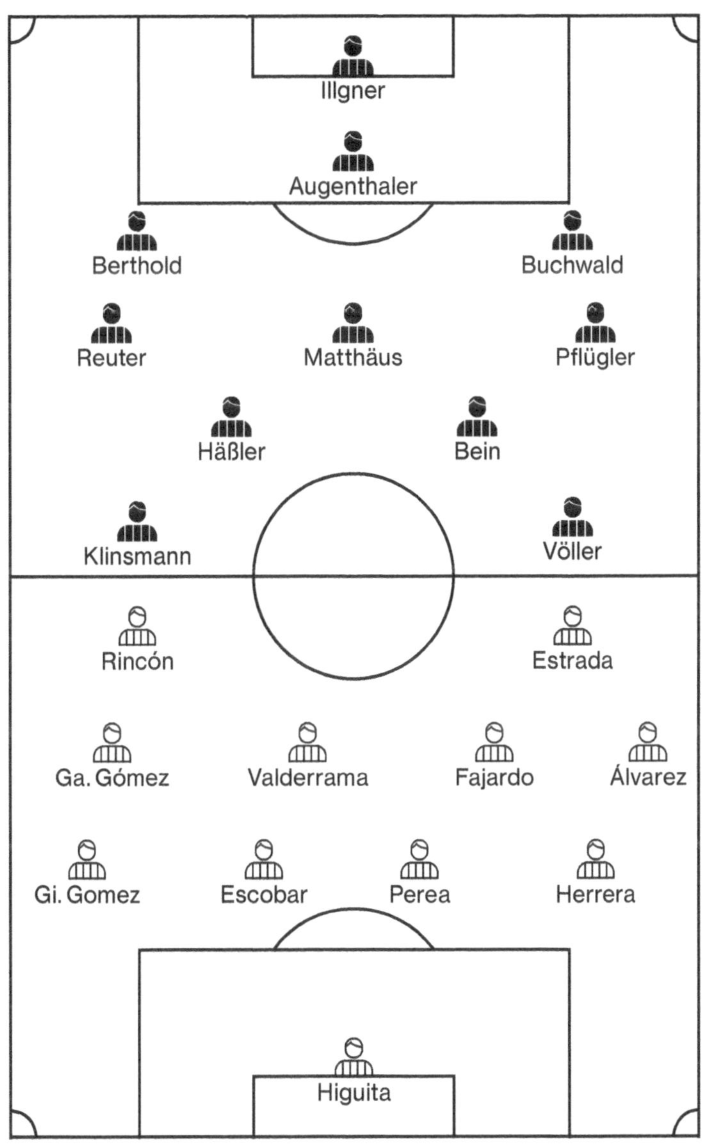

KOLUMBIEN

Ohne Brehme

Andreas Brehme ist wegen seiner zwei Gelben Karten gegen Jugoslawien und die Vereinigten Arabischen Emirate im letzten Gruppenspiel gesperrt. Für die deutsche Mannschaft geht es um den Gruppensieg, der bedeutet, dass man weiter in Mailand spielen würde. Im zweiten Gruppenspiel hat Jugoslawien Kolumbien mit 1:0 geschlagen.

GÜNTER HERMANN: Franz Beckenbauer wollte wohl mich gegen Kolumbien spielen lassen. Das habe ich nicht von ihm selbst erfahren, sondern vom Journalisten Jörg Wontorra, mit dem ich sehr eng war, weil ich ihn aus Bremen sehr gut kannte. Andreas Brehme hatte ja seine zweite Gelbe Karte gegen die Vereinigten Arabischen Emirate gesehen. Also war die große Frage: Wer spielt für ihn gegen Kolumbien? Ich war im Kader als Back-up für die linke Seite geplant. Franz hat aber noch mal den Spielerrat nach seiner Meinung gefragt. Rudi Völler war für mich, aber da saßen auch Lothar Matthäus und Klaus Augenthaler drin, und die waren für ihren Bayern-Kollegen Hansi Pflügler, den sie dann reingedrückt haben. Also hat sich Franz doch für ihn entschieden und es mir danach erklärt. Ich war natürlich erst mal enttäuscht. Aber ich bin nicht nachtragend. Ich war froh, dass ich überhaupt bei der WM dabei war.

HANSI PFLÜGLER: Franz Beckenbauer kam vor der Besprechung am Spieltag gegen Kolumbien zu mir und hat gefragt, wie ich mich fühle. Ich sagte: „Gut". Da hat er mir mitgeteilt, dass ich für den gesperrten Andi Brehme spielen würde. Ich habe ehrlich gesagt kein gutes Spiel gemacht, das weiß ich selbst. Wir waren schon für die nächste Runde qualifiziert, da waren der Druck und die Anspannung irgendwie nicht mehr so da – da ist es natürlich unglücklich, wenn man dann ins Team reinkommt. Ich habe mich da nahtlos eingefügt. Meiner Leistung würde ich die Schulnote Vier geben. Ein glatter Vierer (lacht)! Mir war klar, dass Andreas Brehme auf meiner Position gesetzt war. Ich habe mich also darauf konzentriert, für den Notfall bereit zu sein. Um dann meine Stärken wie das Zweikampfverhalten und das Kopfballspiel einzubringen. Franz Beckenbauer wusste, dass ich in der Rolle als Reservist außerhalb des Spielfeldes keine Schwierigkeiten machen würde. Das ist bestimmt auch ein Grund gewesen für meine Nominierung, die nicht unumstritten war, weil ich spielerisch nicht der Stärkste war. Mir war das wurscht – ich kannte meinen Wert aus 277 Bundesligaspielen.

GÜNTER HERMANN: Vor der WM hat Franz mir gesagt, warum er mich mitgenommen hat: „Dich kann ich um Mitternacht wecken und dann stehst du bereit! Auf dich kann ich mich immer verlassen!“ Das hat mich sehr stolz gemacht, dass er das gesagt hat.

LOTHAR MATTHÄUS: Andi Brehme war gesperrt, das Weiterkommen stand bereits fest – und dann gegen Kolumbien! Das war gar nicht so leicht. Das war eine abgezockte Truppe, die mit versteckten Fouls spielte.

ANDREAS BREHME: Dass ich zugucken musste gegen Kolumbien, tat mir richtig weh. Ich habe aber nach zwei Fouls in den ersten beiden Spielen zwei Gelbe Karten bekommen und war gesperrt. So sah ich das Spiel von der Tribüne und eins blieb mir besonders in Erinnerung: Carlos Valderrama war ein guter Fußballer, aber ein noch besserer Schauspieler – als sterbender Schwan!

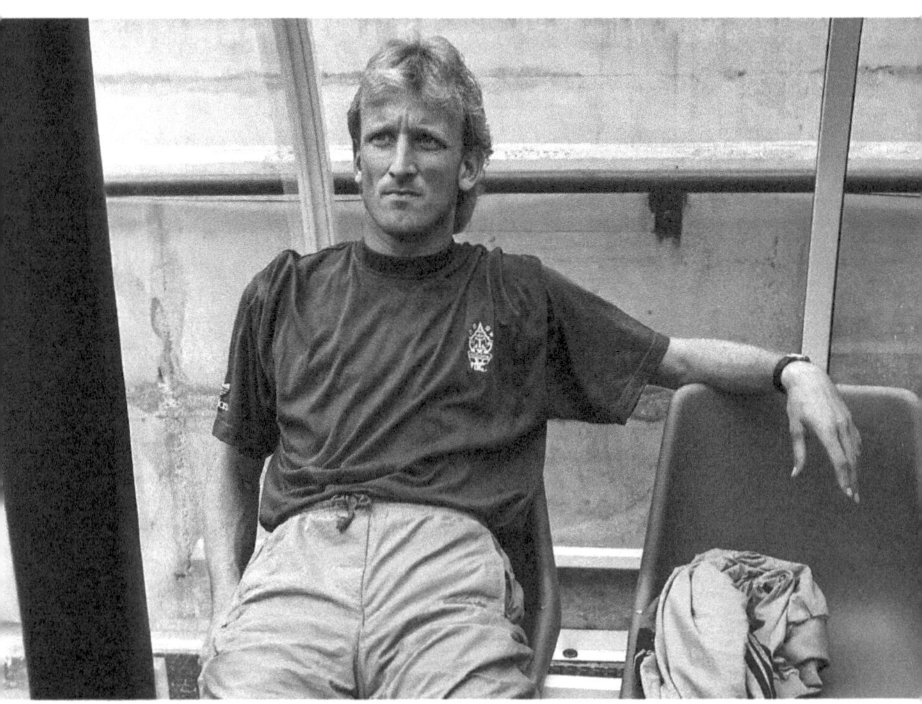

Kohler tritt zu

Nach seiner Verletzung in der Vorbereitung geben die Ärzte grünes Licht für den Einsatz von Verteidiger Jürgen Kohler. Franz Beckenbauer will ihn aber noch schonen.

JÜRGEN KOHLER: Vor dem Kolumbien-Spiel bin ich davon ausgegangen, dass ich wieder spiele. Deshalb war ich sehr überrascht, als ich in der Mannschaftsitzung erfahren habe, dass ich nicht dabei bin. Ehrgeizig wie ich war, hat das richtig wehgetan und ich war richtig sauer über die Entscheidung und habe vor Wut gegen eine Tür getreten. Die Tür ließ sich danach nicht mehr öffnen und schließen (lacht). Es sind auch ein paar Wuttränen geflossen bei mir, das gebe ich ehrlich zu. Ich wollte halt unbedingt spielen!

BERTI VOGTS: Ich habe mit Jürgen Kohler und einigen anderen Spielern morgens Extraschichten eingelegt. Das würde heutzutage keiner mehr machen und sagen: „Trainer, können wir dies oder das noch mal machen. Das tut mir gut, da kriege ich Sicherheit.“ Sowas war für die Spieler damals unheimlich wichtig.

JÜRGEN KOHLER: Der Berti Vogts hat mich getröstet. Mit ihm hatte ich mich in Extraschichten sehr intensiv auf mein Comeback vorbereitet. Da waren es morgens schon zwischen 25 und 30 Grad. Ich musste zweimal am Tag trainieren, um meinen Rückstand, den ich durch die Verletzung hatte, aufzuholen. Da war ich so weit wiederhergestellt, dass ich persönlich der Ansicht war, dass ich wieder hätte spielen können. Gott sei Dank habe ich dann gegen die Kolumbianer nicht gespielt. So konnte ich ausgeruhter ins Spiel gegen die Holländer gehen. Es war auch gut für den Carlos Valderrama, dass ich nicht gespielt habe, sonst hätte er das Spiel bestimmt nicht durchgestanden (lacht). Für mich hat die WM erst im Achtelfinale angefangen – und ab da habe ich dann alle Spiele gemacht.

BERTI VOGTS: Manchmal war ich auch Seelentröster. Da kam auch mal der ein oder andere Spieler, der vielleicht Nummer 12 oder 13 war, zu mir, wenn er unglücklich war. Da ich die Spieler schon so lange kannte, war man sich näher. Vor Franz Beckenbauer hatten die Spieler einen unheimlichen Respekt.

Die Valderama-Lachnummer

In der ersten Halbzeit foult Klaus Augenthaler den kolumbianischen Spielmacher Carlos Valderrama, der damals in Frankreich bei Montpellier spielt und wegen seiner wilden, blonden Mähne bekannt ist.

KLAUS AUGENTHALER: Ich kann mich noch gut an die oscarreife Schauspieleinlage von Carlos Valderrama erinnern. Diese Szene habe ich noch heute vor Augen. Ich habe sogar noch das Video von diesem Spiel. Valderrama war der Superstar der Kolumbianer – und auch der beste Schauspieler von denen. Es war schon ein Foul von mir, ja, das gebe ich zu. Aber nicht so, dass man ihn vom Platz tragen musste – mit der Bahre! Kaum war er an der Linie draußen, ist er aufgesprungen und ist sofort wieder rein ins Spiel. Völlig verrückt war das!

LOTHAR MATTHÄUS: Wir hatten ja zwischenzeitlich gedacht, dass wir den Carlos Valderrama am Ende des Spiels nur noch auf dem Friedhof besuchen können (lacht). Der hat nach einem Foul von Klaus Augenthaler auf dem Rasen den sterbenden Schwan gegeben und sich eine Ewigkeit auf dem Boden gekrümmt. Dann kamen jede Menge Kolumbianer aufs Feld. Funktionäre, Mediziner und vier Leute in Weiß, die ihn vom Feld getragen haben. Kaum war er hinter der Außenlinie, sprang er wie ein junges Reh zurück aufs Spielfeld.

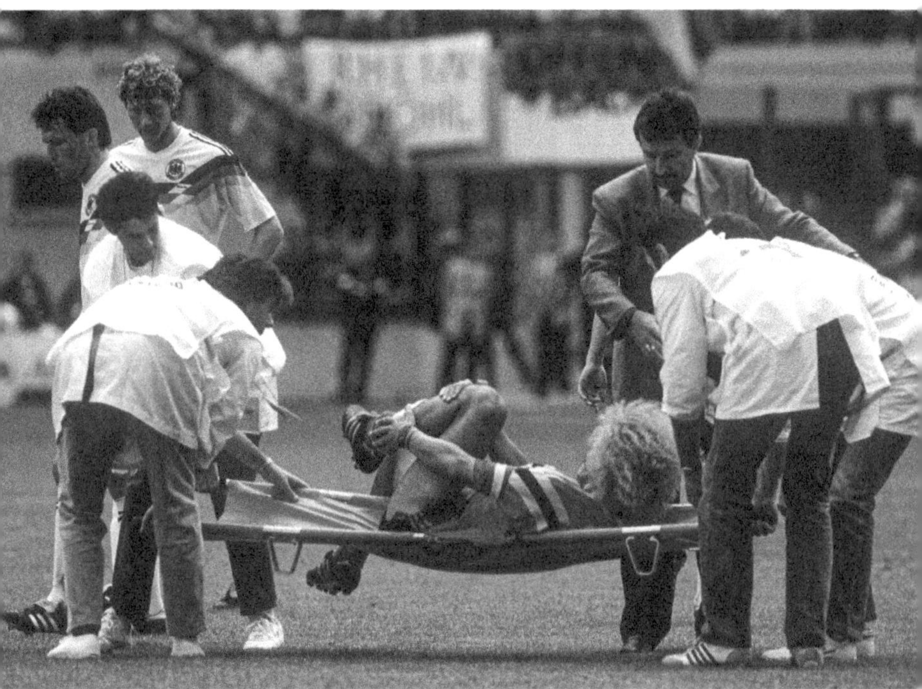

Torvorlage vom Ersatztorwart

Pierre Littbarski wird zur Pause für Uwe Bein eingewechselt und erzielt den deutschen Führungstreffer – nach einer ganz besonderen Vorlage von Andreas Köpke.

PIERRE LITTBARSKI: Ich habe mich warm gemacht in der Halbzeit und fühlte mich richtig gut. Ich wollte jeden Ball haben in den Anfangsminuten. Rudi Völler war nicht nur ein genialer Dribbler und Torjäger, sondern auch ein extrem guter Fußballer und Vorbereiter. Das ist gar nicht immer so rübergekommen in all den Jahren. Und der hat den Ball gesichert und passt mich auf der halblinken Position an. Ich habe das Loch gesehen und bin da reingestartet. Ich musste aber noch den Verteidiger abblocken, und weil ich keine große Kante bin, habe ich irgendwie den Arm dazwischen gekriegt und mit links einfach draufgehalten. Ich hab gar nicht so bewusst da oben hin geschossen, sondern einfach draufgehalten. Nachdem ich das Tor erzielt habe, bin ich sofort nach links weg und zum Andreas Köpke gelaufen. Das sieht man nicht ganz auf den Videos. Aber Köpke war der Erste, zu dem ich beim Jubel hin bin. Wir beide waren Zimmernachbarn und haben uns besonders gefreut.

ANDREAS KÖPKE: Litti und ich haben gewettet. Um eine Flasche Rotwein. Die habe ich ihm gern bezahlt, weil er gegen Kolumbien getroffen hat. Was mich so genervt hat an Higuita, ist die Art und Weise, wie er gespielt hat. Dass er überall rumgeturnt ist auf dem Platz und einen auf Show gemacht hat. Der hat's ja gut gemacht auf seine Art, aber er hat immer so eine Welle gemacht. Das war nicht so mein Ding. Litti ist beim Jubeln direkt zur Bank gelaufen – zu mir! Er hat sich natürlich über das Tor gefreut – und vielleicht auch über die gewonnene Flasche Rotwein.

PIERRE LITTBARSKI: Zu meinem Tor gegen Kolumbien gibt's eine besondere Hintergrundgeschichte. Ich teilte mir mit Andreas Köpke das Zimmer. Und den hat als bodenständiger Keeper, der er war, fürchterlich aufgeregt, wie der Higuita den Ball immer so aufreizend wie ein Feldspieler gespielt hat. Der war so ein moderner Torwarttyp, wie es jetzt normal ist, einer, der selbst Angriffe einleitet. Das war zu unserer Zeit – wir waren noch ein bisschen bieder – nicht normal, und den Köpke hat das tierisch aufgeregt. „Der kann gar nicht richtig halten, der macht nur Theater" – hat der Andreas immer geschimpft. Am Spieltag hat er dann zu mir gesagt: „Hör mal zu, wenn du reinkommst, dann hau dem mal einen rein, der nervt mich ungemein!"

ANDREAS KÖPKE: Ich habe während der WM das Zimmer mit Litti geteilt. Verrückt, der trug beim Mittagsschlaf immer Ohrstöpsel und so eine Schlafmaske, wie man sie in Flugzeugen bekommt. Er konnte sonst nicht schlafen. Er brauchte das, um abzuschalten. Hätte ich ihn nicht geweckt, hätte er das Training wahrscheinlich verschlafen (lacht).

PIERRE LITTBARSKI: Niemand teilt sich gerne mit einem Torhüter das Zimmer, weil das alles Einzelkämpfer sind. Ich hatte diesbezüglich schon Erfahrungen gesammelt, da ich beim 1. FC Köln auch schon Zimmernachbar von Toni Schumacher und Bodo Illgner war. Mit Köpke lag ich auf einer Wellenlänge, das passte einfach und das ging auch jeden Tag gut. Wir haben uns wie ein Ehepaar „Gute Nacht“ und „Guten Morgen“ gesagt. Wir haben gut harmoniert. Ich habe ihn nur einmal im Trainingslager überlupft – da hat er dann einen Tag lang nicht mit mir gesprochen. Aber das ist mittlerweile vergessen (lacht).

ANDREAS KÖPKE: Es ist schon wichtig, dass du jemanden auf dem Zimmer hast, mit dem du dich verstehst, wenn man so lange zusammen bist. Es würde nicht gehen, wenn der eine immer das Gegenteil von dem will, was der andere möchte. Das hat bei uns super gepasst.

LOTHAR MATTHÄUS: Der Ausgleich in der Nachspielzeit hat an unserem Tabellenplatz nichts geändert. Dennoch war es ärgerlich. Die Kolumbianer schafften es so als einer der besten Gruppendritten ins Achtelfinale.

GÜNTER HERMANN: Für mich war es ja das Allergrößte, dass ich überhaupt dabei sein durfte. Ich bin aus einem ganz kleinen Verein gekommen, habe mich hochgearbeitet. Und plötzlich bist du bei der WM dabei und spielst mit Leuten, von denen du weißt, die sind einen ganzen Tick besser als du. Das ist Fakt. Ich war nicht schlecht, aber die waren einfach ein bisschen besser. Die hatten das verdient. Und ich war froh, dass ich dabei war. Die Mannschaft war sehr, sehr stark. Ich wurde 30 nach der WM, und ich habe gewusst, dass dann Berti Vogts kommt und eine neue Mannschaft aufbaut. Mir war klar, da kommen viele junge Spieler nach, da wäre für mich kein Platz mehr gewesen. Daher habe ich bei der WM auf einer Pressekonferenz gesagt, dass ich nach dem Turnier nicht mehr zur Verfügung stehe. Ich habe quasi meinen Rücktritt verkündet (lacht). Ich wollte mich auf Werder Bremen konzentrieren. Es hatte aber nichts damit zu tun, dass ich gegen Kolumbien nicht gespielt habe.

HANSI PFLÜGLER: Gegen Kolumbien habe ich das letzte von elf Länderspielen gemacht. Ich habe dann nach der WM quasi auf dem Höhepunkt aufgehört. Ich war ja schon 1988 bei der Europameisterschaft dabei. Danach hab ich mich wieder auf Bayern konzentriert. Dass man wie heutzutage elfmal in Folge die Schale holt, hat's damals nicht gegeben. Da hast du vielleicht zweimal hintereinander die Meisterschaft gewonnen, dreimal in Folge war schon sehr außergewöhnlich. Hamburg war damals stark, Bremen war damals stark, Gladbach war stark. Da hast du immer fünf Kandidaten gehabt, die den Titel holen konnten.

FRANK MILL: Ich weiß noch, dass wir nach dem 1:1 gegen Kolumbien abends gegen halb zwölf zurück ins Castello di Casiglio, also in unser WM-Quartier, gekommen sind und Franz gefragt haben, ob wir noch raus können. Seine Antwort: „Klar, macht's, was ihr wollt, seht nur zu, dass euch die Journalisten morgen früh nicht sehen." Da konntest du dann wirklich machen, was du wolltest. Das hat Franz nicht kontrolliert, er hat jedem vertraut, dass er nicht über die Stränge schlägt. Er hat uns wie erwachsene Männer behandelt. Getreu dem Motto: Die wissen schon, was sie machen! Wir sind dann morgens wieder gekommen, keine Ahnung, wann das war, vielleicht so halb sieben (lacht). Um neun Uhr waren wir dann aber auf dem Trainingsplatz und haben Vollgas gegeben. Dieser Umgang mit uns Spielern war ganz toll.

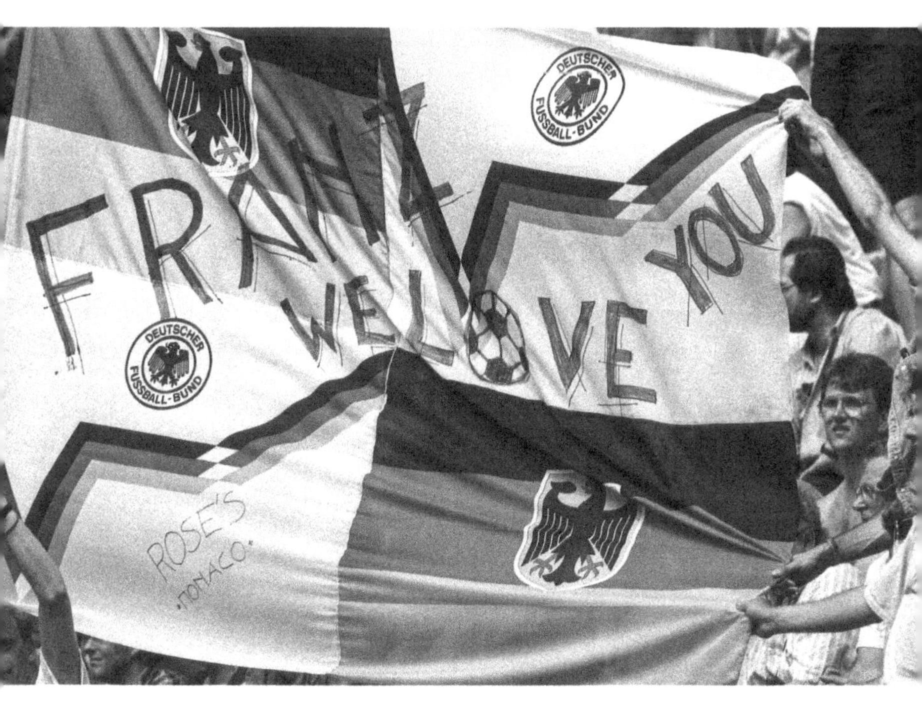
DEUTSCHER FUSSBALL-BUND
FRANZ
WE LOVE YOU
DEUTSCHER FUSSBALL-BUND
ROSE'S

FRANZ

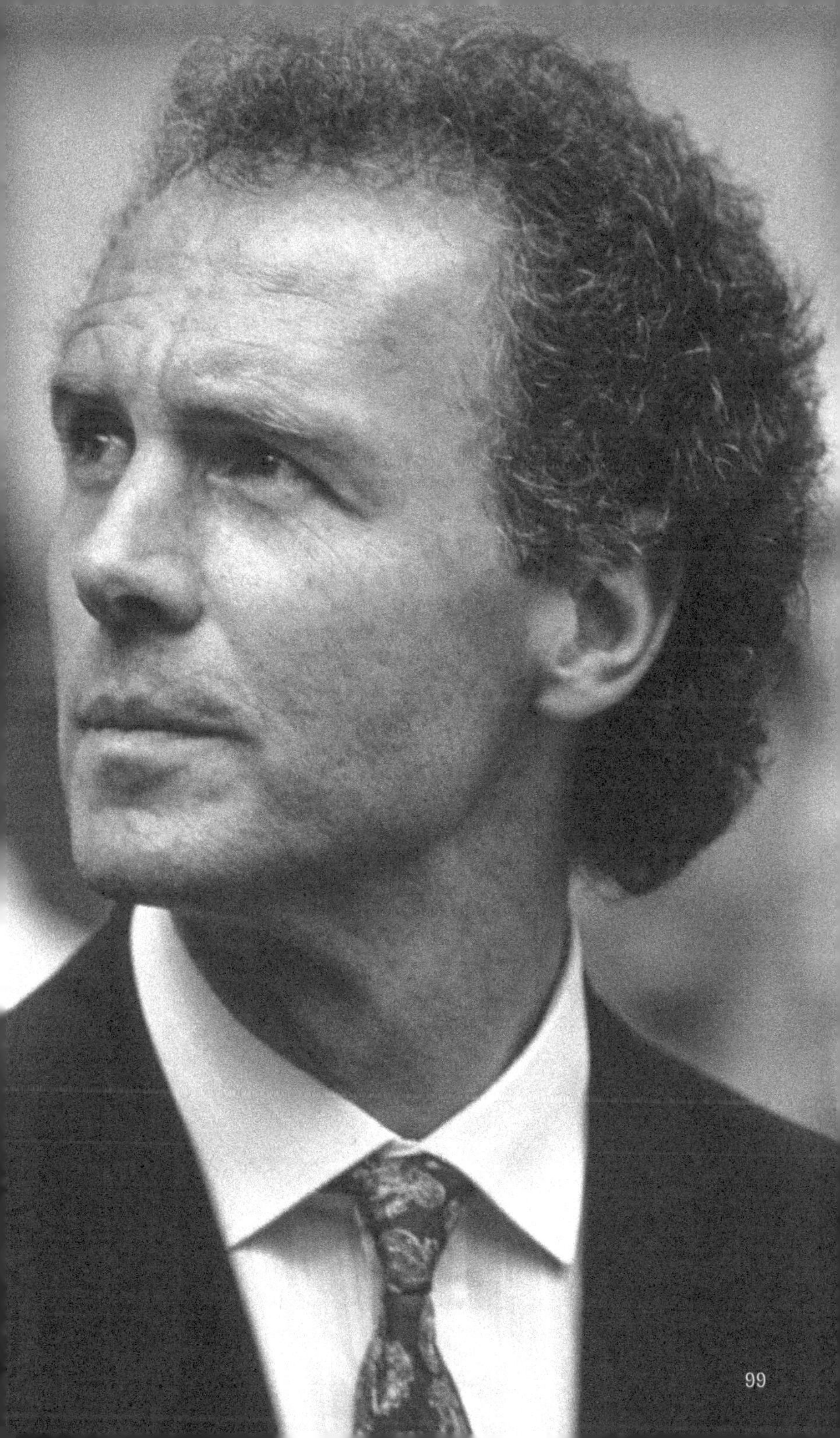

ANDREAS MÖLLER
über
Franz Beckenbauer

Für ihn wäre ich durchs Feuer gegangen.

Deutsche Fußball-ikone

Franz Beckenbauer wird als Spieler (1974) und Trainer (1990) Weltmeister.
1972 wird der Kaiser Europameister und später DFB-Ehrenspielführer.
1986 führt er die Nationalelf als Teamchef ins WM-Finale (2:3 gegen Argentinien) und 1988 ins EM-Halbfinale (1:2 gegen Holland).

LOTHAR MATTHÄUS: Franz Beckenbauer war der perfekte Trainer. Er hat aus der Vergangenheit gelernt und uns Spielern Freiheiten gegeben, wobei wir diese im Gegenzug nicht ausgenutzt haben. Wo früher schon mal der eine oder andere ausbüxte, waren wir nun dankbar, dass es freie Tage gab und wir abends teilweise erst um 23 Uhr im Hotel sein mussten. Ich erinnere mich gut, wie ich mit Thomas Berthold nach dem Achtelfinale gegen Holland zum Gardasee fuhr. Dort trafen wir Hansi Flick, der mit einem guten Freund ebenfalls an den Gardasee gefahren war. Wir hatten eine wunderbare Zeit, haben auch Alkohol getrunken, da wir bis zum nächsten Spiel gegen die Tschechoslowakei eine Woche Zeit hatten. Wir haben die Freizeit genossen, und auf dem Platz sind wir für den Franz dafür durchs Feuer gegangen.

ANDREAS MÖLLER: Es gibt nicht viele Personen, die mir einfallen, wenn mich jemand fragt: Wer hat Sie in ihrem Leben besonders beeindruckt? Da steht der Franz Beckenbauer ganz oben. Das ist ein Typ, von dem man irgendwie immer geflasht war. Der hatte so eine Aura um sich! Das war jemand, zu dem man aufgeschaut hat! Für ihn wäre ich durchs Feuer gegangen.

LOTHAR MATTHÄUS: Ich wusste schon vor dem Turnier, auch durch das Vertrauen vom Franz, der mich zum Kapitän gemacht hatte, und wegen unserer Atmosphäre im Team, dass uns etwas Besonderes gelingen kann. Qualität und Stimmung waren perfekt, auch weil Franz Beckenbauer durch die WM 1986 und die EM 1988 gelernt hatte und offen und ehrlich auf die Spieler zugegangen ist.

UWE BEIN: Der Franz hat den ein oder anderen Spieler im Vorfeld der WM angerufen. Zum Beispiel den Paul Steiner. Der Paul war ganz überrascht, dass er einen Anruf bekommen hat. Da sagt der Franz zu ihm: „Paul, pass auf. Ich würde dich gerne zur WM mitnehmen. Aber du musst dich still verhalten! Wenn sich keiner verletzt im Defensivbereich oder keiner eine Rote Karte kriegt, wirst du nicht spielen. Ich brauche zwei, drei Spieler wie dich, die dabei sind, aber keine Ansprüche auf die erste Elf stellen." Franz hat das vier Jahre vorher mitgemacht. Genau diese Situation wollte er vermeiden, er wollte kein Hauen und Stechen, sondern ein Miteinander. Und genau das gab es vom ersten Tag an in Malente, als wir uns das erste Mal gesehen haben: einen großen Zusammenhalt, ein Miteinander, kein Gegeneinander! Jeder hat dem anderen den Erfolg gegönnt.

JÜRGEN KLINSMANN: Franz war für mich der Schlüssel zum Erfolg von 1990. Er hatte diesen unglaublichen Wissensschatz, und den konnte er uns gut vermitteln – er hatte ja schon alles gewonnen. Und dies in Verbindung mit seiner Souveränität und Menschlichkeit, das war einfach großartig.

PIERRE LITTBARSKI: Alle schauten zu Franz auf. Er hat sogar im Training immer Fünf-gegen-zwei mit uns gespielt. Es war eine Schande, wie er uns da immer vorgeführt hat (lacht).

KLAUS AUGENTHALER: Franz Beckenbauer hat auch gerne mal beim Training mitgemischt. Wenn wir Fünf-gegen-zwei spielten, musste er mit Abstand am seltensten in die Mitte. Am Ball machte ihm keiner etwas vor.

ANDREAS BREHME: Franz war ein toller Trainer und eine Respektsperson. Wenn er mit uns im Kreis Fünf-gegen-zwei gespielt hat, haben wir uns fast schon ein bisschen geschämt, weil ihm der Ball am Schuh klebte, weil er ihn gestreichelt hat und so selten in der Mitte war (lacht). Wenn er eine Ansprache gehalten hat, hätte man eine Stecknadel fallen hören können. Wir wagten es nicht mal zu atmen. So viel Respekt hatten wir. Wenn der Franz eine Ansprache hielt, bekamen wir vor Ehrfurcht Gänsehaut.

Titelhamster

Mit dem FC Bayern München gewinnt Beckenbauer als Spieler dreimal den Europapokal der Landesmeister, einmal den Europapokal der Pokalsieger und einmal den Weltpokal. Hinzu kommen fünf Deutsche Meisterschaften (vier mit Bayern, eine mit dem Hamburger SV) und vier Pokalsiege (mit Bayern). Als Trainer holt er mit Bayern je einmal die Schale und den UEFA-Cup. Beckenbauer wird viermal Fußballer des Jahres in Deutschland und zweimal Europas Fußballer des Jahres. Als Chef des deutschen WM-Bewerbungskomitees holt der Kaiser die Fußballweltmeisterschaft 2006 nach Deutschland.

SEPP MAIER: Der Franz hatte schon alles erlebt, er hatte über 100 Länderspiele und alles gewonnen, was man gewinnen kann. Er hatte eine unglaubliche Erfahrung, die er an die Spieler weitergegeben hat. Er hat die Spieler verstanden, hatte ein Gespür dafür, was die wollen. Er wusste genau, wie viel trainiert werden muss. Er wusste, wann er mal anziehen und wann er lockerlassen musste. Der Franz hat geschaut, dass das alles nicht zu ernst wurde. Wenn du mitten im Turnier bist und kommst von einem Spiel ins nächste, da ist es wichtig, dass die Lockerheit nicht verloren geht. Dafür war der Franz verantwortlich.

THOMAS BERTHOLD: Der Franz war selbst ein großer Spieler und verfügte über die besondere Gabe, Zuckerbrot und Peitsche richtig einzusetzen. Der wusste genau, wann er anziehen musste und wann Entspannung wichtig war. So ein Turnier dauert eben auch lang. Da muss man immer gucken, dass man auch mal runterfährt, um dann wieder hochfahren zu können. Man kann nicht vier Wochen lang nur unter Strom stehen. Das hat auch mit Eigenverantwortung tun, dass die Spieler die freie Zeit sinnvoll nutzen, um sich mental zu erholen. Um dann wieder richtig zu trainieren und sich aufs nächste Spiel vorzubereiten. Das hat der Franz zusammen mit dem Professor Liesen, der für die Trainingsbelastung zuständig war, und dem ganzen Trainerteam bestens gelöst. Die hatten die entsprechende Erfahrung, wann man weniger machen und wann man mehr machen muss. Entscheidend ist, dass man zum Spieltag voll da ist.

JÜRGEN KLINSMANN: Der Franz war schon immer einmalig. Diese Souveränität, diese Leichtigkeit ist unvergleichlich. Aber vor allem auch diese Herzlichkeit. Der Mensch stand bei ihm immer an allererster Stelle.

GÜNTER HERMANN: Franz hat damals alle Gelder aus den Werbeverträgen, die die Spieler meist individuell ausgehandelt hatten, in einen Topf geworfen und unter allen Spielern aufgeteilt. Das war sensationell. Er hat das von vorneherein angekündigt, damit das Finanzielle nicht für Unruhe sorgt: Das Geld wird gleichmäßig aufgeteilt! Egal, ob einer ein großer Star ist oder wenig oder gar nicht spielt. Beim Geld hört die Freundschaft oft auf. Und dass es deswegen Streit gibt, hat er damit von Anfang an verhindert!

WOLFGANG NIERSBACH: Franz hat sich ungeheuer schwergetan mit Personalentscheidungen. Weil er Leuten ungern wehtut. Es gab damals noch die Bestimmung, dass du nur 16 Spieler auf den Spielberichtsbogen schreiben durftest. Also musste er vor jedem Spiel sechs aussortieren, die dann auf der Tribüne saßen. Womit er sich besonders schwer tat, waren Personalentscheidungen fürs Mittelfeld. Ansonsten war er mit seiner Art, seinem Auftreten, seiner Aura sehr souverän. Ganz anders als 1986 in Mexiko. Damals bin ich als Journalist dabei gewesen. Er ist da in einige Fettnäpfchen getreten. In der Rolle als Teamchef ist er sensationell gewachsen. Ich habe beim Jogi Löw eine ähnliche Entwicklung erlebt. Er hat 2014 fast in sich geruht und hatte ein so angenehmes Auftreten gegenüber der Mannschaft. In so eine Rolle musst du reinwachsen. Wobei es im Nachhinein auch von Vorteil war, dass der Kreis ganz klein war. Wir waren nur zehn oder zwölf Betreuer inklusive Physios. Das war dadurch ein Riesenzusammenhalt in dieser Truppe.

ANDREAS MÖLLER: Menschlichkeit wurde von Franz großgeschrieben. Durch seine Aura, seine Erfolge, durch sein Standing. Der Franz hat mich gemocht als Spieler. Das habe ich gespürt. Es war toll, dass ich zweimal zum Einsatz gekommen bin. Für die erste Elf hat es bei mir leider nicht gereicht.

GUIDO BUCHWALD: Franz hat genau gewusst, wann er anziehen muss. Er hat aber auch gewusst, dass jeder fokussiert war, das Beste zu geben, um Weltmeister zu werden. Der Teamgeist war extrem wichtig, und ich glaube, dass das der Schlüssel war.

JÜRGEN KOHLER: Franz hatte uns gewähren lassen und ist nicht wie ein Schießhund hinter uns hergerannt, um uns zu kontrollieren. Es war ihm egal, ob einer fünf Minuten früher oder später ins Bett ging oder mal ein, zwei Bierchen trank. Er hatte die nötige Lässigkeit, um über solchen Dingen zu stehen. Allerdings hat er auch klare Ansage gemacht. Es gab mal einen Abend, da waren wir ein bisschen länger unterwegs und haben den Zapfenstreich verpasst. Da waren 15, 16 Mann zusammen unterwegs – und nicht nur einer oder zwei (lacht). Das hat die Mannschaft ja auch ausgezeichnet. Am nächsten Morgen beim Training hat bei fast

30 Grad eine kleine – sagen wir mal – Verdunstung stattgefunden (lacht). Franz fand das natürlich nicht ganz so doll und hat danach gesagt: „Ihr wisst ja, wen ich an die Wand nageln muss, wenn das in die Hose geht ..." Das hat er mit so einem süffisanten Lächeln gesagt. Da hat die Mannschaft gewusst, dass wir im nächsten Spiel abliefern müssen. Das hatte die Mannschaft aber ausgezeichnet: Wir konnten auf den Punkt unsere Topleistung abrufen!

ANDREAS MÖLLER: Franz Beckenbauer wusste, dass er sich auf uns verlassen konnte. Wir hatten nie das Gefühl, dass wir einkaserniert waren, sondern dass der Spaß, die Freude, das Genießen dieser WM im Vordergrund standen. Wenn wir trainiert haben, haben wir sehr konzentriert gearbeitet. Massage, Auslaufen – das war immer sehr, sehr fokussiert. Aber wenn's dann 14 Uhr war, dann herrschte Freude. Da hat man sich auf die Freizeitaktivitäten gefreut. Unsere Frauen waren in der Nähe untergebracht. Man ist an den Comer See gefahren, Eisessen gegangen oder mit dem Auto irgendwo hingefahren. Wenn wir das Spiel gegen Jugoslawien verloren hätten, dann wäre es vielleicht ganz anderes gekommen. Aber so war die Mannschaft unglaublich von sich überzeugt.

HANSI PFLÜGLER: Franz war sowohl der ruhige Typ, der seine Analysen zum Gegner machte, als auch der Typ, der explodierte, wenn ihm etwas nicht passte. Das hat man sich dann zu Herzen genommen.

Trainer-lichtgestalt

Franz Beckenbauer arbeitet eng mit seinen Co-Trainern Holger Osieck, der später Nationaltrainer von Kanada und Australien wurde, und Nachfolger Berti Vogts sowie Torwarttrainer Sepp Maier zusammen.

ANDREAS MÖLLER: Franz war der Architekt dieser Mannschaft. Er wusste, dass wir gut waren, aber er musste das gut moderieren. Wir hatten so viele Superstars in der Truppe. Dazu gehörte auch ein Frank Mill aus Dortmund, der kein Spiel gemacht hat. Oder der Paul Steiner aus Köln. Das waren Bundesligagrößen, Topspieler. Oder der Olaf Thon! Selbst der Günter Hermann, der bei Werder Bremen der beste Spieler war. Jeder hatte schon ein bisschen was erlebt. Jeder hatte was auf dem Kasten. Das war die Herausforderung für Franz: Wie machst du aus diesem Starensemble eine Mannschaft? Er hat dem Lothar Matthäus den klaren Auftrag gegeben: „Lothar, du brauchst hier jeden der Jungs. Du bist der Leader der Mannschaft, du gehst voran! Wenn du zeigst, dass du den Titel unbedingt willst, dann ziehen die anderen mit!" Der Lothar war der beste Spieler, mit dem ich je zusammengespielt habe. Das muss ich ganz klar sagen. Der hatte alles: starke Offensive, Schusstechnik, Aggressivität, Schnelligkeit.

JÜRGEN KLINSMANN: Dazu kam, dass alle Welt auf den Kaiser blickte und auch die Medien sich vor allem auf ihn stürzten. Damit nahm er allein durch seine Persönlichkeit viel Druck von uns Spielern. Wir als Mannschaft konnten uns so weitgehend im Hintergrund halten und uns erholen: Immer, wenn vor unserem Mannschaftsquartier zu viele Kameras und Journalisten waren, waren sie für den Franz da. Es war wirklich eine wundervolle Erfahrung, Franz Beckenbauer als Teamchef gehabt zu haben.

PIERRE LITTBARSKI: Beim Franz war das alles nicht so stressig. Einige brauchten ein bisschen mehr Freiheit. Jürgen Klinsmann hat nicht immer im Mannschaftsquartier geschlafen. sondern auch mal in seinem Haus am Comer See. Nach dem Spiel gab es immer Treffen mit den Spielerfrauen. Bei dem einen war die Frau öfter da, bei dem anderen seltener.

STEFAN REUTER: Franz war immer sehr diszipliniert und hat das auch von uns verlangt. Er hat der Mannschaft aber immer wieder auch Freiraum und Freiheiten gegeben. Da hat er auch ein paar Mal nach den Spielen gesagt: „Jungs, wir sehen uns morgen Mittag wieder." So konnten wir mal ein bisschen abschalten. Ein paar Spieler sind dann auf den Comer See, ein paar sind mit ihren Frauen essen gegangen, haben sich einen schönen Abend gemacht.

THOMAS BERTHOLD: 1986 und 1990 kann man gar nicht vergleichen. Für Franz war das damals in Mexiko, ein Jahr nach seinem Amtsantritt, ein Sprung ins kalte Wasser. Da hat er auch gemerkt, dass das alles nicht so einfach ist. Trotz allem haben wir es da auch ins Finale geschafft und am Ende nur knapp verloren. Mit ein bisschen mehr Cleverness, die die Mannschaft mit ihren erfahrenen und abgezockten Spielern eigentlich besaß, wäre 1986 auch der Titel drin gewesen. Die 90er Mannschaft hatte auf jeden Fall mehr Qualität als die 86er.

RUDI VÖLLER: 1990 war Franz viel gelöster, entspannter und unaufgeregter als 1986. Er hatte vorher schon angekündigt, dass er nach der WM aufhört. Er hat uns auch mal einfach machen lassen. Er hat uns Vertrauen geschenkt und Freiraum gegeben. Wir haben viel Karten gespielt. Die Stimmung war gelöst. Über die Vorbereitung bis zum letzten Spiel war es sehr harmonisch. Dabei war nicht jeder mit jedem befreundet, es gab auch Meinungsverschiedenheiten – doch der Umgang war immer offen, fair und respektvoll. Wir hatten wahnsinnig viel Spaß, waren aber immer konzentriert und wussten, worum es geht.

RAIMOND AUMANN: Wir waren eine verschworene Gemeinschaft! Ich war 1986 nicht dabei, aber ich weiß: Franz hatte aus der Vergangenheit seine Lehren gezogen. Er war derjenige der die Frauen nach den Spielen ins Hotel gelassen hat, er hat unglaublich viel investiert, um die Gemeinschaft zu stärken. Wir haben auf dem Comer See Bootsfahrten zusammen gemacht, wir haben viel gemeinsam unternommen. Mit Frauen, mit Kindern. Klaus Augenthaler hat seine Kinder dabeigehabt, wie der ein oder andere auch. Ich glaube, dass Franz gewusst hat, dass es nur über den Gemeinschaftsgeist der gesamten Mannschaft geht, über das Kollektiv. Das war der Schlüssel zum Erfolg.

LOTHAR MATTHÄUS: Mit welcher Souveränität Franz die Mannschaft geführt hat, war aus meiner Sicht das größte Verdienst von ihm – neben seiner Genauigkeit. Die Leute denken immer: „Ach, der Franz, der hat alles in die Wiege gelegt bekommen." Nein, er war fleißig. Er hat sich alles hart erarbeitet, alle Spieler mitgenommen. Ein Beispiel: Olaf Thon war im Halbfinale vielleicht der beste Mann, stand im Finale aber nicht in der Startelf. Da hat es nie ein böses Wort gegeben. Alle haben sich eingeordnet – nicht untergeordnet. Das hat Franz super gemanagt.

ANDREAS MÖLLER: Der Franz hat uns starkgeredet. Er war jetzt nicht so der Taktiker, aber er hat uns sehr gut auf die Gegner vorbereitet. Was sind ihre Stärken, wie können wir sie bezwingen. Und was sind unsere Stärken. Er hat nicht gesagt, ihr müsst jetzt die und die Spielzüge machen. Sondern geklärt, wer sich um die besten Spieler des Gegners kümmert und gesagt, was er vom Lothar Matthäus sehen will. Jeder sollte das spielen, was er kann. Er hat uns starkgeredet! Ich kann mich noch gut erinnern, wie Franz in der Mannschaftssitzung einmal gesagt hat: „Schaut euch mal selber an – wer soll euch denn schlagen?" Da gucken wir uns alle an und hatten Gänsehaut. Und noch mal: „Schaut euch an – wer soll euch denn schlagen?" Dann kam das Aber: „Aber ihr müsst was dafür tun!" Er hat auch immer gesagt: „Ihr müsst zusammenspielen! Zusammen!" Das hat er immer wieder betont! „Laufen müsst ihr – und spielt zusammen! Dann kriegt euch keiner! Keiner!" Wenn der Franz so etwas sagt, dann brauchst du keine Taktik. Er hat uns mit solchen Worten zusammengeschweißt und heißgemacht.

JÜRGEN KOHLER: Franz war bei seiner Arbeit sehr akribisch. Das hätte man ihm als Außenstehender vielleicht gar nicht so zugetraut. Die Videokassetten von den Gegnern haben sich in seinem Zimmer gestapelt. Er hat sich alles angeschaut. Von vorne nach hinten, von links nach rechts, was weiß ich, wie oft er auf die Stop- und Play-Taste gedrückt und vor- und zurückgespult hat. Er hat immer aufgeschrieben, in welcher Minute und Sekunde welche Szene passiert ist, die für uns entscheidend war. Das war eine tolle Arbeit, davon haben wir sehr profitiert. Auch seine Art, die Mannschaft zu führen, war einzigartig.

PIERRE LITTBARSKI: Franz Beckenbauer hat oft oben gesessen in seinem kleinen Palastturmzimmer. Ich bin einmal vorbeigegangen und habe reingeschaut, und da stapelten sich die Videokassetten. Er hat sich richtig gut vorbereitet, aber wollte das wohl keinem zeigen. Franz war schon als Spieler sehr akribisch, und so war er auch als Trainer – aber er hat das nicht so herausgekehrt. Man hatte immer den Eindruck, er macht das aus der Hüfte. Auch so hat er eine gewisse Lockerheit in die Mannschaft gebracht, die notwendig war. Franz Beckenbauer hat immer eine große Ruhe ausgestrahlt. Der Franz musste nicht so viel sprechen – wir wussten, woran wir sind. Jeder hat sich darauf konzentriert, fit zu sein und Leistung zu bringen, wenn er eingesetzt wird.

STEFAN REUTER: Da hat einfach alles gepasst in der Mannschaft, die Stimmung, die Hierarchie, Franz Beckenbauer mit seiner Art. Er hat der Mannschaft sehr viel Selbstbewusstsein gegeben. Er hat den Gegner perfekt analysiert, gesagt, wer gut ist, wer was macht im Spiel – und am Ende hat er immer gesagt: „Jungs, ihr seid aber auf jeder Position besser besetzt." Das hat er auch ausgestrahlt und das hat schon was gemacht mit der Mannschaft. Es hieß immer, ihm fliegt alles zu. Im Gegenteil. Er hat immer alles akribisch vorbereitet. Wir haben damals Videoanalysen gemacht, wir haben Szenen von unseren Gegenspielern gezeigt bekommen, in denen man sah, wo ihre Stärken liegen und wie wir am besten dagegen vorgehen.

JÜRGEN KLINSMANN: Als Trainer war er sehr detailverliebt und immer sehr gut vorbereitet auf die Gegner. Er gab uns sehr genaue Informationen über die Stärken unserer Gegenspieler und ihrer taktischen Ideen. Auch seine zwei Assistenten Holger Osieck und Berti Vogts waren geradezu versessen auf Details. Wir wussten daher immer, dass wir sehr gut vorbereitet sein würden, egal, gegen wen es gehen sollte.

Vorbild Franz

Viele Spieler von damals wurden Trainer oder Sportdirektor und betonen, wie groß der Einfluss von Franz Beckenbauer auf ihre spätere Karriere war.

JÜRGEN KLINSMANN: Von Franz habe ich mir für meine später Trainerlaufbahn ganz vieles abgeguckt. Das Wichtigste: Ohne Spaß und Freude geht es nicht. Man muss den Spielern immer auch eine gewisse Lockerheit vermitteln. Und man darf nicht alle Dinge unbedingt ernst nehmen, sondern muss sich aufs Wesentliche konzentrieren. Mit der nötigen Lockerheit.

RUDI VÖLLER: Es gibt einige Dinge, die ich mir von Franz für meine spätere Trainerkarriere abgeschaut habe. Vor allem die Art und Weise, wie man mit den Spielern umgeht. Dass man jeden in den Arm nimmt, auch wenn es mal nicht so läuft. Dass man auch mal hart sein und Kritik üben muss. Und dass es wichtig ist, auch außerhalb der Mannschaft alle mitzunehmen. Denn es muss auch abseits des Platzes funktionieren. 1986 war es für Franz etwas herausfordernder, denn bei der WM in Mexiko waren Spieler dabei, mit denen er selbst noch zusammengespielt hatte. Er war zwar auch dort für alle eine Respektsperson, dennoch war es schwieriger für ihn, sich durchzusetzen.

ANDREAS KÖPKE: Vom Franz habe ich mir für meine spätere Torwarttrainerkarriere die Gelassenheit abgeguckt – die er in der Kabine manchmal vergessen hat (lacht). Vom Sepp Maier habe ich mir das harte Arbeiten abgeguckt – und dass man dabei trotzdem Spaß haben kann. Mit der gewissen Lockerheit, aber mit hundertprozentiger Konzentration im Training. Wir haben damals in Italien manchmal echt hart trainiert, das war Wahnsinn!

STEFAN REUTER: Franz war der absolute Leader der Mannschaft. Wir haben ihm so viel zu verdanken, das kann man gar nicht mit Worten ausdrücken. Er war auch menschlich für uns ein Vorbild. Wir verehren ihn. Wie er sich damals verhalten hat, das hat mich für meinen Job geprägt. Er hat Autogramme geschrieben, bis wirklich der Letzte eins hatte. Wir haben häufig früher im Winter in der Halle in Österreich Drei-gegen-drei gespielt. Da hatte ich mal aus meinem Heimatklub aus Dinkelsbühl jemanden dabei. Da ist Franz auf ihn zugegangen, hat gesagt: „Ich bin der Franz." Und hatte Spaß mit allen. Er war immer so angenehm und so geerdet.

HOLGER OSIECK: Natürlich habe ich mir bei Franz etwas abgeguckt für meine Trainerkarriere. Er war besonders, sein Auftreten war riesig. Bei Franz hat mich immer seine Freundlichkeit beeindruckt. Allen Leuten gegenüber! Wenn jemand kam und ein Foto machen wollte oder ein Autogramm haben wollte – selbst beim Essen –, Franz hat nie jemanden zurückgewiesen. So hat sich nicht jeder verhalten. Das hat mich in gewisser Weise schon beeindruckt, wie zugänglich und menschlich er war. Er war ganz weit weg davon, arrogant zu sein.

Mensch Franz

Franz Beckenbauer hat seine Spieler nicht nur sportlich geprägt – sondern auch menschlich.

KARL-HEINZ RIEDLE: Franz Beckenbauer war eine Lichtgestalt für mich. Und als Trainer ein absolutes Highlight, allein schon von seiner Ausstrahlung her. Über Beckenbauer geht eigentlich gar nichts!

JÜRGEN KOHLER: Ich war und bin noch heute ein großer Fan vom Franz. Als Spieler, als Trainer – und vor allen Dingen als Mensch. Er ist für mich einzigartig. Das habe ich im Sport nur bei einem anderen Menschen erlebt: Beim Giovanni Agnelli, dem Fiat-Boss und Ehrenpräsidenten von Juventus Turin. Der hatte auch so eine Aura, die man spüren konnte. Bei ihm war es wie bei Franz: Wenn die in den Raum reinkamen, dann wurde es hell. Franz ist einer der besten Menschen, die ich je kennengelernt habe. Er hatte immer für jeden ein offenes Ohr – ob nun für seine Spieler oder für die Fans. Franz ist ein toller Mensch. Trotz all seiner Erfolge, die er gehabt als Spieler, als Trainer, als Funktionär. Er hat im Fußball alles gemacht, was man machen kann. Immer mit Erfolg! Er hat alles erreicht, was man erreichen kann. Trotzdem hat er immer die Bodenhaftung behalten.

ANDREAS MÖLLER: Ich kann mich erinnern, ich lag auf dem Zimmer, da ging das Telefon. Ich habe gedacht, das ist mal wieder ein Anruf für den Uwe Bein (lacht). Ich war so am Schlummern, geh ran und da ist der Franz Beckenbauer dran! Er so: „Andy, wo bist du?“ Ich: „Ich bin auf dem Zimmer.“ Er: „Auf, auf, hopp, hopp, hopp. In zehn Minuten spielen wir Fußballtennis.“ Ich: „Heute ist doch kein Training, oder?“ Er: „Nee, aber wir spielen jetzt Fußballtennis. Wir beide spielen gegen den Pierre und den Icke.“ Ich so innerlich: Zitter, zitter (lacht)! Ich soll Fußballtennis mit Franz spielen? Mit Franz! Weil ich so aufgeregt war, sind mir technische Fehler passiert, die würden mir heute nicht so passieren. Weil ich so geflasht war! Der Franz hat sich echt um die Ersatzspieler gekümmert, der hat viel mit uns gesprochen und uns gelobt.

WOLFGANG NIERSBACH: Nach dem Finale in der Kabine haben alle rumgetanzt und gesungen. Auf einmal gibt mir der Franz seine Goldmedaille. „Hier", sagte er, „kannst du haben." Ich antwortete: „Das ist doch deine persönliche Goldmedaille!" „Nein, nein", sagte er, „wir haben genug und du hast eine verdient." Es waren aber wirklich nur 23 Medaillen, die es von der FIFA gab. Für 22 Spieler und den Franz. Die Medaille hing 20 Jahre bei mir zu Hause am Kamin. Ich habe sie ihm beim 20-jährigen Wiedersehen der Weltmeister von 1990 zurückgeschenkt. Die hängt jetzt im Deutschen Fußballmuseum. Beim WM-Sieg 2014 habe auch ich als Präsident eine Goldmedaille bekommen. Die hat bei mir zu Hause einen Ehrenplatz. Damals gab es das noch nicht. Da war alles abgezählt. Das war eine tolle Geste vom Franz.

ANDREAS MÖLLER: Der Franz hat mich irgendwann noch mal zur Seite genommen: „Weltmeister heißt jetzt auch Aufmerksamkeit und Verpflichtung, das musst du wissen. Du stehst noch am Anfang deiner Karriere. Du musst zeigen, dass du Weltmeister bist! Du darfst dich nicht zurücklehnen!" Worte, die ich noch heute im Kopf habe.

FRANK MILL: Wir alle haben Franz unheimlich viel zu verdanken. Er hat jedem von uns nach der WM eine Uhr geschenkt und war auch nach der gemeinsamen Zeit damals für jeden von uns da. Er ist ein außergewöhnlicher Trainer gewesen.

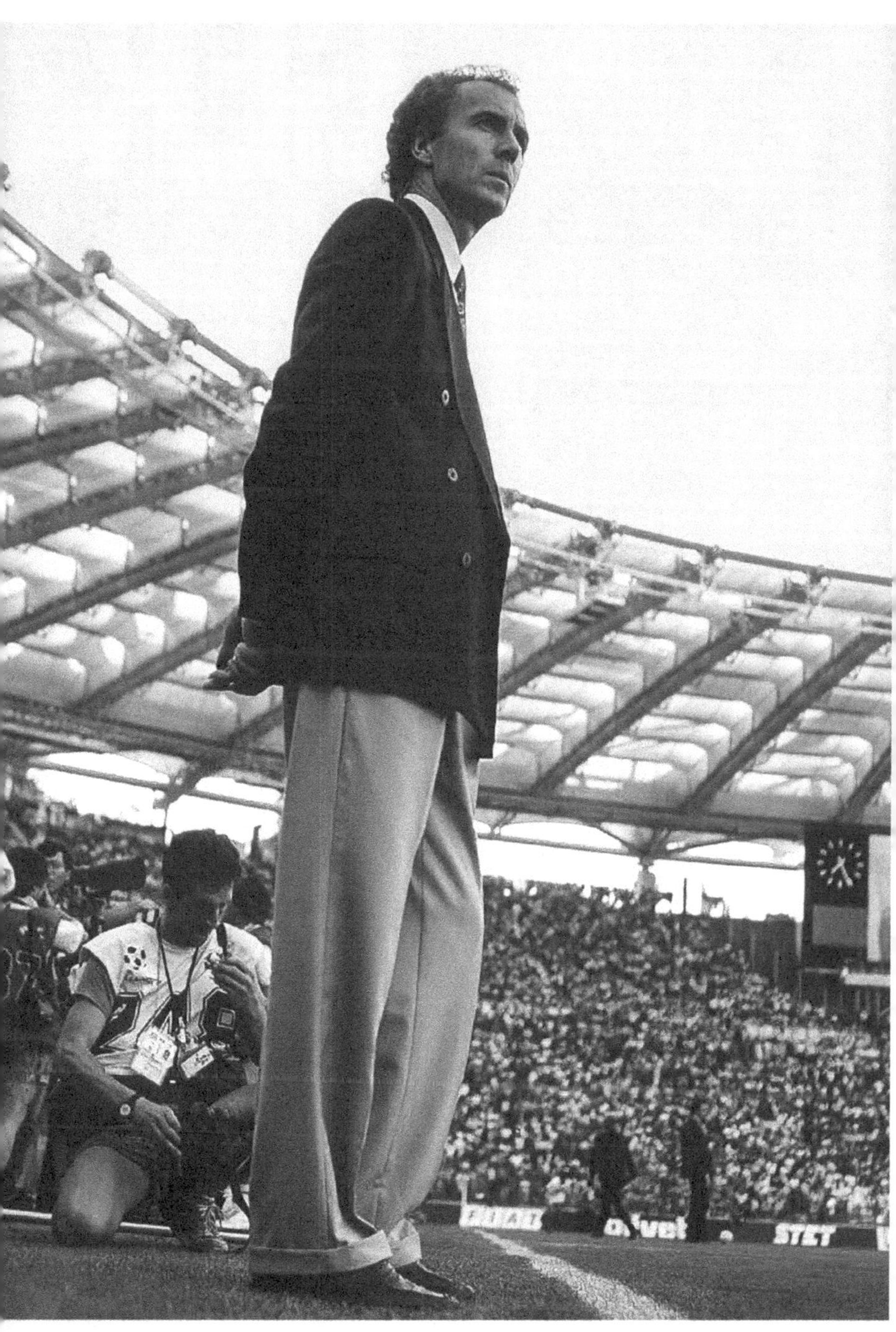

GER

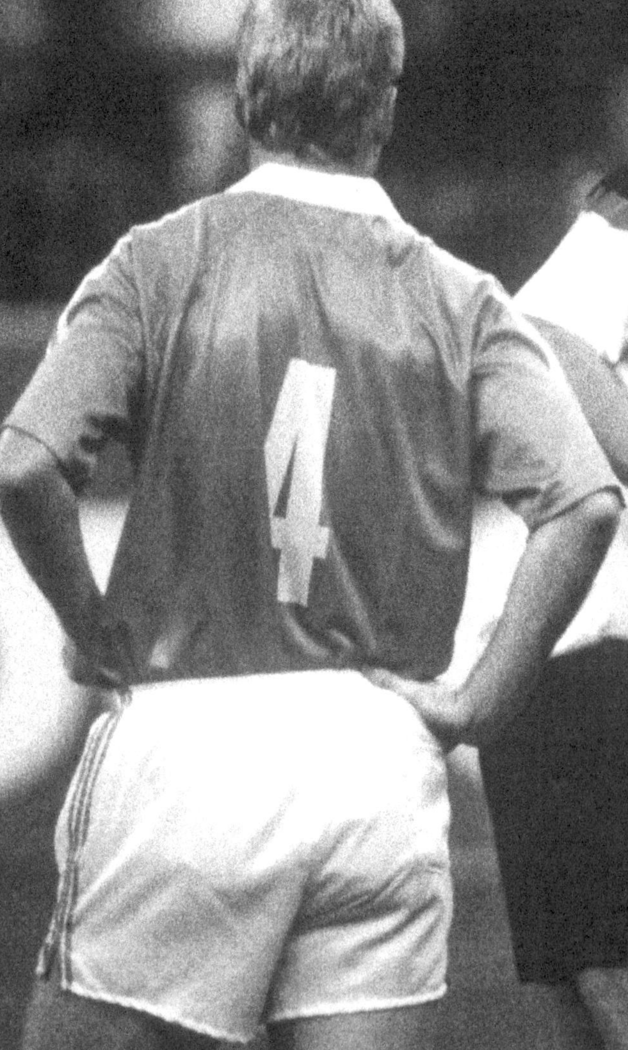

NLD

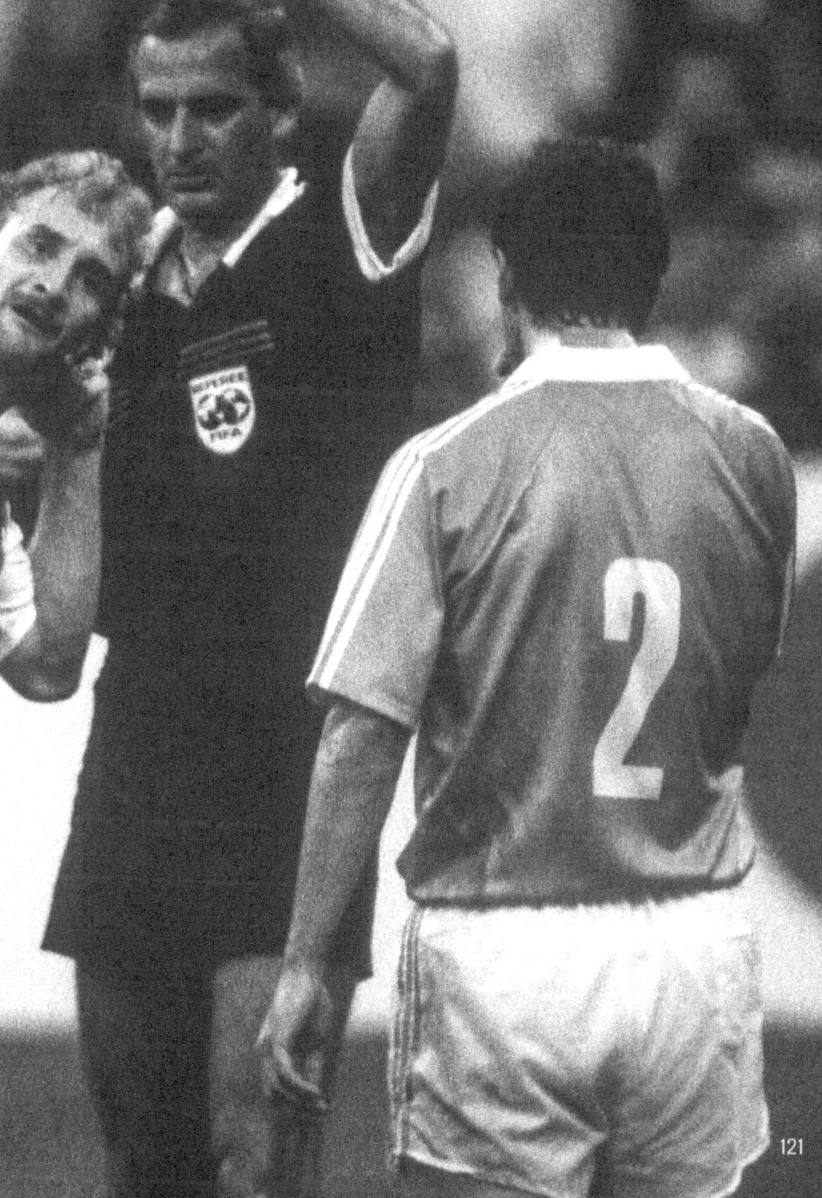

LOTHAR MATTHÄUS
über den legendären
Spuckzoff zwischen Rudi
Völler und Frank Rijkaard

„Im Kabinengang sind sich die beiden noch mal in die Haare geraten, Ordner mussten sie trennen, sogar die Polizei ging dazwischen.

Deutschland - Holland

2:1

24. Juni 1990 in Mailand, Achtelfinale

1:0 Klinsmann (50.)
2:0 Brehme (84.)
2:1 Koeman (88., Elfmeter)

Deutschland: Riedle für Klinsmann (79.)
Gillhaus für Witschge (78.)
Holland: Kieft für van Aerle (66.)

Völler, Matthäus - Rijkaard, Wouters, van Basten (Gelb)
Völler - Rijkaard (22.) (Rot)

Loustau (Argentinien)

74.559

DEUTSCHLAND

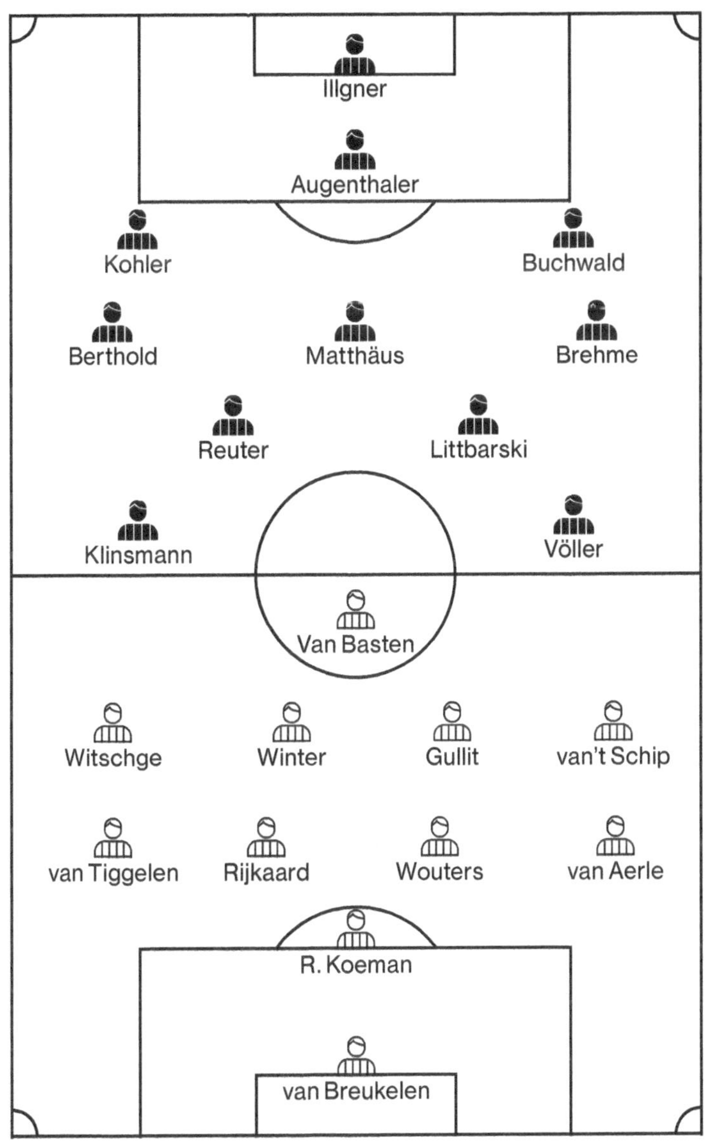

HOLLAND

Das Vorspiel

Die Holländer lagen nach drei Unentschieden in der Gruppenphase gleichauf mit Irland, wurden auf Platz drei gelost – und waren damit Gegner von Gruppensieger Deutschland. In der WM-Quali gab es zwei Unentschieden zwischen den beiden Mannschaften. Das DFB-Team hatte nach der Vorrunde zwei Tage mehr Pause. Ein holländischer Journalist meint vorm Spiel: „Wir wären sehr überrascht, wenn Holland gewinnt." Trockener Kommentar von Franz Beckenbauer: „Wir auch."

LOTHAR MATTHÄUS: Vorm Achtelfinale gegen Holland setzte sich Franz Beckenbauer mit Litti, Auge, Rudi und mir zusammen, dem Spielerrat. Es ging auch darum, ob ich gegen Gullit spielen sollte. Ich sagte ihm: „Wenn du willst, dann spiel ich gegen ihn." Aber ich gab zu bedenken, dass er 15 Zentimeter größer war als ich und dass ich beim Kopfballduell gegen ihn keine Chance hätte. Das hatte Franz überzeugt, er stellte Berthold gegen Gullit. Der Spielerrat hat sich aber nie in die Aufstellung eingemischt. Das war immer die Sache des Teamchefs.

UWE BEIN: Franz hat mich morgens vorm Holland-Spiel zur Seite genommen und mir gesagt: „Uwe, ich lasse dich heute aus taktischen Gründen draußen." Er wollte gegen Holland einen kopfballstärkeren Spieler im Team haben. Was will man dazu zum Franz sagen? Wir alle haben zu ihm aufgeschaut. Ich antworte: „Ja, kann ich nachvollziehen und natürlich akzeptiere ich die Entscheidung." Und dann schiebe ich noch hinterher: „Naja, je nachdem, wie das Spiel läuft, vielleicht ergibt sich ja die Möglichkeit, dass ich reinkomme." Ich hatte vorher alle drei Gruppenspiele in der Startelf gestanden. Und da sagt er: „Ja." Irgendwann am späten Nachmittag hörte ich von jemandem: „Du bist nicht im Kader." Ich: „Doch, doch. Ich spiele nur nicht von Anfang an." Und dann komme ich in die Kabine und auf meinem Platz liegt – nichts! Kein Trikot! Da war ich auf 180. Der Berti Vogts hat mich zur Seite genommen, hat versucht, mich zu beruhigen, was natürlich nicht so leicht war. Im Nachhinein hat sich Franz mehr oder weniger entschuldigt. Auch öffentlich hat er einen Satz dazu gesagt.

Der Hass-klassiker

1974 wurde Deutschland durch ein 2:1 gegen Holland Weltmeister. 1988 gewann Oranje das Duell im Halbfinale bei der deutschen Heim-EM, wurde später Europameister. Negativer Höhepunkt: Die Holländer verweigerten den Deutschen bei der EM den Handschlag, Ronald Koeman wischte sich nach dem Spiel mit dem Trikot von Olaf Thon provokant den Hintern ab.

RUDI VÖLLER: Die Rivalität zwischen Deutschland und Holland war damals auf dem Siedepunkt, das hat sich dann aufs Extremste entladen. Dass wir im Achtelfinale gegen die Holländer spielen mussten, war eine große Überraschung. Zwei Jahre vorher sind sie Europameister geworden. Bei der WM haben sie in der Vorrunde dreimal remis gespielt, das Achtelfinale nur als einer der vier besten Gruppendritten erreicht. Wir müssen ehrlich sein: Unser Wunschgegner waren die Holländer nicht! Ich will nicht sagen, dass wir Angst hatten, aber es war zweifelsfrei ein 50:50-Spiel. Uns war klar, dass es uns erwischen kann.

PIERRE LITTBARSKI: Die Spiele gegen Holland hatten in der Vergangenheit immer eine aufgeheizte Atmosphäre. Wir hatten 1988 schon Theater, als sie uns den Handschlag vor dem Spiel verweigert haben. Gegen Holland war immer richtig was los!

LOTHAR MATTHÄUS: Deutschland gegen Holland – das hätte ein Finale sein können! Bei den anderen Spielen hatten wir immer Heimvorteil. Gegen Holland war das mehr so fifty-fifty. Deutsche Fans gegen holländische Fans. Und die Italiener gespalten. Die eine Hälfte im Stadion für Gullit, van Basten und Rjikaard, die beim AC Mailand gespielt haben. Die andere Hälfte für uns, weil Jürgen, Andi und ich bei Inter gespielt haben.

ANDREAS BREHME: Man hat den Hass von Hollands Torwart Hans van Breukelen schon vor dem Spiel in seinen Augen gesehen. Was Rijkaard da geritten hat, weiß ich bis heute nicht.

JÜRGEN KOHLER: Das Spiel gegen Holland war besonders für mich, durch die Verbundenheit und Freundschaft zu Marco van Basten. Wir haben uns gegenseitig immer zu Höchstleistungen gepusht. Wir haben oft gegeneinander gespielt, vor allem, nachdem ich nach Italien zu Juventus Turin gewechselt bin. Er war ja beim AC Mailand. Wir hatten eine Seelenverwandtschaft entwickelt, die durch unser ständiges Aufeinandertreffen gewachsen ist. Da ist eine Fußballfreundschaft mit großer gegenseitiger Wertschätzung entstanden.

LOTHAR MATTHÄUS: Ich kann mich noch an die Ansprache von Franz Beckenbauer vor dem Spiel erinnern: Er war akribisch vorbereitet, wusste alles über die Holländer. Er hat auch über 1988 geredet. Das war ihm wichtig. Für mich war es damals das vorgezogene Endspiel.

Der Spuck-skandal

Diese Szenen kennt jeder deutsche Fußballfan. Frank Rijkaard foult Rudi Völler, sieht Gelb. Danach spuckt der Holländer dem DFB-Stürmer in die Haare. Schiri Loustao aus Argentinien sieht das nicht, zeigt aber dem protestierenden Völler überraschend Gelb. Kurz darauf segelt ein Freistoß von Andreas Brehme in den Strafraum. Torwart Hans van Breukelen schnappt sich den Ball und versucht Völler, der ausweicht, mit dem Bein einen mitzugeben. Völler liegt am Boden – und wird von Rijkaard am Ohr hochgezogen. Jürgen Klinsmann geht dazwischen. Plötzlich gibt es zweimal Rot. Danach spuckt Rijkaard Völler noch mal an.

RUDI VÖLLER: Dann gab es natürlich diese Szenen, über die noch heute gesprochen wird. Es sind 20 Minuten gespielt und ich bekomme den Ball auf links. Ich versuche ein Dribbling gegen Frank Rijkaard – ich gebe zu, ich habe das Foul gesucht, in dem ich in seinen ausgestreckten Fuß eingehakt bin. Das wurde auch gepfiffen – und er bekam dafür Gelb. Als ich Richtung Strafraum laufe, spüre ich seinen Atem hinter mir. Kurz darauf spuckt er mir in die Haare. Ich bin auf 180. Und dann zeigt der Schiri mir auch noch Gelb! Was ist denn hier los, denke ich. Angespuckt zu werden, ist mit das Schlimmste, was einem Sportler passieren kann. Kurze Zeit später kriegen wir einen Freistoß. Andreas Brehmes Flanke köpfe ich hoch vor das Tor. Hollands Torwart Hans van Breukelen ist vor mir am Ball. Ich springe hoch, um ihm auszuweichen. Ich habe ihn nicht mal berührt. Trotzdem pfeift der Schiedsrichter. Dann eskaliert die Situation wieder. Van Breukelen brüllt, auch Rijkaard ist wieder da. Er greift sich mein Ohr, zieht mich daran vom Boden hoch. Jürgen Klinsmann taucht neben mir auf, will die Situation beruhigen. Dann zeigt der Schiri plötzlich Rot. Erst Rijkaard – und dann mir! Mir? Ich bin fassungslos.

PIERRE LITTBARSKI: Keiner konnte verstehen, warum der Schiedsrichter die Rote Karte für Rudi zückte. Ich wollte sie ihm sogar aus der Hand ziehen (lacht) ...

RUDI VÖLLER: Ich laufe in die Kabine, Rijkaard hinter mir her. Er spuckt mir noch einmal in die Haare. Ich rede auf mich ein: Bleib ruhig, dreh bloß nicht durch, denn sonst wird es noch schlimmer!

THOMAS HÄSSLER: Das Spucken gegen Rudi habe ich gar nicht mitgekriegt von der Bank. Ich habe das alles so richtig erst im Fernsehen gesehen. Es ist das Schlimmste, was du machen kannst in so einem Fußballspiel. Sowas macht man einfach nicht! Die haben sich beide ausgesprochen. Das sind Emotionen. Wenn Deutschland gegen Holland gespielt haben, das waren immer Schlachten gewesen. Schön, dass sie sich ausgesöhnt haben, das spricht für die beiden.

ANDREAS MÖLLER: Ich habe auf der Bank gesessen – und dann passierte es: Erst ist der Rijkaard an uns vorbeigerauscht, dann der Völler hinterher. Das habe ich noch heute vor Augen. Ich weiß nicht genau, was in der Kabine war. Der Rudi meinte, er hätte ihm eine gegeben. Da war anscheinend also auch noch richtig was los – das haben wir im Stadion leider verpasst (lacht).

JÜRGEN KOHLER: Das Glück war, dass der Frank Rijkaard auf der anderen Seite vom Platz musste. Es war Pech für uns, dass es Rudi auch getroffen hatte, obwohl er nichts gemacht hatte. Während des Spiels hatte ich das gar nicht mitbekommen. Rudi hat es uns dann in der Kabine erzählt.

GUIDO BUCHWALD: Rudi Völler ist ungerechtfertigt vom Platz geflogen. Die Spuckattacke von Rijkaard habe ich nicht direkt gesehen. Aber ich habe mitbekommen, dass Rudi sich aufgeregt und auf seine Haare gezeigt hat. Beide wurden vom Platz gestellt, im Kabinengang soll es zwischen ihnen noch weitergegangen sein. Das haben wir in der Halbzeitpause erfahren.

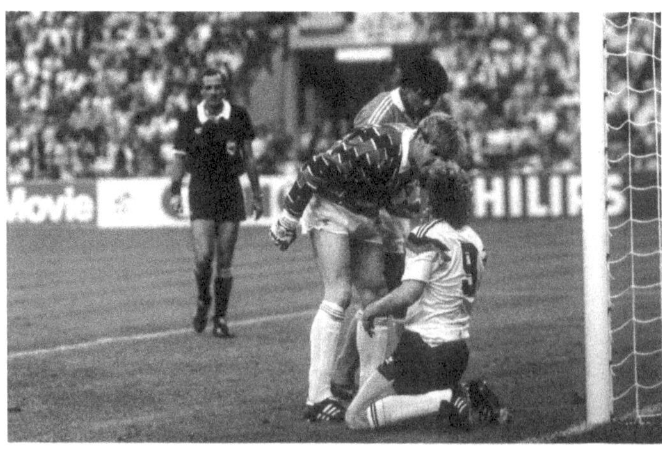

Die Völler-Enthüllung

Was die TV-Kameras nicht sehen: Im Kabinengang geht der Zoff zwischen Rudi Völler und Frank Rijkaard heftig weiter.

LOTHAR MATTHÄUS: Die Platzverweise waren für uns ein Vorteil, für Holland ein Nachteil. Wobei man klar sagen muss: Rudi Völler wurde nach 22 Minuten für nichts bestraft. Rijkaard hatte ihn mehrmals angespuckt, dafür sah der zu Recht Rot. Im Kabinengang sind sich die beiden noch mal in die Haare geraten, sodass Ordner sie trennen mussten, sogar die Polizei ging dazwischen.

RUDI VÖLLER: Endlich bin ich in den Katakomben, es geht eine kleine Treppe runter, dann eine kleine Treppe wieder rauf. Ich laufe zu unserer Kabine, warte. Hinter mir höre ich Rijkaard kommen. Ich frage ihn: „Warum nur, Frank? Was war da bloß los?" Es gibt ein Handgemenge. Um uns herum sind einige Betreuer und FIFA-Offizielle, die dazwischengehen.

WOLFGANG NIERSBACH: Der Rijkaard hat Rudi Völler im Kabinengang noch mal angespuckt. Der Rudi hat ihn gefragt: „Was war los mit dir?" Und dann hat er dem Rijkaard auch eine gepfeffert! Ob mit der flachen Hand oder der Faust, das weiß ich nicht. Der Guido Tognioni, der damalige FIFA-Pressechef, hat das mitbekommen. Wenn der den Rudi angezeigt hätte – oh, oh, oh! Aber der hat den Mund gehalten. Unser Glück. Das war alles kurz vor der Halbzeit. Der Rudi kam dann aus der Kabine und hat in der zweiten Halbzeit auf der Tribüne neben mir gesessen. Da sagte er immer: „Da ist große Scheiße passiert!" Da hat er mir das vom Kabinengang erzählt. Wenn der Tognioni das gemeldet hätte – oh, oh, oh!

GÜNTER HERMANN: Wegen der Spuckgeschichte gab es Riesenstress. Ich bin hinterher gegangen in den Kabinengang, da schlug der Rijkaard immer gegen die Tür. Rudi oder jemand anderes hatte die Tür abgeschlossen und er schlug wütend dagegen. Der war richtig laut. Er ist wie ein Bekloppter hinterhergerannt. Rudi ist in die Kabine gelaufen, damit das nicht eskaliert. Es ist bewundernswert, dass er das gemacht hat. Rudi war zurecht sehr aufgebracht.

RUDI VÖLLER: Das war eine furchtbare Ungerechtigkeit. Wenn du etwas angestellt hast, okay. Aber von meiner Seite ging nichts aus, gar nichts. Ich habe Rijkaards Reaktion einfach nicht verstanden. Er hat damals auch in Italien gespielt, beim AC Mailand, und wir hatten ein gutes Verhältnis. Bei Milan spielte er im defensiven Mittelfeld. Ich habe es als großes Kompliment gewertet, dass der holländische Bondscoach ihn als Verteidiger extra für mich abstellte. Ich glaube aber, dass dies ein taktischer Fehler war, weil er den Holländern im Mittelfeld als Taktgeber gefehlt hat. Noch mehr aufgeregt hat mich, dass dieser argentinische Schiedsrichter auch mich vom Platz gestellt hat. Es bleibt für immer sein Geheimnis, warum er mir Rot zeigte. Mittlerweile ist er leider verstorben. Wahrscheinlich hat er sich gedacht, dass es ruhiger wird, wenn er uns beide runterstellt. Das hat er natürlich erreicht. Im Nachhinein waren die beiden Platzverweise für uns von Vorteil. Die Holländer waren die ersten 20 Minuten besser, danach hat Jürgen Klinsmann ein wunderbares Spiel gemacht, die Räume genutzt und seine läuferischen Qualitäten voll ausgespielt.

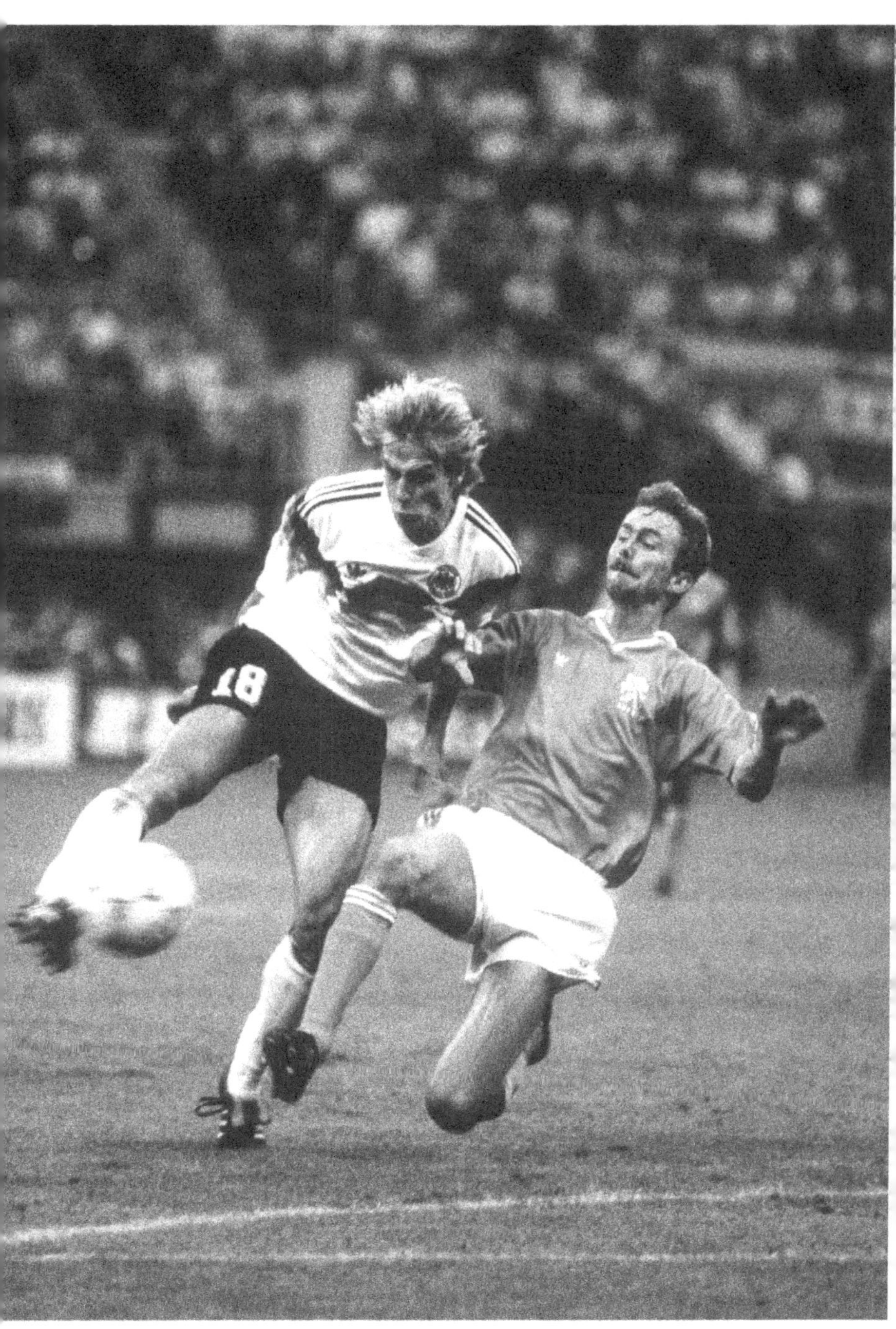

„Wir gewinnen für Rudi!“

Franz Beckenbauer zu seinen Spielern in der Halbzeitansprache

GUIDO BUCHWALD: In der Halbzeit hat Franz Beckenbauer gesagt: „Jetzt gewinnen wir für Rudi!" Uns allen war klar, dass Holland wegen dieser Ungerechtigkeit nicht weiterkommen darf. Natürlich haben wir gesagt, dass wir für Rudi gewinnen wollten. Aber wir wollten auch für uns gewinnen, um Holland als Erzrivalen, die uns 1988 bei der Europameisterschaft bei uns in Deutschland im Halbfinale geschlagen haben, zu besiegen – daher war das sowieso etwas ganz Besonderes. Und dann wird Rudi vom Platz gestellt, das war so ungerecht und hat uns alle noch mehr motiviert. Der Platzverweis hat uns als Team noch enger zusammenrücken lassen.

KLAUS AUGENTHALER: Der Platzverweis für Rudi war ein Schock für uns alle. Danach wussten wir, wo's langgeht. In diesem Spiel hat sich die Rivalität noch mal richtig zugespitzt. Und Jürgen Klinsmann hat das Spiel seines Lebens gemacht.

PIERRE LITTBARSKI: Der Ausfall von Rudi war für uns leichter zu verkraften als der Ausfall von Rijkaard für die Holländer. Spieltaktisch war Jürgen Klinsmann der Schlüssel. Wir wussten, dass ihre Innenverteidiger nicht die Schnellsten waren und drauf haben wir auch ein bisschen spekuliert. Im Umschaltspiel und im Spiel nach vorne haben wir etwas anders agiert als sonst gegen kompakter stehende Teams wie beispielsweise gegen Jugoslawien zuvor. Dieses Spiel war für Jürgen ideal, weil er alle seine Qualitäten so perfekt ausspielen konnte. Jürgen Klinsmann hat das Spiel seines Lebens gemacht.

LOTHAR MATTHÄUS: Auf dem Platz bekamen wir das Spiel in den Griff. Anfangs hatten wir Glück, die Holländer hatten zwei, drei sehr gute Chancen. Aber dann fehlte ihnen mit Rijkaard ein defensiv starker, zentraler Mann. Und uns fehlte ein Stürmer. Ohne Rudi hatte Jürgen Klinsmann plötzlich alle Freiheiten. Er kam über links, er kam über rechts, er kam durch die Mitte. Er hat wirklich viele, viele Wege für die Mannschaft gemacht.

Das famose 1:0

Jürgen Klinsmann erzielt in der 51. Minute das 1:0 nach grandioser Vorarbeit von Guido Buchwald von links.

GUIDO BUCHWALD: Nach dem doppelten Platzverweis haben wir zehn gegen zehn gespielt. Wir hatten alle viel mehr Räume, konnten offensiver agieren. Da habe ich immer wieder versucht, mit nach vorne zu stoßen. Wir mussten Jürgen Klinsmann unterstützen, weil der Rudi ja gefehlt hat. Vor dem 1:0 habe ich den Ball bekommen und der Aron Winter war direkt bei mir. Und da habe ich versucht, ihn irgendwie auszuspielen. So was kommt spontan, wenn man das Gefühl hat, da kommt man vorbei, um eine Flanke zu machen, und da habe ich halt einen doppelten Übersteiger gemacht. Das lief ganz gut, da hat alles gepasst, weil der Jürgen genau gewusst hat, wohin er zu laufen hat, und zwar auf den ersten Pfosten. Und ich habe auch gewusst, dass ich den Ball genau dahin bringen muss, wo er mit seiner Geschwindigkeit und Dynamik den entscheidenden Vorsprung bekommen und den Ball dann reingemacht hat.

LOTHAR MATTHÄUS: Jürgen machte das Spiel seines Lebens! Und krönte es mit dem 1:0, einem typischen Klinsi-Treffer, sehr nah am Tor. Nach zwei irren Übersteigern von Guido Buchwald auf der linken Seite – keine Ahnung, wo er die plötzlich hergeholt hatte (lacht).

GUIDO BUCHWALD: Franz Beckenbauer hat ja mal gesagt, mein Spiel gegen die Holländer wäre noch besser gewesen als das Finale. Das sehe ich ehrlich gesagt auch so. Weil gerade das Holland-Spiel etwas ganz Besonderes war. Es passiert selten, dass man so lange zehn gegen zehn spielt, in einem Spiel, in dem es um so viel geht. Da musste man viel mehr machen, um die Räume zu nutzen.

JÜRGEN KOHLER: Marco van Basten, Ruud Gullit, Lothar Matthäus, Andi Brehme – das waren alles Weltklassespieler. Die haben Dekaden geprägt. Für mich gehört auch ein Guido Buchwald dazu. Der beste Abwehrspieler im gesamten Turnier 1990!

Die Klinsi-Show

Nach dem Platzverweis von Rudi Völler macht Jürgen Klinsmann ein Weltklassespiel.

JÜRGEN KOHLER: Das war die Sternstunde vom Jürgen Klinsmann. Der hat mit Sicherheit das Spiel seines Lebens gemacht. Nicht nur, weil er das Tor erzielt hat, sondern auch wegen der Art und Weise, wie er marschiert ist, wie er Räume zugelaufen ist. Er war ein ständiger Unruheherd. Am Anfang hatten wir schon ein bisschen Glück. Die Holländer hatten in den ersten zehn Minuten zwei dicke Chancen durch Aron Winter – beide Male ging der Ball über das Tor. Aron war beidfüßig, hatte einen sehr guten Schuss. Da haben wir uns gemeinsam rausgezogen – und wir wurden immer sicherer. Wir wurden immer aktiver und haben immer besser nach vorne gespielt. Das Tor von Andi, der auch eine überragende Weltmeisterschaft gespielt hat, war auch klasse. Wir haben das Spiel absolut verdient gewonnen. Wenn die Holländer den Elfmeter nicht geschenkt gekriegt hätten, hätten die auch kein Tor gemacht. Die hatten in der zweiten Halbzeit keine einzige hundertprozentige Torchance.

GUIDO BUCHWALD: Jürgen Klinsmann ist so viel gelaufen wie nie in einem Spiel und hat natürlich auch die Räume, die man bekommt, wenn zwei Spieler weniger auf dem Platz sind, optimal genutzt. War es das beste Spiel seine Karriere? Das kann man schwer beantworten. Es war mit Sicherheit sein bestes Spiel bei der WM. Eindeutig. Von der Leistung her sind die Nationalmannschaft und ein WM-Turnier höher anzusiedeln als ein Bundesligaspiel. Er hat mal gegen Düsseldorf fünf Tore gemacht, als wir dort mit Stuttgart 7:0 gewonnen haben. Da ist er auch marschiert und hat überragend gespielt. Aber da war der Gegner auch ein anderes Kaliber. Daher kann man wahrscheinlich schon sagen, dass es das beste Spiel seines Lebens war.

KARL-HEINZ RIEDLE: Jürgen Klinsmann hat gegen die Holländer sicherlich eines der besten Spiele, wenn nicht sogar das beste Spiel seiner Karriere gemacht. Der ist wirklich gelaufen bis der Arzt kam. Er hat alles rausgeholt aus seinem Körper. Es ist nicht einfach, wenn man dann für Jürgen reinkommt, nachdem er so ein unglaubliches Spiel gemacht hat. Da hätte ich schon ein, zwei Tore machen müssen, um da annähernd ranzukommen (lacht).

Das Traumtor zum 2:0

In der 85. Minute schlenzt Andreas Brehme den Ball aus 16 Metern von der linken Strafraumecke mit rechts ins lange Eck zum 2:0.

ANDREAS BREHME: Ich habe die Situation vor meinem Tor gegen die Holländer immer wieder mit Hütchen an der Strafraumkante geübt. Nach innen ziehen und dann ins lange Eck. Das war eines der schönsten Tore, das ich je gemacht habe. Und es war alles andere als einfach. Die ganze Situation, am Sechzehner nach innen gezogen und dann mit dem rechten Fuß abgeschlossen. Ich kann das auch mit links von halbrechts. Es ist toll, welche Resonanz meine Tore im Ausland haben. Normalerweise musst du Torwart, Spielmacher oder Stürmer sein, um so gewürdigt und geehrt zu werden.

GÜNTER HERMANN: Das Tor von Andreas Brehme gegen Holland ist eine meiner schönsten WM-Erinnerungen. Das tolle Ding vom Sechzehner ins lange Eck. Wir saßen direkt auf der Höhe, von wo er geschossen hat. Es war ein hochemotionales Spiel. Und als Brehme traf, war das Gänsehaut pur. Da kamen die ganzen Erinnerungen hoch. Auch an den Koeman, der sich bei der EM 1988 mit dem Trikot von Olaf Thon den Hintern abgewischt hat. Da war immer Hass drin. Deswegen haben wir uns so gefreut, dass wir ihnen mal einen verpasst haben.

LOTHAR MATTHÄUS: Wir waren kompakt gestanden, hatten viele Chancen, Holland hatte fast keine mehr. Andi Brehme hat links sehr viel Druck gemacht – und von dort mit rechts aufs lange Eck das wunderschöne 2:0 erzielt. Koeman verwandelte kurz vor Schluss noch einen Elfmeter, der keiner war, egal – wir waren weiter!

GUIDO BUCHWALD: Natürlich hatten wir immer Respekt vor den Holländern, bei einem 2:0 ist man ein bisschen relaxter als bei einem 2:1 gegen so einen Gegner, vor allem, wenn noch ein bisschen zu spielen ist. Die Konzentration wurde durch das Tor aber noch mal erhöht.

Holland kommt ran

Ronald Koeman erzielt per umstrittenem Foulelfmeter in der 88. Minute den Anschlusstreffer für die Holländer.

JÜRGEN KOHLER: Eine Schwalbe von van Basten hat dann zum Elfmeter für die Holländer geführt, die so auf 1:2 herankommen konnten. Früher gab es ja keinen Video-Schiri. Im Fernsehen konnte man in der Zeitlupe sehen, dass da gar nichts war. Auf dem Platz habe ich das natürlich gewusst. Der Schiri ist aber leider drauf reingefallen. Schon 1988 bei der Europameisterschaft hat sich Marco geschickt fallen gelassen. Das konnte der einfach. Der war ein Weltklassespieler. Wenn du zu nah dran warst, dann hat er das geschickt ausgenutzt. Das sollte man auch positiv sehen: Das hat für seine Klasse gesprochen.

KLAUS AUGENTHALER: Der Elfmeter für Holland war eine Schwalbe, absolut! Ich stand direkt daneben, als Marco van Basten im Duell mit Jürgen Kohler zu Boden ging. Der Pfiff war nicht berechtigt.

JÜRGEN KOHLER: Wir hatten uns immer packende Duelle geliefert. Das lief nicht immer fair, aber immer mit erlaubten Mitteln. Marco war einer der besten Spieler der Welt damals. Irgendwann haben wir mal im San Siro gespielt – und da ist der Marco zu mir gekommen, um mit mir das Trikot zu tauschen. Er hat mich gefragt! Mich! Das hat mich schon ein bisschen überrascht, aber natürlich auch sehr gefreut. Das zeigt, wie groß die Wertschätzung und Anerkennung trotz all der Rivalität zwischen Deutschland und Holland zwischen uns ist. Mit ihm habe ich nach den Spielen immer gute Gespräche geführt, nicht nur über Fußball, auch über Privates und das Leben. Er hatte 1988 eine schwere Sprunggelenksverletzung, die ihn den Rest seine Karriere begleitet hat. Einige holländische Journalisten sind auf die Idee gekommen, das wäre mein Verschulden gewesen. Was aber nicht der Fall war.

Nach dem Spiel

Das Fazit von Kapitän Lothar Matthäus.

LOTHAR MATTHÄUS: Der Sieg war eine Genugtuung. Vor allem für Franz. Ich hatte das Gefühl, dass es für ihn das Spiel der Spiele war, wegen 1988, vielleicht auch wegen 1974. Der Sieg wirkte befreiend, ein Etappenziel war erreicht gegen den alten Rivalen, diese starke Mannschaft. Die Holländer haben uns auf dem Platz fair gratuliert, Rijkaard war noch in der Kabine. Wir Mailänder hatten eigentlich eine gesunde Rivalität, haben uns respektiert. Ich glaube, Andi hat sogar mit van Basten gegolft. Rudi und Rijkaard haben sich Jahre später ausgesöhnt. Die unschönen Szenen spielen für uns alle längst keine Rolle mehr.

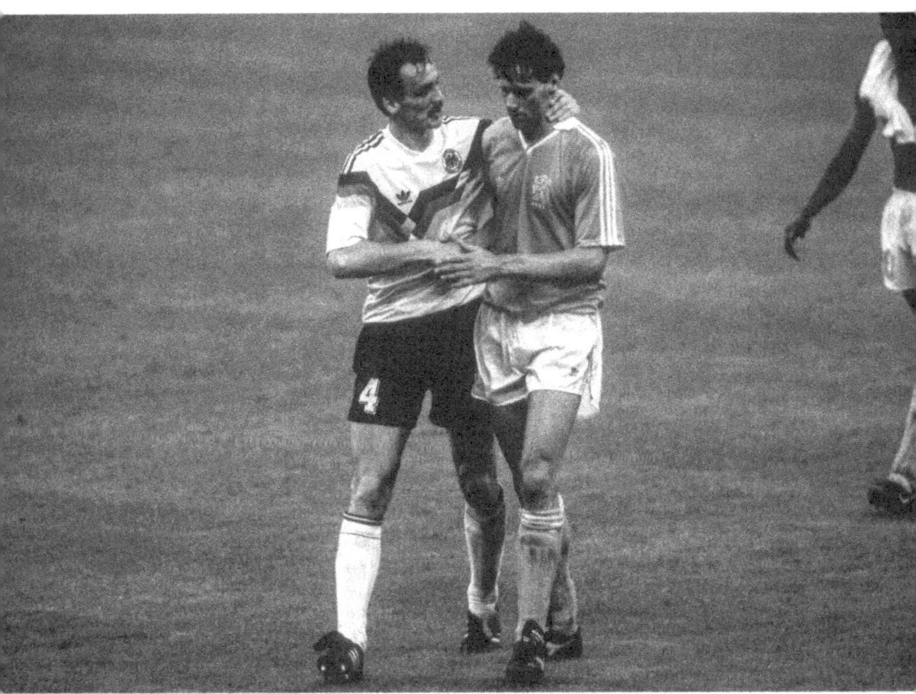

Tochter sauer auf Franz

Nicht alle sind glücklich nach dem Sieg gegen die Holländer.

UWE BEIN: Der Höhepunkt war dann abends. Da gab es ein Bankett, ein gemeinsames Abendessen. Die Frauen und die Kinder waren auch dabei. Franz hat seine Runde gemacht, ist von Tisch zu Tisch und hat allen „Guten Abend“ gesagt. Da saß meine kleine Tochter neben mir, mit vor der Brust verschränkten Armen, und sagte kein „Guten Abend“ zu ihm. Sie war stinksauer auf Franz (lacht)! Da kommt sie extra mit der Mama nach Italien, um Papa spielen zu sehen, und dann ist der nicht mal im Kader.

Abgeschmetterter Rot-Protest

Die Deutschen sind sauer, weil Matthäus Gelb sieht, dass er nach einem schnell ausgeführten Freistoß von Augenthaler den Abseitspfiff überhörte. Der DFB fordert, dass das Sportgericht in Rom beide Karten zurücknehmen soll.

RUDI VÖLLER: Zusammen mit Lothar Matthäus, der gegen seine Gelbe Karte aus dem Holland-Spiel Protest eingelegt hatte, bin ich nach Rom geflogen zum Sportgericht der FIFA im Hotel Terrazza Monte Mario, um gegen dieses ungerechte Rot Beschwerde einzulegen. Doch leider wurde ich für ein Spiel gesperrt. Lothar und ich haben danach im WM-Quartier angerufen und gesagt: „Wir haben unseren Flieger verpasst!" Das stimmte allerdings nicht ganz. Wir haben geflunkert (lacht)! Stattdessen sind wir nach Ostia gefahren und haben uns mit Sabrina, meiner heutigen Frau, getroffen. Sie hat mich aufgebaut. Wir haben zusammen im Restaurant eine Flasche Wein geleert und sind dann erst mit dem letzten Flieger zurück nach Mailand.

WOLFGANG NIERSBACH: Rudi als Angeklagter und Lothar Matthäus als Zeuge sind nach Rom zur Sportgerichtsverhandlung. Willi Hennes, ein Mitglied der DFB-Delegation und im Zivilberuf Richter, hat Rudi als makellosen Charakter dargestellt – Mutter Theresa ist nichts dagegen gewesen (lacht). Er ist dann nur gegen die Tschechoslowakei gesperrt worden. Rudi und Lothar sind anschließend einfach eine Nacht länger in Rom geblieben – es soll wohl sehr schön gewesen sein ...

RUDI VÖLLER: Ich habe Frank Rijkaards Entschuldigung angenommen, seine Erklärung aber erst so richtig verstanden, als wir uns sechs Jahre später getroffen haben und er mir noch mal versichert hat, wie es zu seinem Blackout gekommen ist und wie leid es ihm tut. Wir haben zusammen Werbung für eine holländische Butter gemacht. Die komplette Gage, auch seinen Anteil, haben wir der Egidius-Braun-Stiftung für die Mexico-Hilfe gespendet.

GER

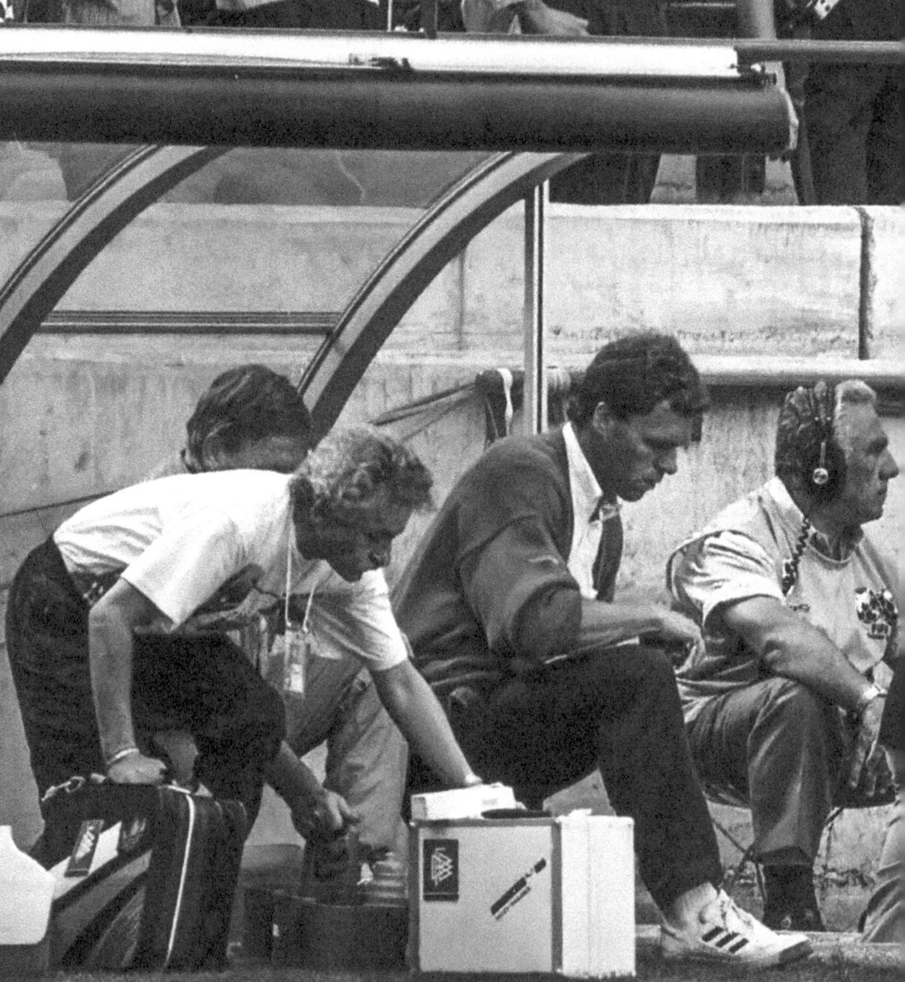

CSFR

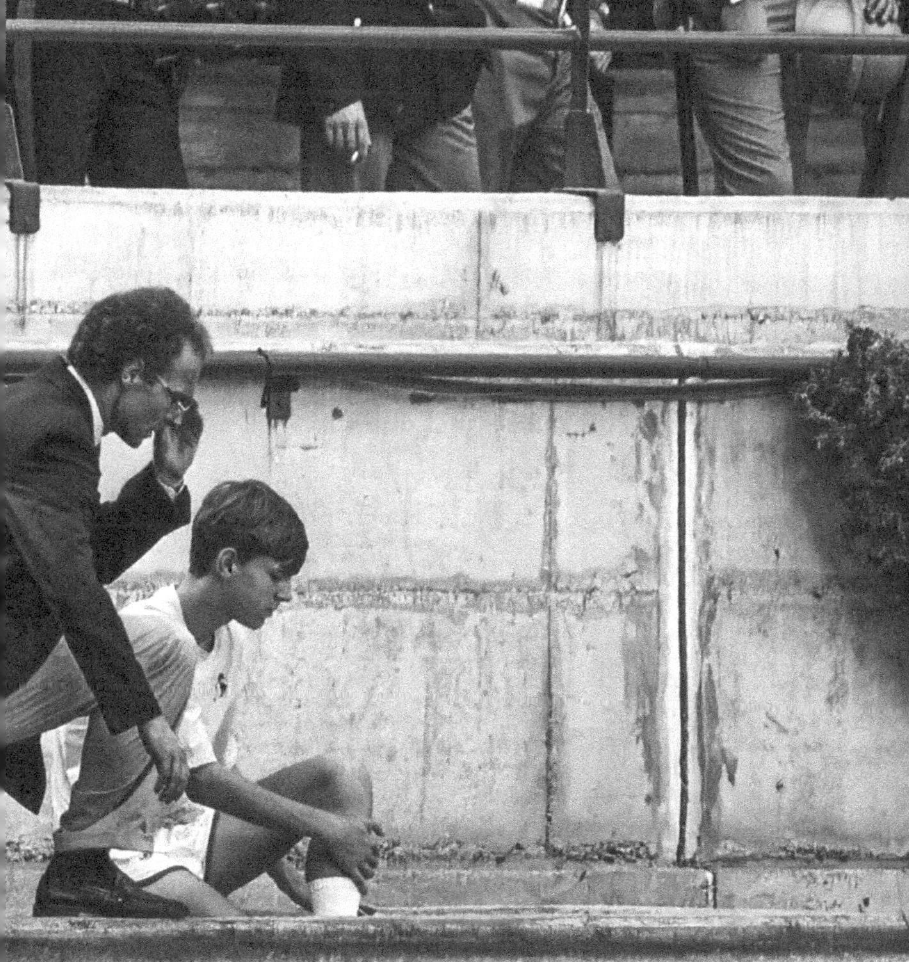

LOTHAR MATTHÄUS
über den Kabinenausraster
von Franz Beckenbauer

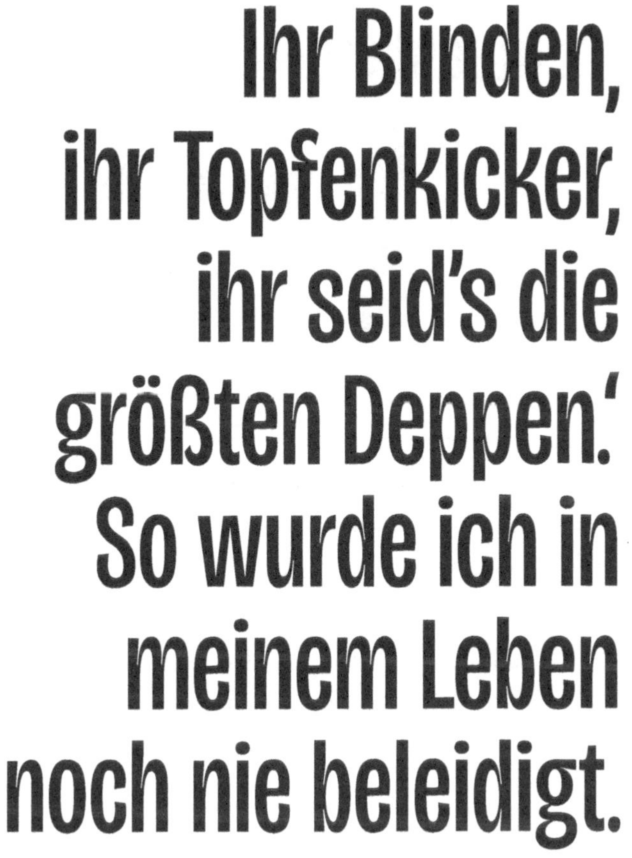
,
Ihr Blinden,
ihr Topfenkicker,
ihr seid's die
größten Deppen.'
So wurde ich in
meinem Leben
noch nie beleidigt.

Deutschland - CSFR

1:0

1. Juli 1990 in Mailand, Viertelfinale

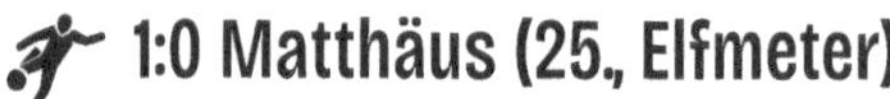
1:0 Matthäus (25., Elfmeter)

Deutschland: Möller für Bein (82.)
Tschechoslowakei: Němeček für Bílek (67.)
Griga für Kubík (79.)

Klinsmann - Moravčík,
Bílek, Straka, Knoflíček (Gelb)
Moravčík (Rot)

Kohl (Österreich)

73.347

DEUTSCHLAND

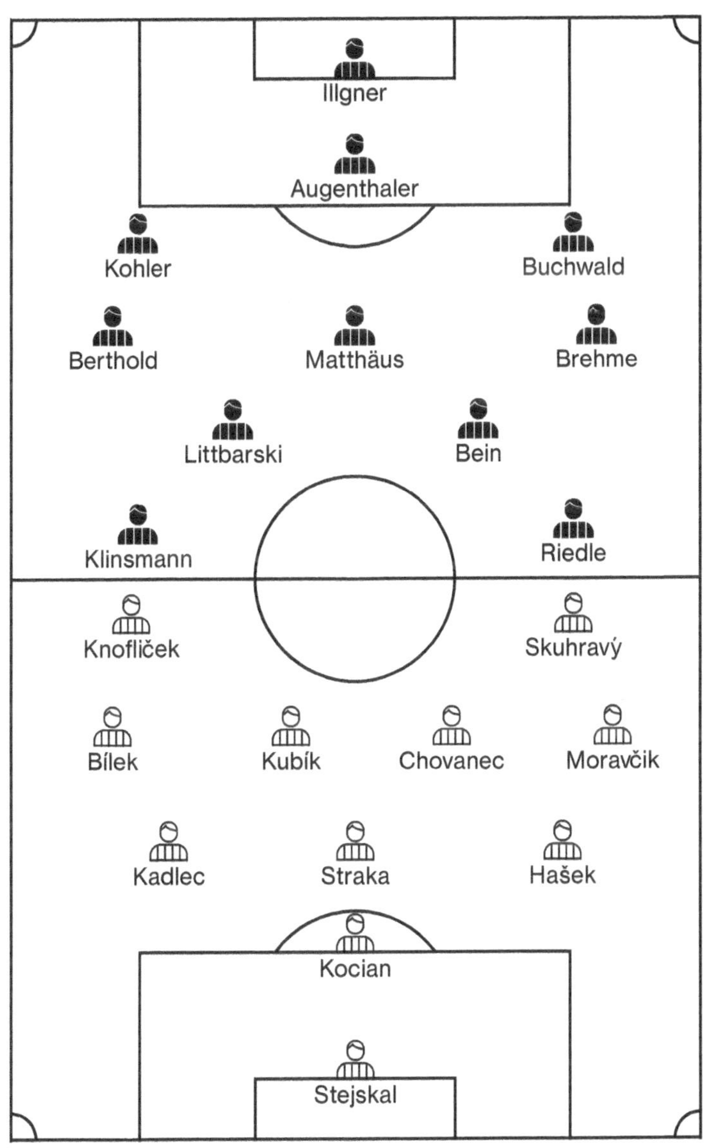

TSCHECHOSLOWAKEI

Das Siegtor

Lothar Matthäus erzielt bereits in der 25. Minute das 1:0 per Elfmeter nach einem Foul an Jürgen Klinsmann. Der Kapitän knallt den Elfer mit Vollspann hoch in die rechte Ecke. Im Stadion machen geschätzt 50.000 deutsche Fans die La-Ola-Welle.

LOTHAR MATTHÄUS: Rund 70 Prozent meiner Elfmeter habe ich in meiner Karriere in die von mir aus gesehen linke Ecke geschossen. Von der Schusstechnik her immer mit dem Bereich zwischen Vollspann und Innenseite. Das war mein sicherster Schuss. Gegen die Tschechoslowakei habe ich 95 Prozent Vollspann durchgezogen. Gegen England war es halb Vollspann, halb Seite.

JÜRGEN KOHLER: Ich habe gegen Tomas Skuhravý, den Zweimetermann, gespielt. Der hatte eine starke WM hingelegt. In dem Spiel hat er aber kein einziges Mal aufs Tor geschossen oder geköpft – was sehr ungewöhnlich für so einen Stier wie ihn war.

PIERRE LITTBARSKI: Wir haben wirklich grausam gespielt und das hat Franz verrückt gemacht. Es war für uns als Spieler ja sowieso schon schwierig, weil er selbst auf einem extrem hohen Niveau gespielt hatte. Man will so jemanden wie Franz einfach nicht enttäuschen. Das Spiel war der ideale Moment, die Mannschaft noch einmal aufzurütteln. Besonders das Halbfinale ist ein sehr schwieriges Spiel, weil man da auch so ein bisschen taktiert. Im Finale sagst du hopp oder top, aber im Halbfinale willst du dir den Weg nicht mehr kaputtmachen und fängst an zu denken.

LOTHAR MATTHÄUS: Franz hat dem Andi Brehme schon auf dem Platz immer zugerufen: „Den Klinsmann spielt ihr nicht mehr an, sonst laufen wir nur in Konter rein." Ich habe im Viertelfinale übrigens bei der Hitze und durchs viele Laufen vier Kilo abgenommen. Ich hatte Kopfschmerzen, mir war kotzübel.

RAIMOND AUMANN: Wahnsinn, wie der Franz an der Linie ausgerastet ist. Ich saß ja nicht weit weg. Ich habe gedacht, der kriegt einen Herzinfarkt. Der hat sich so aufgeregt und gebrüllt: „Was wollt ihr eigentlich hier, ihr Blinden!" Jeder auf der Ersatzbank ist zusammengezuckt, weil er die Mannschaft so zusammengefaltet hat während des Spiels. Jeder hat gehofft: Um Gottes Willen, hoffentlich muss ich nicht rein!

Der Litti-Schock

Pierre Littbarski wird gefoult, eine Verletzung mit Folgen.

PIERRE LITTBARSKI: Zwei Minuten vor Schluss hat mich der Chovanec umgegrätscht und ich spürte einen Schmerz, wie ich ihn noch nie hatte. Am nächsten Tag tat mir das Knie dann ganz komisch weh. Ich wusste genau, was auf mich zukommt. Wenn ich jetzt verletzt bin, bin ich raus. Da bin ich zu den Physios hin und hab gesagt: „Leute, sagt dem Franz nichts. Sonst erzähle ich alles, was ich von euch weiß. Und außerdem gibt es Freibier für euch!" Die haben tatsächlich dicht gehalten. Aber Franz hat was gemerkt, und es ging ja dann gegen England, da brauchten wir Spieler, die hundertprozentig fit waren.

UWE BEIN: Nachdem ich gegen die Holländer draußen war, habe ich gegen die Tschechen wieder gespielt. Und auch ganz ordentlich, glaube ich. Wir führen 1:0. Ich bin halbrechts im

Sechzehner und lege mir den Ball auf meinen linken Fuß. Der Torwart zieht mir die Beine weg. Ich hätte den Ball nur noch ins Tor schießen müssen. Eigentlich ein klarer Elfmeter. Den pfeift der Schiri aber nicht. Also geht das Spiel weiter. Wäre es das 2:0 gewesen, wäre ich nie so in den nächsten Zweikampf gegangen, in dem ich mich dann verletzt habe. Kurz vor Schluss werde ich umgesäbelt und ziehe mir eine Fußverletzung zu. Da war für mich die WM gelaufen.

ANDREAS MÖLLER: Kurz vor Schluss sagte Franz vor meiner Einwechslung zu mir: „Geh rein und schau, dass du den Laden ein bisschen ordnest." Und: „Andy, mach ein bisschen Schadensbegrenzung. Sei anspielbar, versuche, das Spiel ein bisschen zu ordnen, und mach ein paar Aktionen." Da war das Ding aber leider schon gelaufen (lacht).

FRANK MILL: Leider habe ich kein WM-Spiel gemacht. Ich habe mich drei-, viermal warmgelaufen und hatte dann immer das Pech, dass der Spielstand so war, dass Franz schließlich einen anderen reingebracht hat. Gegen die Tschechoslowakei habe ich mich gut und gerne 40 Minuten warm gemacht. Ich bin rauf und runter gelaufen, da wusstest du irgendwann nicht mehr, was du machen sollst. Ich habe schon angefangen, mit den Zuschauern, die nah dran saßen, zu quatschen (lacht). Ich war ganz kurz vor einer Einwechslung, doch dann kam stattdessen Andy Möller ins Spiel, weil Franz das Mittelfeld stärken und kein Risiko mehr eingehen wollte. Natürlich war man dann auch mal angefressen. Ich fand das noch ein paar Jahre danach ziemlich bescheuert, aber mit der Zeit habe ich das immer lockerer gesehen und war stattdessen stolz, ein Teil dieser großartigen Mannschaft zu sein. Ich war immer dabei, und obwohl ich nicht gespielt habe, fühlte ich mich immer als Teil des Ganzen. Früher habe ich mich nicht so sehr als Weltmeister gefühlt, weil ich nicht gespielt habe. Das sehe ich heute anders. Weil es eine Mannschaft war, in der es eine unglaubliche Verbundenheit gab und für die jeder seinen Wert hatte und dazugehörte. Auch heute noch! So einen Zusammenhalt in einer Mannschaft habe ich noch nie in meiner Karriere erlebt. Wir sind alle immer füreinander da. Da kann jeder jeden anrufen und sofort ist man zur Stelle. Nach all den Jahren treffen wir uns immer noch regelmäßig, und fast immer sind alle dabei. Das muss man sich mal vorstellen!

Der Franz-Ausraster

Franz Beckenbauer tobt im Spiel an der Seitenlinie, flippt in der Kabine total aus.

FRANZ BECKENBAUER: Ach, mein Wutausbruch gegen die Tschechoslowakei. Es gibt keinen Trainer auf der Welt, der da ruhig geblieben wäre. Ich habe den Spielern da aber ein bisschen zu viel Unsinn an den Kopf geworfen, glaube ich. Ich weiß noch, dass ich arg den armen Jürgen Klinsmann beschimpft habe: „Klinsmann, was glaubst du, wer du bist? Du bist nicht Pelé, du bist Klinsmann und wirst immer Klinsmann bleiben." Und: „Wer noch einmal den Jürgen anspielt, den wechsle ich sofort aus." Im Spiel war ich so wütend, dass ich sogar einen Balljungen gefragt habe: „Willst du spielen? Ich wechsle dich ein!" Der war Italiener und hat mich natürlich nicht verstanden (lacht). Kurze Zeit später habe ich mich mit Jürgen Klinsmann ausgesprochen. Es war alles wieder in Ordnung.

JÜRGEN KLINSMANN: Der Spruch kam gut an. Das war nach einem Hackentrick von mir. Und der Franz hatte wie immer Recht. Anschließend habe ich auf jeden Fall keinen Hakentrick mehr gemacht...

LOTHAR MATTHÄUS: „Ihr Blinden, ihr Topfenkicker, ihr seid's die größten Deppen" und noch andere Schimpftriaden. So wie nach dem Viertelfinale wurde ich in meinem Leben noch nie beleidigt. Franz hat das aber ganz bewusst getan. Er war immer vorausschauend und wollte ein Zeichen setzen (lacht).

ANDREAS BREHME: Wir haben hochverdient gewonnen, obwohl bei uns nicht viel zusammenlief. Aber bei den Tschechen lief noch weniger. Nach dem Spiel ging's richtig rund. Ui, war da Theater. Mamma Mia! Der Franz war außer sich. Er hat geflucht, dass wir die größten Deppen seien, und hat erstmal einen Eiskübel quer durch die Kabine getreten. Wir wussten gar nicht, was los ist. Er war nicht beleidigend, aber er hat uns ordentlich angepfiffen. „Ihr könnt doch nix" und so weiter. Er hat so getobt, wie ich ihn selten erlebt habe.

ANDREAS MÖLLER: Franz hat mit Karacho einen Blecheimer weggetreten! Der war so sauer über unsere erste Halbzeit, er schimpfte: „Das ist kein Fußball! Klinsmann, du bist nicht Pelé! Spielt normal Fußball! Das ist ja grausam!" Ich glaube, das hat er sich zurechtgelegt. Ich glaube, das waren noch Auswirkungen von 1974, als Deutschland bei der WM gegen die DDR verloren hat. Ich hatte das Gefühl, dass er uns wachrütteln wollte. So schlecht war das ja auch nicht. Klar, es war nicht gut, es war aber nicht so, dass uns die Tschechen an die Wand gespielt hätten. Es war lediglich kein gutes Spiel. Das musste dann eben raus! So nach dem Motto: Auch wenn bisher alles so gut lief, alles wunderschön war, super Hotel, super Wetter, super Fans, alles toll, auch wenn wir durch die Gruppenphase marschiert sind und auch die Holländer geschlagen haben, dürft ihr jetzt nicht nachlassen – nein, nein, ihr müsst konzentriert bleiben!

KLAUS AUGENTHALER: Wie ein Wirbelwind ging Franz auf jeden los. Das war ein Vulkanausbruch, Franz hat gegen alles getreten, was in der Nähe war – Schuhe, eine Box mit Eiswürfeln, die dann durch die Kabine flogen. Ich habe zugesehen, dass ich so schnell wie möglich ins Entmüdungsbecken kam. Aber selbst da kam er hinterher und wütete. Zum Glück war es im Bad so heiß, dass er es dort nicht lange aushielt. Als er so tobte wie ein Taifun, ging Sepp Maier zu ihm und beruhigte ihn. Nach dem Spiel war die Stimmung vom Franz so, als ob wir ausgeschieden wären. Wie auf einer Beerdigung.

JÜRGEN KOHLER: Gegen die Tschechen hätten wir fast eine böse Überraschung erlebt, wir haben uns aber durchgemogelt (lacht). Als Franz den Eiskübel durch die Kabine gedroschen hat, hatte ich Glück: Ich saß ein bisschen weiter weg von ihm. Die Eiswürfel flogen mehr so in die Richtung vom Andi Brehme und Thomas Berthold, wenn ich das noch richtig in Erinnerung habe. Die saßen näher an ihm dran und haben bestimmt ein paar Würfel abgekriegt (lacht). Franz hat sich was dabei gedacht, dass er so ausgerastet ist. Er wollte uns wachrütteln!

KARL-HEINZ RIEDLE: Ich kann mich noch gut erinnern, dass der Eiskübel und ein Schuh, glaube ich, durch die Kabine geflogen sind. Er war zu Recht stinksauer, weil wir grottenschlecht gespielt haben. Weil Rudi gesperrt war, habe ich zusammen mit Jürgen Klinsmann im Sturm gespielt.

HOLGER OSIECK: Den Wutausbruch von Franz habe ich aus nächster Nähe erlebt. Ich wurde allerdings nicht von Eiswürfeln getroffen – ich hatte immer ein gutes Stellungsspiel (lacht). Es hat sich während des Spiels schon gezeigt, dass Franz sich in seine Wut reingesteigert hat. Aber dann hat er sich auch schnell wieder beruhigt. Er hat während des Spiels einiges von sich gegeben, das man besser für sich behält (lacht).

GUIDO BUCHWALD: Ich habe den Wutausbruch von Franz gar nicht mitbekommen. Da war ich mal wieder bei der Dopingkontrolle, zu der ich dreimal während der WM antanzen musste (lacht). Ich habe hinterher nur mitbekommen, wie der Andi Brehme gesagt hat: „Trainer, wir haben übrigens gewonnen!" Weil Franz so getobt hat. Franz hat genau gewusst, dass wir so überlegen waren, dass wir eigentlich 3:0 oder 4:0 hätten gewinnen können. Und so, wie es lief, hätten wir durch eine Dummheit auch plötzlich den Ausgleich kassieren können, als es nur 1:0 stand. Und dann hätten wir vielleicht in die Verlängerung gemusst oder hätten das Spiel vielleicht sogar hergeschenkt. Franz wollte uns wachrütteln und sagen: Mit dieser Einstellung, mit dieser Lässigkeit schaffen wir es nicht ins Endspiel! Das war der Wachrüttler zum richtigen Zeitpunkt.

STEFAN REUTER: Ich war in der Kabine beim berühmten Wutausbruch vom Franz nach dem Spiel natürlich dabei. Ich habe glücklicherweise keinen Eiswürfel abbekommen, nachdem er den Eiskübel weggekickt hat (lacht). Im Grunde war es genau richtig. Wir waren zwar weiter, aber er war mit der Leistung überhaupt nicht einverstanden. So was kann die Mannschaft wachrütteln und die Sinne schärfen. Das hat er mit dieser Aktion mit Sicherheit getan. Wir haben erst vor Kurzem ein Weltmeistertreffen gehabt. Da haben wir uns noch ein paar Szenen von damals angeschaut. Unter anderem wie Franz in die Kabine gestürmt ist – da sah man sehr gut, wie wütend er war (lacht).

LOTHAR MATTHÄUS: Franz Beckenbauer hat vor Wut gegen die Tür getreten. Dann hat er gegen so einen Eiskübel getreten, 100 Eiswürfel sind durch die Luft geflogen. An der Außenlinie hat er schon während des Spiels gewütet. Abgewunken! Mit dem Kopf geschüttelt! Geflucht! Typisch Beckenbauer! Er ist erfolgsbesessen und hasst Nachlässigkeiten. Wir waren leichtsinnig gewesen – und er war zu Recht sauer. In der Kabine hat er uns wirklich alles an den Kopf geworfen, was sein Repertoire hergab. Das war einer der heftigsten Wutausbrüche, die ich bei ihm erlebt habe. Einige waren richtig schockiert. Einige sind sogar ins heiße Entmüdungsbecken geflüchtet, weil sie wussten, dass Franz die Wärme dort nicht mochte. Nicht alle wussten Franz so zu nehmen. Aber so war er eben, der Franz. Es musste raus. Und eine Stunde später war alles wieder vergessen.

WOLFGANG NIERSBACH: Wie der Franz in der Kabine durchgedreht ist, das ist auch so ein Ding. Was da los war, das kann man sich gar nicht vorstellen! Der Andi Brehme, der saß hinter der Tür in der Kabine. Die waren damals noch per Sie, das darf man nicht vergessen. Und da sagt er: „Trainer, haben Sie in Ihrer Laufbahn eigentlich nur gute Spiele gemacht?" Und ich habe die Tür zugehalten! Denn von draußen klopfte Reinhold Beckmann wie wild. Der wollte Franz zu seinem Interview holen. Ich habe die Klinke nach oben gehalten, damit die Tür zu bleibt. Dann sagte ich zu ihm: „Franz, wir sind im Halbfinale!" Da beruhigte er sich langsam. Erst dann habe ich die Tür aufgemacht. In Mailand war das Interview-Studio der ARD direkt gegenüber von der Kabine. Auf den fünf Metern dahin sagte ich zu ihm: „Franz, Halbfinale! Wir müssen Mittwoch wieder spielen! Bleib ruhig!" Dann ist er vor die Kamera und sagt: „Joah, heute lief's nicht ganz rund!" Ich habe tief durchgeatmet und bin zusammen mit ihm zurück in die Kabine. Und dann fing er wieder von vorne an (lacht)! Später, auf dem Weg zur Pressekonferenz, der Weg war etwas weiter, so 200, 300 Meter, fing er wieder an. Und ich wieder zu ihm: „Franz! Halbfinale! Wir sind im Halbfinale!" Bei dem Spiel hat er dem Andi Brehme zugerufen, der linker Verteidiger war und immer an der Trainerbank vorbeirennen musste: „Nicht mehr den Klinsmann anspielen! Auf keinen Fall!" Und einen italienischen Balljungen hat er gefragt: „Willst mitspielen? Spiel mit!" Es gibt auch Fernsehaufnahmen davon, wie er mit dem Balljungen redet, dem er anbietet, ihn einzuwechseln. So war sein Sarkasmus.

HOLGER OSIECK: An eine Anekdote aus dem Spiel erinnere ich mich noch gut. Da hat der Franz dem Andi Brehme, der immer bei uns an der Bank vorbeilaufen musste, zugerufen: „Wenn du den noch mal anspielst, dann nehme ich dich vom Platz." Wen er meinte, verrate ich aber lieber nicht (lacht).

Das Franz-Geheimnis

Was kaum einer weiß: Bei seinem Wutausbruch verletzt sich Franz Beckenbauer.

FRANZ BECKENBAUER: In der Kabine habe ich einen Blechkoffer und einen Eiskübel vor Wut weggekickt. Keine gute Idee! Mir tat der Fuß danach eine ganze Weile weh (lacht).

WOLFGANG NIERSBACH: Er hat sich, glaube ich, auch noch den Fuß verstaucht, als er so heftig gegen einen Eiskübel getreten hat. Die Eiswürfel flogen nur so durch die Kabine.

ANDREAS KÖPKE: Wir haben uns ein bisschen schwergetan, wobei die aber auch keine große Torchance gehabt haben. Da ist Franz in der Kabine ausgerastet. Wir haben uns gefreut: „Super! Halbfinale!“ Und der Franz hat geflucht, als wären wir ausgeschieden! Ich bin da richtig zusammengezuckt, als er loslegte. Als er den Eiskübel weggekickt hat, habe ich mir gedacht: Hoffentlich hat er sich den Zeh nicht gebrochen! Er hat da so kräftig gegengetreten, oh Mann. Er hat sich aber nicht anmerken lassen, dass es weh tat. Danach ist er dann aber zum Klaus Eder oder Hans Moser gegangen und hat sich behandeln lassen und wahrscheinlich Schmerztabletten genommen (lacht).

HANSI PFLÜGLER: Als Franz Beckenbauer plötzlich in der Kabine gegen den Eiskübel trat, dachte ich: Hoffentlich hat er sich dabei nicht verletzt (lacht)! Er war richtig grantig und hat da voll gegengetreten. Jedem Spieler war klar, dass das noch nicht alles war. Wir wussten ja, dass wir nicht gut gespielt haben.

THOMAS BERTHOLD: Franz‘ berühmten Wutausbruch habe ich auf meinem Platz in der Kabine miterlebt und gedacht: Ui, was ist jetzt los? Wir sind im Halbfinale und der Trainer hat einen Anfall! Einige sind sogar ins Entmüdungsbecken gesprungen und untergetaucht, um nichts abzukriegen. Und der Franz stand da und fuchtelte mit seiner beschlagenen Brille mit den Riesengläsern rum, weil er einfach nichts mehr sah. Ich denke mal, er wusste schon ganz genau, dass er einen raushauen muss, um einen Hallo-Wach-Effekt zu erzielen. Wir hätten es wirklich im Spiel etwas besser machen können. Aber gut, im Nachhinein ist man immer schlauer. Ein Trainer muss wissen, wann man nach einem Sieg auch mal den Finger in die Wunde legt. Denn in einem Halbfinale kann man sich keine Aussetzer dieser Art leisten. Das ist der große Vorteil von Franz, dass er in seiner Karriere als Spieler schon alles erlebt hat. Als Trainer war er ein Tüftler, hat im Detail akribisch gearbeitet. Dieser Aufritt ist uns allen in lebhafter Erinnerung geblieben (lacht)!

RAIMOND AUMANN: Wir waren alle froh, dass wir gewonnen haben. Der Einzige, der stockgrantig war, war der Franz. Er hat sich aber auch relativ schnell beruhigt, muss man sagen. Es war schon grenzwertig, wie er sich da den ein oder anderen auf dem Platz zur Brust genommen hat. Da war Franz nicht gerade zimperlich! Das war der Weckruf für uns als Mannschaft. Ja mei, wenn der Chef sich so aufregt, dann hat das schon seinen Grund. Vielleicht hat uns das den letzten Kick gegeben.

ANDREAS BREHME: Er war stocksauer, hat in der Kabine rumgeschrien. Auch zu Recht! Bis dann der Sepp Maier mal gesagt hat: „Franz, weißt du eigentlich, wir haben 1:0 gewonnen, wir sind jetzt im Halbfinale." Da hat er gesagt: „Ist mir scheißegal! Wir haben so einen Scheiß gespielt." Aber er hat sich dann auch schnell wieder beruhigt.

SEPP MAIER: Hätte ich den Franz nicht irgendwann beruhigt, hätte der alles kurz und klein geschlagen in der Kabine – und am nächsten Tag hätte der auch noch getobt. Die Spieler, die in der Dusche waren, haben sich gar nicht mehr in die Kabine getraut, so hat der Franz rumgebrüllt. Ich habe dann irgendwann zu ihm gesagt: „Franz, wir stehen im Halbfinale, wir haben gewonnen! Was regst du dich denn so auf? Jetzt beruhige dich mal!" Ich habe ihn sich erst mal ein bisschen ausschreien lassen, aber dann bin ich eingeschritten. Dann habe ich ihn ein bisschen beruhigt. So wie früher, also wir zusammengespielt haben. Da habe ich ihn auch immer beruhigt und besänftigt.

RUDI VÖLLER: Gegen die Tschechoslowakei war ich leider gesperrt. Ich saß mit unserem damaligen Pressesprecher Wolfgang Niersbach auf der Tribüne und habe mir das Spiel von dort aus angeschaut. Die Leistung war bescheiden. Aber das war egal, ich war total glücklich, dass wir das Halbfinale erreicht hatten und dass nach meiner Sperre wieder mitspielen durfte. Nach dem Schlusspfiff bin ich sofort in die Kabine gegangen und habe mich total gefreut. Da herrschte aber eine komische Stimmung, Franz war unzufrieden mit unserer Spielweise. Er hatte mehr erwartet, das hat er uns klargemacht. Nach ein paar Minuten hatte er sich aber wieder beruhigt und wir haben alle den Halbfinaleinzug gefeiert.

Das Zigaretten-bekenntnis

Franz Beckenbauer explodiert, doch zwei Spieler haben sich versteckt.

GÜNTER HERMANN: Den Ausraster von Franz habe ich gar nicht so mitbekommen. Ich glaube, da habe ich mit Frank Mill auf der Toilette gesessen und eine geraucht (lacht). Es kam schon mal vor, dass wir heimlich eine gepafft haben.

FRANK MILL: Günter Hermann und ich haben den großen Wutausbruch von Franz gar nicht mitgekriegt. Weil wir auf dem Klo eine geraucht haben (lacht). Ich weiß noch, dass der Wolfram Wuttke und ich beim Trainingslager vor der EM 1988 auf dem Balkon saßen und eine Zigarette geraucht haben. Franz hatte das Zimmer neben uns! Plötzlich guckt er um die Ecke der Holzbrüstung – und sagt: „Habt Ihr auch mal eine für mich?" Und wir lachend: „Ja, klar Trainer." So war Franz. Aber er hat wirklich nur selten geraucht.

KLAUS AUGENTHALER: Bei den Abendessen nach den Spielen habe ich oft mit Gerhard Mayer-Vorfelder eine geraucht. Ich habe Marlboro geraucht, er ohne Filter. Er sagte dann lachend zur mir: „Probiere doch mal eine Richtige!", und hat mir eine von seinen angeboten. Günter Hermann und Frank Mill haben immer heimlich geraucht. Es wusste jeder, dass ich rauche. Sollte ich mich da jetzt plötzlich bei der WM verstecken? Bis zu diesem Turnier hatte ich es nie erlebt, dass Spieler sich nach dem Essen im Restaurant eine anzündeten. Aber zur italienischen Lebensart passte das, und so wurde auch schon mal am Tisch gequalmt.

Die Franz-Erklärung

Franz Beckenbauer erklärt seinen Kabinenausraster.

FRANZ BECKENBAUER: Warum ich so wütend war? Wir hatten wirklich sehr gut angefangen. Gegen die Tschechen waren wir von Anfang an die bessere Mannschaft. Von denen wurde ja einer vom Platz gestellt, da waren wir elf gegen zehn. Die Nachlässigkeit der Spieler hat mich so auf die Palme gebracht. Nachlässigkeit habe ich nie geduldet. Die Mannschaft hat genau das Gegenteil von dem gemacht, was wir besprochen hatten. Es waren 40 Grad im Stadion, da lasse ich den Ball laufen, spiele den Gegner müde, gerade, weil wir ein Mann mehr waren. Und was machen sie? Rennen mit lauter Einzelaktionen direkt in die Zweikämpfe und riskieren viele leichte Ballverluste und Konter. Da haben wir den Sieg leichtsinnig aufs Spiel gesetzt, und das war mir höchst zuwider. Wenn du klug spielst, dann kannst du deinen Gegner müde spielen. Aber genau das Gegenteil haben wir gemacht. Das habe ich dementsprechend bemängelt. Ja, da war ich sehr sauer. Weil ich den Leichtsinn nicht verstanden habe. Wir waren dabei, ein todsicheres Spiel aus der Hand zu geben. Das hat mich einfach gestört.
Viele Spieler haben gedacht, der spinnt. Was führt der sich so auf? Ich habe vielleicht ein bisschen übertrieben. Aber man hat das in so einer Situation auch nicht so unter Kontrolle. Ich war selbst überrascht, dass ich mich so aufgeführt habe. Aber ich lebte mit dieser Mannschaft, ich liebte diese Mannschaft. Und ich wollte, dass sie gut spielt. Das hatte sie nicht getan. Deswegen war ich ein bisschen grantig. Als Spieler konntest du selbst Dinge verändern, als Trainer stehst du 90 Minuten draußen und bist machtlos.
Am nächsten Tag habe ich der Mannschaft gratuliert und gesagt, dass ich unheimlich stolz auf sie bin. Wir waren auf den Tag sieben Wochen unterwegs. Die Mannschaft hat in dieser Zeit mehr geleistet als die meisten in den 16 Jahren zuvor. Wir hatten plötzlich wieder eine Situation wie Anfang der 70er-Jahre, wir hatten wieder eine positive Stimmung, wo die Leute der Mannschaft zujubeln.

GER

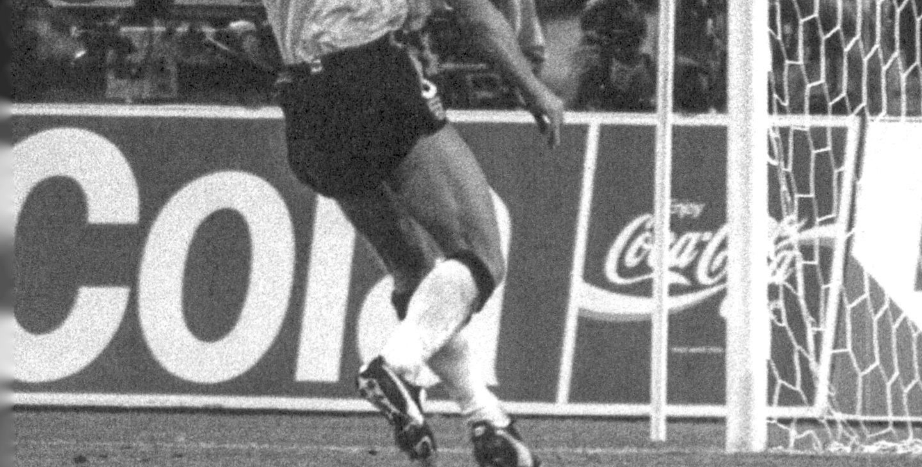

ENG

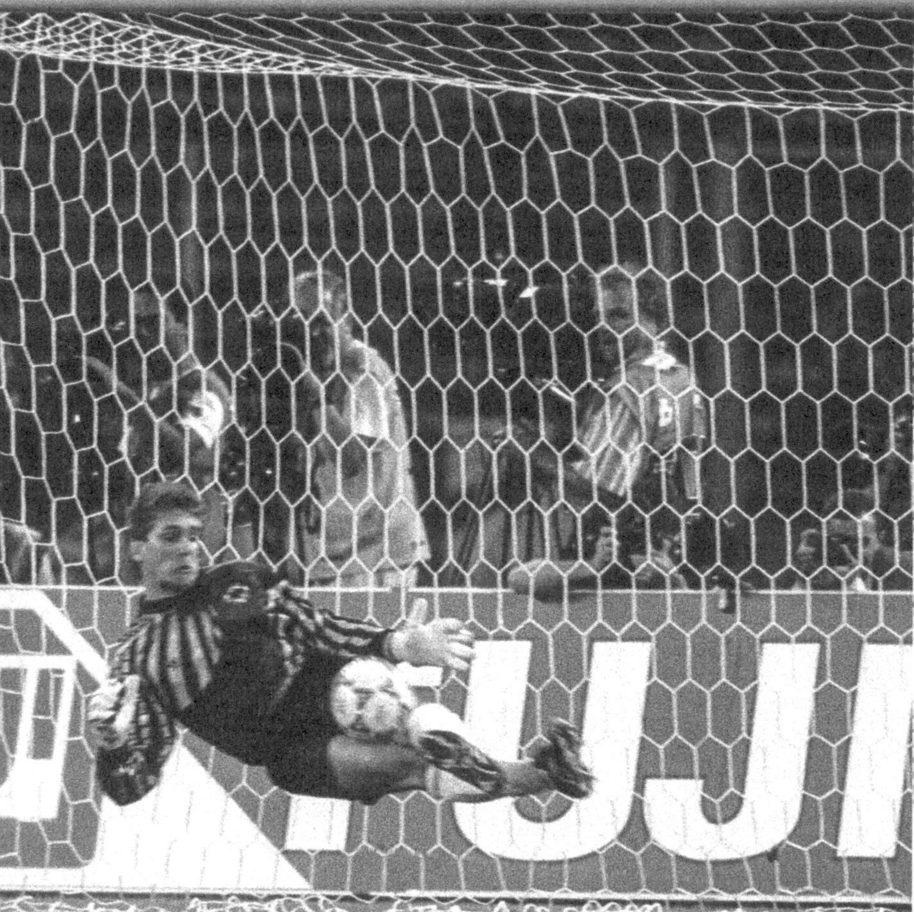

OLAF THON VERRÄT,
wie er zum Elfmeterschützen
gegen England wurde.

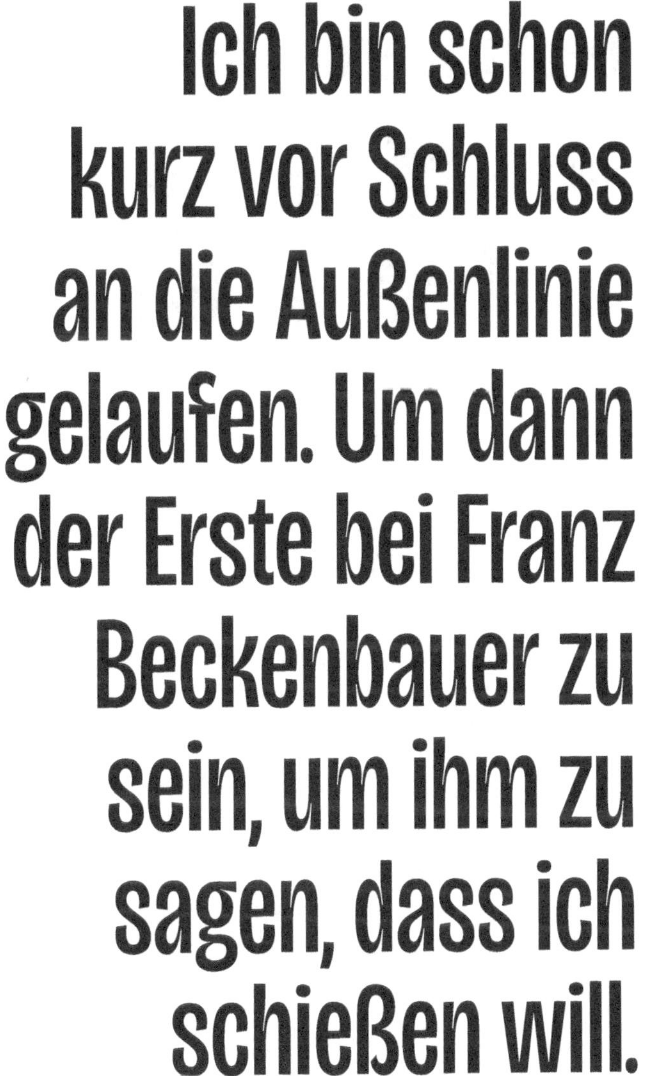
Ich bin schon kurz vor Schluss an die Außenlinie gelaufen. Um dann der Erste bei Franz Beckenbauer zu sein, um ihm zu sagen, dass ich schießen will.

Deutschland - England

1:1 n.V.
(1:1, 0:0)

4:3

n.E.

Halbfinale 4. Juli 1990 in Turin

1:0 Brehme (60.)
1:1 Lineker (80.)
Elfmeterschießen: 0:1 Lineker, 1:1 Brehme, 1:2 Beardsley, 2:2 Matthäus, 2:3 Platt, 3:3 Riedle, Illgner hält gegen Pearce, 4:3 Thon, Waddle verschießt

Deutschland: Riedle für Völler (38.)
Reuter für Häßler (66.)
England: Steven für Butcher (70.)

Brehme – Parker, Gascoigne (Gelb)

Ramiz Wright (Brasilien)

62.628

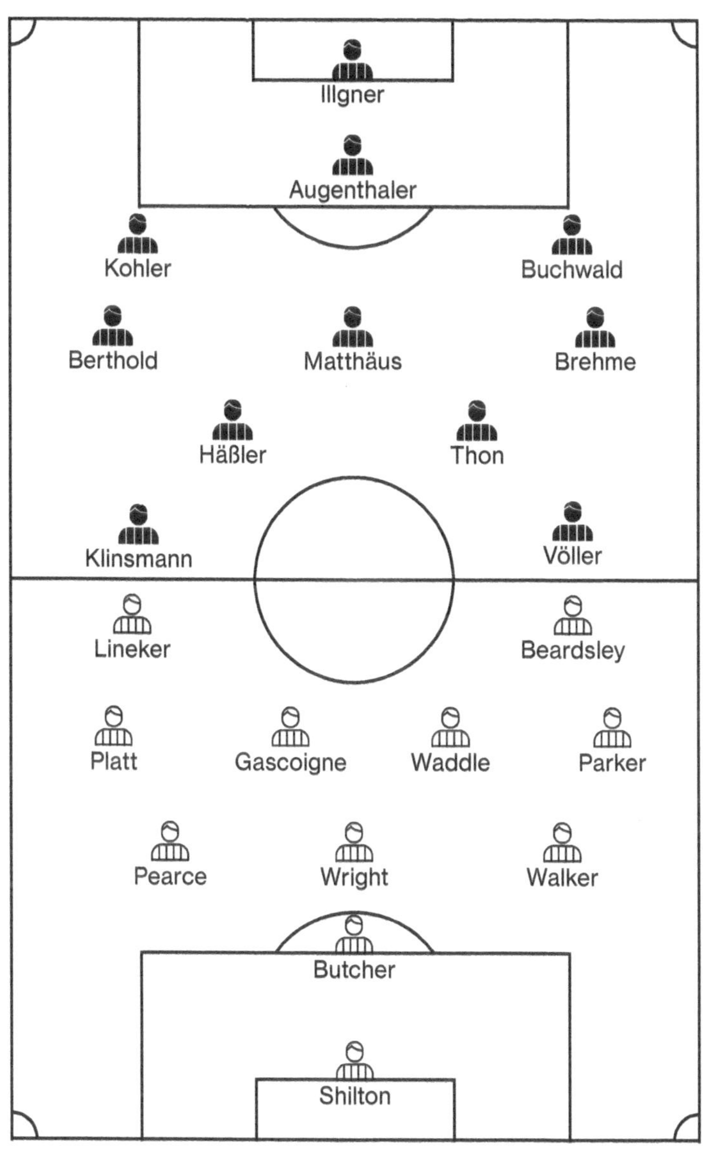
DEUTSCHLAND
Illgner
Augenthaler
Kohler
Buchwald
Berthold
Matthäus
Brehme
Häßler
Thon
Klinsmann
Völler
Lineker
Beardsley
Platt
Gascoigne
Waddle
Parker
Pearce
Wright
Walker
Butcher
Shilton
ENGLAND

Der Litti-Eklat

Weil Pierre Littbarski aus der Startelf fliegt, flippt er aus. Auch Uwe Bein ist raus. Für die beiden spielen im Halbfinale Olaf Thon und Thomas Häßler.

PAUL STEINER: Vor dem England-Spiel kam Franz zu mir aufs Zimmer und hat mich gefragt: „Sag mal, wie ist denn der Icke Häßler drauf?“ Ich so: „Trainer, der ist mental gut drauf. Trainiert hat er auch gut.“ Da hat er zu mir gesagt: „Mein Bauchgefühl sagt mir, der muss spielen.“ Dann hat der Icke gegen England tatsächlich gespielt – und so gut gespielt, dass er letztendlich auch im Endspiel ran durfte. Das war so typisch Franz. Dass er auf sein Gefühl vertraut. Und dass er, die große Lichtgestalt, auch die Meinung von anderen einholt, wie in diesem Fall von mir, und mich um eine Einschätzung bittet. Es zeigte mir auch, welche Wertschätzung ich genossen habe.

WOLFGANG NIERSBACH: Der Franz war vorm Halbfinale in großen Nöten. Er wusste nicht so richtig, wen er gegen England im Mittelfeld aufstellen sollte. Dass wir erst am Tag des Spiels mit dem Bus nach Turin gefahren sind, ist heute undenkbar. Wenn Schalke heutzutage in Düsseldorf spielt, reisen die dort einen Tag früher an. Aber beim WM-Halbfinale war das damals noch anders. Wir also nach Turin. Da war für uns morgens zum Training ein Platz reserviert. Beim Training hat der Franz dem Litti und dem Uwe Bein gesagt, dass sie nicht spielen. Und dass der Häßler und der Olaf Thon reinkommen. Darauf sind die zwei in die Kabine abgehauen, stinksauer. Der Litti war total am Boden zerstört. Ich habe das mitbekommen und bin hinter ihm her. Er schimpfte: „Das lasse ich mir nicht gefallen! Ich bin nicht verletzt! Ich kann spielen!“ Und dann habe ich mich nachmittags, das Spiel war abends, von dem Fernsehreporter Rolf Töpperwien überreden lassen, ihm vor der aufzeichnenden Kamera die Aufstellung zu nennen, damit er alles im Kasten hat. Aber mit der Zusicherung, dass das alles geheim bleibt und er es erst eine Stunde vorm Anpfiff veröffentlicht. Eineinhalb Stunden vorm Spiel kommen wir im Stadion an und dann sehe ich, dass ein Kameramann des ZDF den Litti aus dem Innenraum weglotst. Da macht der Töpperwien mit ihm ein Interview. Und der Litti redet sich um Kopf und Kragen, sagt sowas wie: „Die größte Enttäuschung meiner Laufbahn,“ und so weiter. Ich habe das Gott sei Dank mitbekommen und bin da wieder hinterher. Damals war Rainer Deike der ZDF-Chef vor Ort. Ich habe zu ihm gesagt: „Lieber Rainer, wir haben zwei Möglichkeiten: Ihr sendet dieses Interview, was das Ende unserer Zusammenarbeit bedeuten würde. Oder ihr lasst es sein, und es geht weiter wie bisher.“ Daraufhin hat der Rainer – was in der heutigen Zeit wahrscheinlich gar nicht mehr möglich wäre – es auf seine Kappe genommen, dass das Interview nicht ausgestrahlt wurde.

PIERRE LITTBARSKI: Uwe Bein und ich haben beide gespielt gegen die Tschechen und standen dann gegen England nicht in der ersten Elf. Franz brauchte – und das hat er auch so gesagt – gegen England Spieler, die in der Lage waren, richtig dagegenzuhalten. Und dafür schienen ihm Littbarski und Bein nicht die richtigen zu sein – was bei Uwe und mir natürlich auf völliges Unverständnis stieß. Wir beide waren stinkesauer – und egoistisch: Ich habe nicht an meine Verletzung gedacht. Wir waren so sauer, wir wollten zur Presse marschieren und denen sagen, dass der Franz eigentlich gar keine Ahnung hat (lacht)! Und dann meinte Wolfgang Niersbach: „Bist du bekloppt! Wir haben möglicherweise noch ein Finale!" Niersbach hat mir sozusagen das WM-Finale gerettet.

UWE BEIN: Ich liege vorm England-Spiel beim Adi Katzenmeier auf der Massagebank. Franz kommt rein und fragt mich: „Uwe, wie schaut's denn aus. Bist du zu 100 Prozent fit?" Da habe ich ehrlich geantwortet: „Nur zu maximal 80 Prozent." Ich persönlich würde das heute wieder so machen. Wenn ich das Gefühl gehabt hätte, spielen zu können, wäre das was anderes gewesen. Aber ich war nicht zu hundert Prozent fit. Dann läuft man womöglich auf und nach zehn Minuten passiert was. Dann bin ich der Depp der Nation! Nein, das war es nicht wert.

OLAF THON: Stunden vor dem Anpfiff des England-Spiels war Franz Beckenbauer auf unser Zimmer gekommen. Hansi Pflügler und ich hatten uns gerade zum Mittagsschlaf hingelegt. Es klopfte. Wir: „Wer stört?" Da stand der Franz in der Tür und fragte mich: „Traust du dir zu, gegen England zu spielen?" Ich habe blitzschnell geantwortet: „Dafür bin ich hier!" Dann ist er gegangen und hat noch gesagt: „So habe ich mir das vorgestellt. Schlaft noch schön, bis später." Und dann habe ich tatsächlich gegen England gespielt.

HANSI PFLÜGLER: Ich habe mir das Zimmer mit Olaf Thon geteilt. Ich lag neben ihm im Bett, als Franz in unser Zimmer kam und Olaf gesagt hat, dass er spielt. Das hat mich sehr für Olaf gefreut! Toll war auch, dass er ein richtig gutes Spiel gemacht hat und auch noch einen Elfer im Elfmeterschießen reingehauen hat.

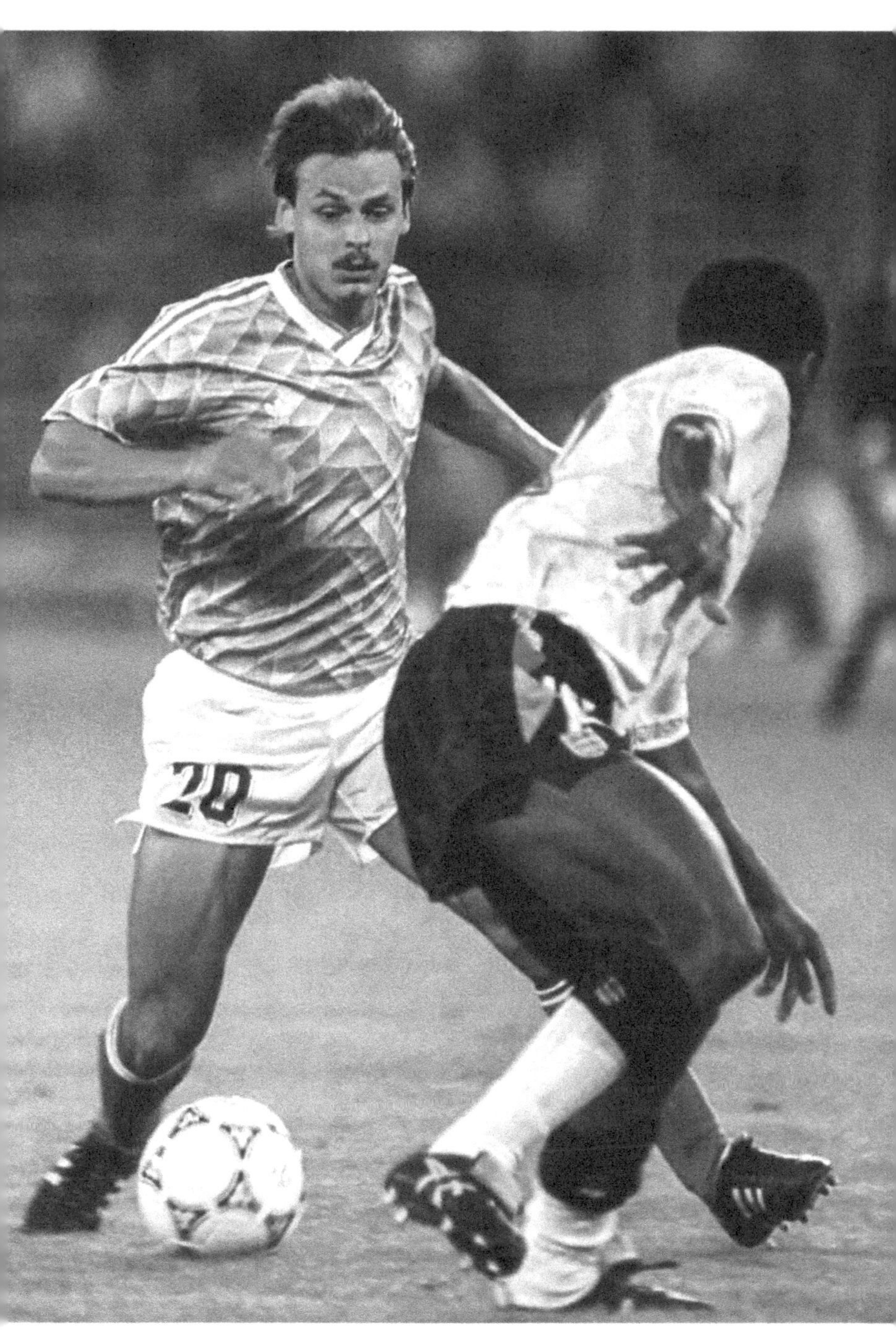
20

Der Klassiker

Unvergessen das Wembley-Tor im WM-Finale 1966 zwischen Deutschland und England. Ein Tor, das höchstwahrscheinlich keins war, bringt die Entscheidung. Die DFB-Elf verliert 2:4 nach Verlängerung. Jetzt kommt es in Turin zur Revanche!

LOTHAR MATTHÄUS: England! Das waren natürlich große Namen, große Spieler. Waddle, Gascoigne, Platt, Shilton, Lineker – boah, was für eine Mannschaft, was für Namen! Das Spiel war offen. Es war kein Kick and Rush von England, wie man es in den Jahren zuvor vielleicht gesehen hat. Die haben Fußball gespielt! Die haben schnell gespielt, die hatten Persönlichkeit.

ANDREAS BREHME: Unser Halbfinale gegen England war für mich das beste Spiel der WM. Das Spiel war über 120 Minuten total intensiv. Da wurde sich beharkt, gekämpft, aber hinterher gab man sich die Hand. Ich habe immer gerne gegen England gespielt. Die haben zwar körperbetont gespielt, aber nie unfair.

THOMAS HÄSSLER: Ich hatte eine Adduktorenzerrung gehabt und konnte deshalb gegen Kolumbien, Holland und Tschechien nicht spielen. Gegen England musste ich dann ausgewechselt werden, weil ich wenig trainiert hatte und dann hat die Luft auch nicht mehr gereicht und ich bin bisschen müde gewesen.

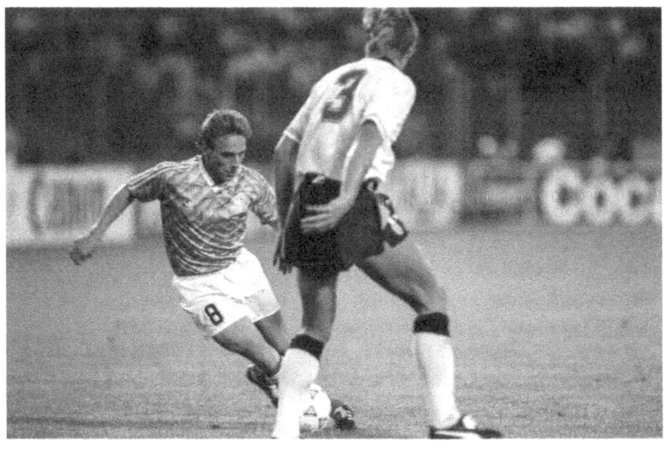

Der Völler-Schock

Rudi Völler muss nach einem Foul früh ausgewechselt werden. Für ihn kommt Karl-Heinz Riedle ins Spiel.

RUDI VÖLLER: Ich erinnere mich noch gut an das Foul gegen mich im Spiel gegen England. Nach 20, 25 Minuten hat es mich erwischt. Nach meiner Sperre im Viertelfinale war ich gegen die Engländer hoch motiviert. Ich kam über die linke Seite und dann hat mich mein Gegenspieler Des Walker von hinten blöd getroffen. Es war kein schlimmes Foul, aber er ist mir mit dem Knie von hinten in die Wade gefahren. Genau unter der Kniekehle ist das Wadenbeinköpfchen und da hat er blöderweise auch noch einen Nerv getroffen. Alles ist ganz schnell angeschwollen und vor lauter Schmerzen konnte ich das Bein nicht mehr richtig bewegen. Ich habe es noch ein paar Minuten versucht, aber es ging nicht mehr und ich musste raus.

Das abgefälschte 1:0

Das 1:0 für Deutschland fällt durch einen von Paul Parker abgefälschten Freistoß von Andreas Brehme. Offiziell wird weltweit in den internationalen TV-Bildern „Brehma" als Torschütze angezeigt.

ANDREAS BREHME: Mein Tor war wirklich kurios, eine echte Bogenlampe. Mein Freistoß wurde irrwitzig abgefälscht. Man feuert und guckt nur hinterher – und plötzlich ist er drin.

JÜRGEN KLINSMANN: Wir waren gut vorbereitet auf die Engländer. Aber wir ahnten, dass es knapp werden könnte. Das war eins der Spiele, bei denen du weißt: Wir knallen jetzt mit 200 Miles per hour aufeinander! Was passiert, das passiert! Ein abgefälschtes Freistoßtor ist nicht wirklich dein Tor, aber es zählt trotzdem!

Das unglück-liche Gegentor

Englands Stürmer-star Gary Lineker erzielt mit seinem vierten Turniertreffer den verdienten Ausgleich – und rettet sein Team damit in die Verlängerung, in der beide Teams je einmal den Pfosten treffen.

KLAUS AUGENTHALER: Das Tor der Engländer hat mich von allen Toren, die wir bei der WM kassiert haben, am meisten genervt. Ich bin am 1:1 beteiligt gewesen. Ich habe mich so ein bisschen auf den Jürgen Kohler verlassen, aber es ist doch mein Fehler gewesen – das war so ein bisschen nach dem Motto: Nimm du ihn, ich habe ihn sicher. Das hat mich geärgert.

JÜRGEN KOHLER: An das 1:1 der Engländer kann ich mich noch sehr genau erinnern: Ein gut getimter Chip-Ball wurde hinter unsere Kette gespielt. Auge, der ja damals Libero gespielt hat, wurde da unglücklich getroffen, von seinem Knie sprang der Ball direkt in den Lauf von Gary Lineker, der gedanklich schneller war und einen kleinen Bewegungsvorsprung hatte. Da konnte der Auge gar nichts dafür, das war einfach Pech. Dann hatte der Gary auch noch Glück, dass er mir durch die Beine schoss. Das war eine Kette von unglücklichen Aktionen, aber das passiert beim Fußball.

RAIMOND AUMANN: Tore fallen durch individuelle Fehler oder durch Extraklasse. Das Gegentor gegen England war unnötig und natürlich sehr ärgerlich, weil es uns in die Verlängerung und ins Elfmeterschießen gebracht hat.

Das Elfer-drama

England-Star Gary Lineker hat mal voller Hochachtung gesagt: „Fußball ist ein einfaches Spiel: 22 Männer jagen 90 Minuten einem Ball nach, und am Ende gewinnen immer die Deutschen." Diesmal steht es nach 120 Minuten 1:1. Die Entscheidung muss im Elfmeter-schießen fallen.

LOTHAR MATTHÄUS: Es war ein Spiel auf Augenhöhe. Deswegen ist es auch ins Elfmeterschießen gegangen. Elfmeter – das heißt: eins gegen eins! Schütze gegen Torhüter. Die ganze Welt schaut zu. Wir sind mit sehr viel Selbstbewusstsein angetreten.

OLAF THON: Gegen England wollte ich unbedingt einen Elfmeter schießen – und bin daher schon kurz vor Schluss an die Außenlinie gelaufen. Um dann der Erste bei Franz Beckenbauer zu sein, um ihm zu sagen, dass ich schießen will. Ich wusste, es sind einige gesetzt. Wie Lothar Matthäus und Andreas Brehme. Ich war der Erste bei ihm. Wir standen also da, soweit ich mich erinnern kann, und ich fragte ihn sofort: „Darf ich schießen?" Und dann guckte er, glaube ich, auf einen Zettel und sagte: „Ja, du bist die Nummer vier." Mann, war ich da happy! Und plötzlich auch ein bisschen nervös (lacht).

FRANZ BECKENBAUER: Vor dem Elfmeterschießen habe ich allen noch mal gesagt: „Hört mal her, ihr braucht keine Angst haben vor den Elfmetern! Ihr habt bisher so super gespielt, habt unser Land so toll vertreten, dass euch gar nichts mehr passieren kann. Wenn wir verlieren, dann gehen wir hier erhobenen Hauptes raus." Es heißt ja immer, Elfmeter seien Glückssache, aber das ist total falsch! Elfmeter sind Trainingssache, die haben wir sechs Wochen lang jeden Tag geübt, um uns die Überzeugung und Sicherheit zu holen. Am Ende hatten wir lauter Kunstschützen – die hätten allesamt einen Vogel von der Latte runtergeschossen.

JÜRGEN KLINSMANN: Franz Beckenbauer hat uns vorm Elfmeterschießen tief in die Augen geschaut, wer wollte schießen? Er hatte schnell seine fünf Namen zusammen, weil alle bereit waren, etwas Großes zu leisten.

FRANZ BECKENBAUER: Ich hatte hundert Prozent Vertrauen, zu allen Elfmeterschützen. Ich wusste, wir gewinnen. Ursprünglich sollte Rudi Völler schießen, aber der war ja verletzt raus. Dass er nicht antreten konnte, hat ihn natürlich mächtig gewurmt. Die Schützen waren größtenteils vorbestimmt, die Reihenfolge auch. Durch die Einwechslung von Karl-Heinz Riedle für Völler mussten wir das ein wenig ändern. So ist der Kalle halt angetreten – und auch bei dem war ich mir sicher: Der trifft!

GUIDO BUCHWALD: Als Franz durchgegangen ist, wer schießen soll, hat jeder Ja gesagt! Das hat unsere Stärke ausgemacht. Da wollte jeder schießen! Ich weiß gar nicht, ob ich jetzt Sechster, Siebter oder Achter gewesen wäre. Als Franz gefragt hat, war auf jeden Fall keiner dabei, der gesagt hat: Nee, da soll lieber ein anderer schießen. Da hat jeder gesagt: Natürlich schieße ich!

THOMAS BERTHOLD: Der ein oder andere hat sich nicht so gefühlt oder wollte nicht. Da muss man erst mal gucken, dass man fünf zusammenkriegt. Franz hat mich gefragt und ich habe gesagt: „Ich schieße den Letzten!"

KLAUS AUGENTHALER: Ich kann mich noch gut erinnern, wie Franz Beckenbauer so in die Runde geschaut hat, wer schießen will. Einige haben gleich zu Boden geschaut. Ich bin mutig gewesen und habe gleich gesagt: „Franz, ich würde schießen!" Da sagte hat er gesagt: „Du nicht – das sind 11 Meter und nicht 25!" In der Bundesliga habe ich, glaube ich, bei den Bayern fünf Elfmeter geschossen – und vier verschossen! Also ich bin kein guter Elfmeterschütze gewesen. Ich habe mal das Glück gehabt, in den 80ern im UEFA-Cup gegen Saloniki beim Elfmeterschießen als Erster anzutreten. Ich habe den Ersten verschossen, durfte aber noch mal schießen, weil sich der Torwart zu früh bewegt hat. Beim zweiten habe ich mich dann für die andere Ecke entschieden – und wieder verschossen! Der Schiedsrichter hat nochmal wiederholen lassen, weil sich der Torwart wieder zu früh bewegt hat. Da wusste ich gar nicht mehr, wo ich hinschießen soll. Links habe ich verschossen, rechts habe ich verschossen. Also habe ich einfach voll draufgehalten! Der war dann drin! Jean-Marie Pfaff hat dann den entscheidenden Elfmeter verwandelt, dadurch sind wir weitergekommen.

KARL-HEINZ RIEDLE: Franz kam vor dem Elfmeterschießen auf den Platz. Die Frage war: Wer schießt jetzt? Zwei oder drei waren fix. Lothar und Andi waren klar. Thomas Berthold und Olaf Thon waren dann auch schnell gefunden. Elfmeterschießen hatten wir vorher gar nicht geübt, wenn ich mich recht erinnere. Franz hat noch denjenigen gesucht, der als Dritter antritt. Er kam zu mir – und ich habe mich erst mal weggeduckt. Ich habe den Kopf geschüttelt, gesagt: „Oh, nee, weiß nicht." Er ging dann weiter. Der Nächste war dann, glaube ich, Auge, aber der hatte ihm dann scheinbar auch abgesagt, zumindest ist er dann noch weiter über den Rasen gegangen. In dem Moment habe ich mir gedacht: Nee, bevor ich jetzt irgendeinen Verteidiger verschießen lasse, sage ich ihm dann doch: Ich mach's! Ich bin dann schnell zu ihm hin und habe gesagt: „Ich fühl mich sicher, ich schieß!“ Franz hat zu diesem Zeitpunkt allerdings nicht gewusst, dass ich, seit ich Profi war, noch nie einen Elfer geschossen hatte (lacht). Den letzten Elfmeter hatte ich in der Bayernliga für den FC Augsburg geschossen und davor vor allem in der Jugend.

STEFAN REUTER: Vor dem Elfmeterschießen hat Franz Beckenbauer uns alle gefragt, wie wir uns fühlen. Ich bin eingewechselt worden und habe ihm gesagt: „Wenn's nicht sein muss, schieß ich keinen.“ Dieser Moment hat am Ende dazu geführt, dass ich 1996 beim Elfmeterschießen bei der EM gegen England Verantwortung übernommen habe und auch einen geschossen habe. Da war ich reifer. Und der Schuss ging ja dann auch rein (lacht).

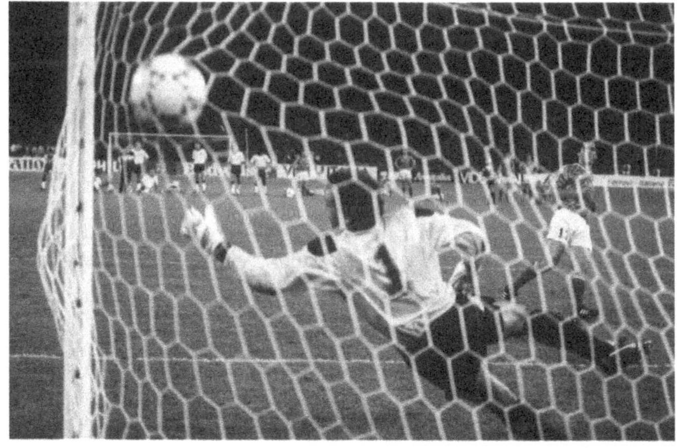

Die Reihenfolge

Andreas Brehme, Lothar Matthäus, Karl-Heinz Riedle, Olaf Thon und Thomas Berthold wurden als die ersten fünf Schützen bestimmt.

JÜRGEN KOHLER: Ich hätte beim Elferschießen wahrscheinlich als Letzter geschossen. Vermutlich noch nach Bodo Illgner (lacht)! Ich sag mal so: In der Bundesliga oder bei Länderspielen habe ich nie einen Elfmeter geschossen, aber zum Beispiel bei Vorbereitungsturnieren mit Dortmund. Da habe ich geschossen – und die waren auch alle drin! Vielleicht wäre mein Elfer gegen England also auch reingegangen, weiß man ja nicht. Aber vielleicht hätte ich den Ball auch einfach über die Linie gegrätscht (lacht)!

JÜRGEN KLINSMANN: Wir hatten die weitere Reihenfolge nach der Nummer fünf nicht festgelegt. Da ich mich an jenem Tag nicht so sicher gefühlt habe und während des Spieles schon zwei Chancen vergeben hatte, womit wir das Spiel vorzeitig hätten beenden können, habe ich mich nicht vorgedrängt.

RUDI VÖLLER: Ich war als einer von fünf Schützen vorgesehen, konnte aber nicht antreten, weil ich verletzt ausgewechselt worden war. Ich habe in meiner Karriere nicht nur Elfmeter rausgeholt (lacht), sondern auch verwandelt. Und auch ein paar verschossen, da bin ich ehrlich. Gegen England hätte ich natürlich gerne einen geschossen.

LOTHAR MATTHÄUS: Dass Andi und ich schießen würden, war von vorneherein klar. Da reichte ein Augenkontakt mit Franz. Ich bin mir sicher, Thomas Berthold hätte seinen Elfer auch versenkt.

OLAF THON: Ich war der Letzte, der noch einen Platz bekommen hat unter den ersten fünf Schützen. Nach mir wäre Thomas Berthold dran gewesen, der musste aber ja nicht mehr ran. Weil Chris Waddle den Ball über die Latte jagte – damit standen wir im Finale!

THOMAS BERTHOLD: Wäre ich noch drangekommen, hätte ich bei meinem Schuss auf den Torhüter geguckt. In der Regel macht der Torhüter bei einem Elfer eine Bewegung – er muss sich entscheiden, wenn der Schütze anläuft. Wenn er sich bewegt, hat er seinen Schwerpunkt bereits verlagert. Entweder springt er nach links oder nach rechts. Wir haben das vorher trainiert. Und beim Training habe ich das auch schon immer so gemacht und geguckt, wie sich der Torhüter bewegt – und dann in die andere Ecke geschossen. Im Training war's natürlich einfacher, da war weniger Druck (lacht). In der Theorie ist immer alles schön. Aber in der Praxis sieht das nach zwei Stunden Spiel doch anders aus. Der Torwart hat nichts zu verlieren, im Gegensatz zum Schützen. Jeder hat da eine andere Strategie. Am einfachsten ist es, man sucht sich ein Eck aus und versucht fest und flach zu schießen. Dann kommt der Torwart da in der Regel nicht mehr ran. Er kann nicht von der Mitte bis zum Pfosten springen, das schafft er nicht. Ich hatte vorher schon ab und zu einen Elfmeter für meine Vereine geschossen. Aber ich war jetzt nicht der absolute Elfmeterfachmann.

RAIMOND AUMANN: Vor dem Elfmeterschießen habe ich Bodo viel Glück gewünscht, über Schützen oder mögliche Ecken haben wir allerdings nicht geredet.

Die Elfer-tricks

Die Spieler verraten, was sie kurz vor ihrem Schuss gedacht haben.

KARL-HEINZ RIEDLE: Der Weg von der Mittellinie zum Elfmeterpunkt ist sehr lang. Da sind alle Augen, alle Kameras auf einen gerichtet. Das spürt man schon. Klar hatte ich da Lampenfieber! Ich hatte mir bei den ersten beiden Elfmetern den Peter Shilton angeschaut. Der war nicht mehr der Allerjüngste und der Allerschnellste. Ich habe von vorneherein die von mir aus rechte Seite im Blick gehabt und gedacht: Da ziele ich jetzt hin! Am besten hoch, damit er da gar nicht hinkommen kann. Ich hatte eine klare Vorstellung, wo ich hin schießen wollte – oben rechts! Und da ging der Ball auch hin!

OLAF THON: Ich habe mich auf dem Weg von der Mittellinie zum Punkt starkgeredet: Peter Shilton ist 40 und nicht mehr der Reaktionsschnellste. Ich hatte ihn bei den Elfmetern von Brehme, Matthäus und Riedle ganz genau beobachtet. Er blieb immer lange stehen. Eigentlich sprang er erst los, wenn der Ball schon im Tor war (lacht). Unmittelbar bevor ich an die Reihe kam, hatte Stuart Pearce den ersten Elfmeter für die Engländer verschossen. Bodo Illgner konnte den Ball mit dem Knie abwehren. Für mich war das eine ideale Situation. Selbst wenn ich nicht treffen würde, wäre noch nichts verloren. Ich habe mir kurz vorm Schuss gesagt: Versuch einfach nur, das Tor zu treffen, nicht zu viel Risiko. Und das klappte dann auch. Shilton spekulierte. Er täuschte einen Schritt nach links an, ich schoss den Ball halbhoch nach rechts. Gott sei Dank ging mein Elfer rein!

ANDREAS KÖPKE: Der Peter Shilton – ich weiß gar nicht, wie alt der damals war –, der ist gar nicht richtig gesprungen bei unseren Elfern. Der ist nur noch umgefallen. Wenn du das Eck getroffen hast, dann war der Schuss drin (lacht).

OLAF THON: Die beiden wichtigsten Elfer in meinem Leben habe ich reingemacht. Gegen England und 1997 im Finale mit Schalke im UEFA-Pokal-Finale gegen Inter Mailand. Ich war nicht der beste Elfmeterschütze (lacht). Meine Quote in der Bundesliga: Von 21 habe ich 5 verschossen. Überhaupt schießen zu dürfen, ist wegen der Hierarchie in einer Mannschaft nicht selbstverständlich. 1997 war klar, dass ich als Schalke-Kapitän schießen musste – und auch wollte!

Bodo, der Elfer-riese

Alle vier deutschen Schützen verwandeln sicher. Bodo Illgner wehrt den Schuss von Stuart Pearce ab. Chris Waddle drischt den entscheidenden Elfer übers Tor.

BODO ILLGNER: Ich habe mich vorm Elfmeterschießen die ganze Zeit abseits aufgehalten, als Franz die einzelnen Schützen ausgewählt hat. Ich habe die Beine ein bisschen gelockert und gedehnt nach dem langen Spiel mit sehr viel Spannung und Anspannung. Ich habe die Zeit genutzt, um in mich zu gehen und mich mental auf das Elfmeterschießen vorzubereiten. Ich hatte ein wirklich gutes Gefühl, das muss ich ganz ehrlich sagen. Das kann ich natürlich heute leicht sagen (lacht).

SEPP MAIER: Sowas wie einen Zettel oder so gab es beim Elfmeterschießen nicht. Das haben wir früher alles nicht gebraucht. Das ist alles eine Erscheinung der Neuzeit. Ich habe dem Bodo gar nichts gesagt vorher. Der hatte nur einen Job: Ball halten und fertig! Der Junge war gut vorbereitet und gut drauf. Da war ich auch nicht nervös. Klar, Elfmeterschießen ist ein bisschen Glückssache. Aber das Glück kann man durch harte Arbeit auch ein bisschen erzwingen. Wenn du ein Angsthase bist und denkst, oh, die sind zu stark, da gewinnen wir nicht – dann gewinnst du nie was!

BODO ILLGNER: Ich war mir sicher, dass ich den ein oder anderen halten würde. Bis auf den Schuss von Lineker war ich immer in der richtigen Ecke. Ich war ganz ruhig. Natürlich hilft da auch die Lockerheit der Jugend. Mit 23 hat man ein anderes Gefühl als dann zum Beispiel vier Jahre später in den USA, wo ich eine ganz andere Verantwortung spürte. Mit 23 geht man relativ locker an die Sache heran und ist sich der Tragweite noch nicht so bewusst. Sepp Maier konnte zur Vorbereitung aufs Elfmeterschießen nicht wirklich etwas beitragen. Es gab auch keine Zettelchen, die mir geholfen hätten. Damals war das alles nicht so verbreitet und es war ja auch nicht so wie heute, wo man sich jeden Schützen und jeden Spieler hundertmal auf YouTube anschauen kann. Alle Elfmeter von Stuart Pearce oder Chris Waddle könnte man heute sicher googlen. Das gab es damals nicht, das war einfach anders.

LOTHAR MATTHÄUS: Bodo Illgner wurde im Elfmeterschießen zu Recht „Man of the Match“. Das braucht keiner kleinreden! Auch wenn wir im Training oft Späße drüber gemacht haben, dass man ihn bei einem möglichen Elferschießen hoffentlich anschießen würde (lacht). Aber als es drauf ankam, war er da, und wie! Bei den Schüssen von Pearce und Waddle blieb er sehr lange in der Tormitte stehen. Wie er da stand, mit seiner Größe und seinem breiten Kreuz – das konnte sehr einschüchternd auf den Schützen wirken! Bei Pearce hatte er sicher ein wenig Glück. Er war schon auf dem Weg in seine rechte Ecke, der Ball traf ihn am Schienbein. Da Andi, ich, Kalle Riedle und Olaf Thon sicher verwandelt hatten, stand Waddle als fünfter englischer Schütze unter enormem Druck. Er probierte es mit Gewalt – und jagte den Ball in den Nachthimmel von Turin.

BODO ILLGNER: In diesem Moment war es vor allem Intuition. Natürlich habe ich mir auch die Körpersprache der Engländer angeschaut. Man wusste, ob der eine mehr ein Techniker ist, oder – sage ich mal – ein eher hölzernerer Spieler. Von Stuart Pearce war bekannt, dass er mit brachialer Gewalt abzieht. So wusste ich, dass ich mich rechtzeitig für eine Ecke entscheiden musste, um überhaupt eine Chance zu haben, wenn er den Schuss Richtung Pfosten platziert. Dass er dann genau in die Mitte schießt und ich die Beine nur noch zumachen musste, um sicherzugehen, dass der Ball nicht noch an den Beinen vorbeifliegt, naja, dass kam mir dann zugute.

PIERRE LITTBARSKI: Das Elferschießen von draußen zu erleben, war wahnsinnig nervenaufreibend. Es war in Köln beim Training immer eine Freude, gegen Bodo Illgner Elfmeter zu schießen (lacht). Aber er hat natürlich eine gewisse Größe, und die kann schon einschüchternd wirken – anscheinend haben die Engländer da kapituliert. Bodo war ein großartiger Torwart, aber Elfmeter waren nicht sein Ding.

BODO ILLGNER: Ich habe mich groß gemacht, den Ball lange in der Hand behalten und ihn dann persönlich jedem Schützen gegeben – damit der auch genau sehen konnte, was für ein großer Torwart ihm da gegenübersteht, und was für große Hände der hat. „The ball is mine", habe ich zu Stuart Pearce gesagt. Und möglicherweise auch zu allen anderen Schützen, daran erinnere ich mich nicht mehr so genau. Ist ja schon alles so lange her. Diese kleinen Psychotricks gehörten auf jeden Fall dazu. Bei Chris Waddle habe ich mich auf den Spieler konzentriert. Ich wusste, dass er technisch versiert war, dass man bei ihm mit allem rechnen musste. Hieß für mich: Lange Warten, auf den Fuß und die Körperhaltung schauen. Dass er dann den Schuss zu hoch angesetzt hat, war für uns das große Glück.

ANDREAS KÖPKE: Bodo Illgner hat uns mit seinem gehaltenen Elfmeter ins Finale gebracht. Heutzutage gibt es ja eine Elfmeter-App, in der fast jeder Elfmeter drin ist. Wo weltweit alle Schützen drin sind. Jeder Schuss, jede Ecke. Da kannst du dir per Video anschauen, wohin die Elfer geschossen worden sind. Das gab es damals alles nicht. Du musstest dir selbst ein paar Informationen zusammensuchen. Und du musstest dich damals mehr auf dein Gefühl verlassen.

BODO ILLGNER: Franz Beckenbauer hat im Nachhinein mal gesagt, ich hätte nie einen vorher gehalten (lacht). Mit 23 Jahren habe ich natürlich in der Bundesliga noch keine große Geschichte hinter mir gehabt, wo ich mich als Elfmetertöter hätte hervortun können. Ich hatte aber nie das Gefühl, dass ich bei Elfmetern schlecht bin, dass muss ich ehrlich sagen. Auch in der Jugend hatte ich immer ein ganz gutes Gefühl, wenn es Elfmeter gab oder ins Elfmeterschießen ging. Ich habe im Verlauf meiner Karriere auf jeden Fall den ein oder anderen gehalten. Von daher kann ich über die Aussage von Franz heute nur schmunzeln.

Finale, oho!

Respekt und Trost der deutschen Spieler für die Engländer. Und Party in der Kabine.

OLAF THON: Ich wusste, ich muss den Elfmeter unbedingt reinmachen, damit ich eine Chance habe, im Endspiel aufzulaufen. Das hat zwar nicht geklappt, aber für Deutschland muss man sich manchmal auch opfern (lacht). Nicht alle Spieler aus einem Kader können alle Spiele machen. Wie Uwe Bein zum Beispiel, der die ersten drei Spiele gemacht hat und dann gar nicht mehr dabei war. Jedenfalls fühle ich mich durch diesen Einsatz und den Elfmeter gegen England auch als Weltmeister.

RUDI VÖLLER: Das Spiel gegen England war ein Match auf Augenhöhe. Elfmeterschießen ist immer auch ein bisschen Glückssache. Die Engländer hätten das Finale gegen Argentinien auch gewonnen, da bin ich mir sicher.

JÜRGEN KLINSMANN: Nach dem Spiel haben wir in der Kabine gefeiert. Auch die nächsten paar Tage. Dieser Moment war wegen der Wiedervereinigung so voller Emotionen. Wir wollten nur eins: Wir wollten diesen Pokal! Weil Fußball die Macht hat, Probleme zu lösen. Die Macht, Menschen zu vereinen! Da lag etwas in der Luft, das uns sagte: Wir können durch den Gewinn der Weltmeisterschaft wieder zusammenwachsen in Deutschland!

FREIZEIT

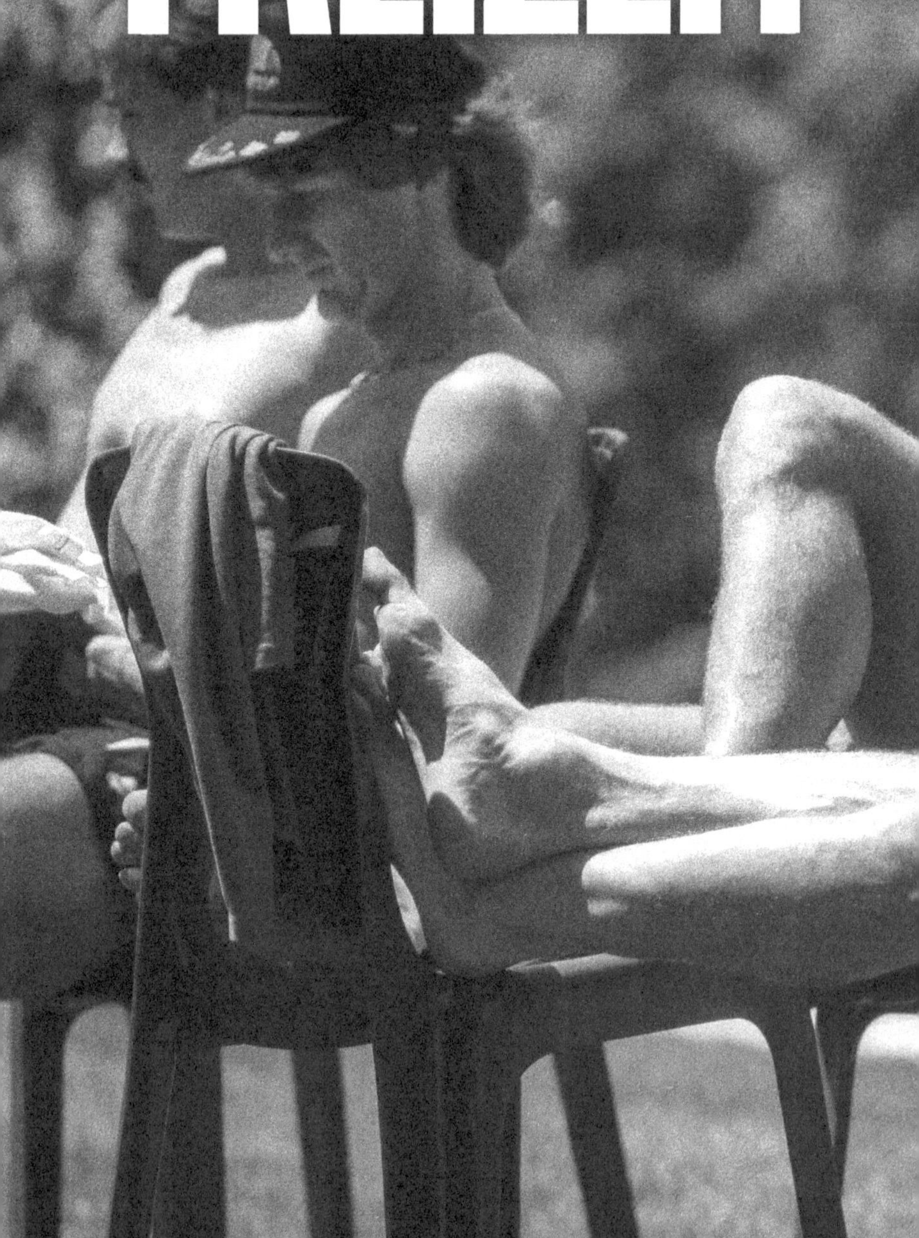

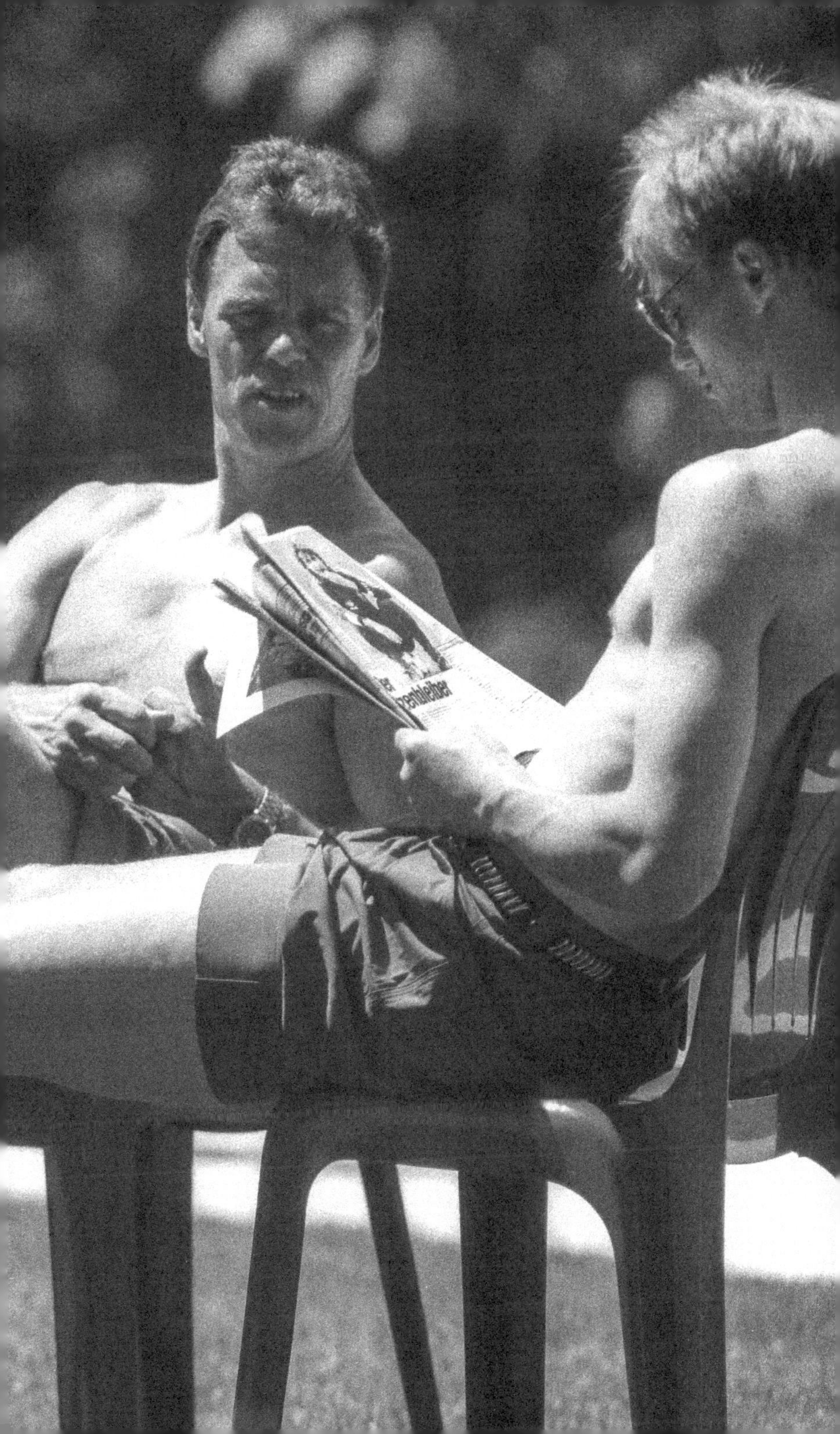

KARL-HEINZ RIEDLE
über einen spontanen Ausflug an einem freien Tag

Da habe ich mir gedacht: Komm, ich fahr mal zu meinen Eltern ins Allgäu …

DJ Litti

Pierre Littbarski war nicht nur der Spaßvogel in der Mannschaft, sondern auch für die Musik im Bus zuständig.

PIERRE LITTBARSKI: Ich habe während der ganzen WM für die Musik gesorgt in der Mannschaft. Erst wenn es keinen dummen Spruch von Lothar Matthäus oder Meckereien von Rudi Völler gab, wusste ich, dass ich die richtige Musik aufgelegt hatte (lacht).

RUDI VÖLLER: Ich bin in Hanau aufgewachsen, die amerikanische Kaserne war nicht weit weg. Ich bin mit Soulmusik groß geworden, zum Beispiel mit den Temptations. Durch meine Zeit in Rom mochte ich auch italienische Musik. Diese Lieder habe ich mir gerne von Litti gewünscht. Er hat das gut gemacht, er hat im Bus die passende Musik aufgelegt – und immer einen guten Mix für alle gefunden.

PIERRE LITTBARSKI: Der Zusammenhalt innerhalb der Truppe war großartig. Mit Thomas Häßler habe ich lange Musiksessions gemacht. Wir hatten Hunderte von Platten dabei.

GÜNTER HERMANN: Ich habe mir damals mit Kalle Riedle das Zimmer geteilt, das hat schon Spaß gemacht. Pierre Littbarski hat uns immer mit Videokassetten versorgt.

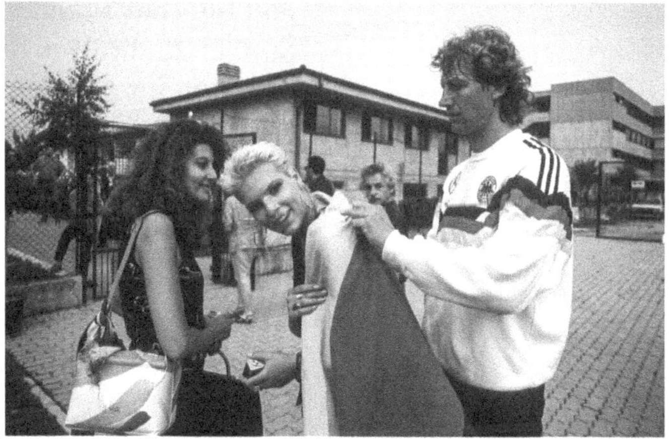

Frauen und Familien

Was später 1994 bei der WM für Chaos und Streit sorgte, klappte 1990 ganz hervorragend. Frauen und Familien durften in einem Hotel in der Nachbarschaft des WM-Quartiers wohnen. Franz Beckenbauer hielt den Kontakt seiner Spieler zu ihren Liebsten für extrem wichtig.

LOTHAR MATTHÄUS: Es war toll vom Franz, dass er die Frauen mitreisen ließ, es war sogar unheimlich wichtig. Sie haben einen Großteil dazu beigetragen, dass die Stimmung so gut war. Bei unseren Frauen kamen wir immer wieder auf andere Gedanken. Weg vom Fußball, Ruhe finden beim vertrauten Partner. Dadurch wurden viele Probleme gar nicht erst in die Mannschaft reingetragen.

BODO ILLGNER: Es gehörte bei Franz dazu, dass auch die Frauen, die Familien ihren Platz hatten, da man so lange Zeit unterwegs war. Ich habe zwei Weltmeisterschaften und zwei Europameisterschaften mitgemacht. Bei der EM 1988 unter ihm deutete sich das schon an. Da hatten wir einen ähnlich lockeren Umgang, das war quasi die Vorbereitung auf die WM 1990. Ich war frisch verheiratet und schwebte auf Wolke sieben. Meine Frau war zum Glück das ein oder andere Mal zu Besuch. Das war wunderbar. Diese Lockerheit, die Zeit mit der Mannschaft, die Ausflüge, die ich mit meiner Frau machen konnte – das war alles enorm wichtig.

ANDREAS BREHME: In der Freizeit haben wir viel mit unseren Frauen unternommen, die ja nur ein paar Orte weiter ein Hotel hatten. Wir sind zum Comer See gefahren, einige sind essen gegangen. Wir haben im Training hart gearbeitet. Bei einer WM steht man eigentlich permanent unter Strom, denn so eine Chance kriegst du nur alle vier Jahre. Aber man muss während des Turniers auch mal abschalten, mal lockerlassen. Die vier Wochen davor waren harte Arbeit, aber als das Turnier dann losging, war es wie Urlaub. Damals hat man sehr viel gemeinsam unternommen. Keiner hatte einen Computer oder einen Walkman dabei. Wir haben Karten oder Tischtennis gespielt, Grillabende veranstaltet und eine Bootstour auf dem Comer See gemacht – uns ist jedenfalls nicht langweilig geworden.

HOLGER OSIECK: Dass die Frauen und Familien dabei waren, war wichtig für den Mannschaftserfolg. Wenn man in einer Gruppe so lange gemeinsam unterwegs ist, über mehrere Wochen, dann kann hier oder da auch mal ein kleiner Lagerkoller aufkommen. Doch da die Spieler ihre Frauen und Familien in der Nähe hatten, hat das die Gesamtatmosphäre positiv beeinflusst.

GUIDO BUCHWALD: Meine Frau war ab dem Achtelfinale dabei. Man hat sich wirklich gefreut, dass das Familiäre seinen Platz hatte. Aber wir alle haben auch die nötige Charakterfestigkeit besessen, zu wissen, wann man ein Bierchen trinken kann und wann nicht. Franz hat ganz genau gewusst, dass auf uns Verlass war. Wenn mal einer zehn Minuten zu spät kam, war das nicht schlimm. Denn wenn es feste Termine gab, war jeder eine halbe Stunde vorher da. Bei Besprechungen, bei Abfahrten. Weil jeder heiß war auf das nächste Spiel.

THOMAS HÄSSLER: In der Freizeit waren wir Spieler und unsere Frauen oft Kaffeetrinken und Eisessen am See.

RAIMOND AUMANN: Meine Frau war bei einem Spiel dabei. Das war gegen die Emirate, da ist sie runtergekommen. Ansonsten habe ich auf meine Frau verzichtet. Ich habe geglaubt, ich muss mich auf das Wesentliche konzentrieren, und zwar auf den Sport. Ich habe immer gesagt: Es ist Weltmeisterschaft, da kann man auch mal verzichten! Zwischen Malente und Kaiserau sind wir ja immer wieder nach Hause gekommen.

GÜNTER HERMANN: Wir sind Speedboot gefahren in unserer Freizeit. Da hatte Klaus Augenthaler seine Tochter dabei. Ich weiß noch, dass ich das Speedboot gesteuert habe. Das hat richtig Spaß gemacht! Wer wollte, der durfte mal ans Steuer.

WOLFGANG NIERSBACH: Ich erinnere mich noch, dass der Franz die Lisa Augenthaler als Baby bei einem Bootsausflug auf dem Arm trug. Die Lisa Augenthaler, die jetzt jeden Tag bei Antenne Bayern zu hören ist.

ANDREAS KÖPKE: Meine Frau war fast die ganze Zeit da. Wie viele andere Frauen auch. Wir sind an freien Tagen an den Comer See gefahren, essen gegangen oder haben eine Bootstour gemacht. Der DFB hat viel für uns organisiert. So richtig hatte ich aber nicht den Kopf dafür. Du bist ja da, um das Turnier zu gewinnen! Klar, wenn du als zweiter oder dritter Torwart dabei bist, ist das ein bisschen was anderes. Das war immer so in meiner Karriere, ich war fast überall auf der Welt, habe aber nie viel von den Städten gesehen. Nur Flughäfen, Hotels und Stadien. Für Sightseeing hätte ich auch nie den Kopf gehabt, man will sich ja auf den Fußball konzentrieren.

PAUL STEINER: Franz hat allen immer wieder ermöglicht, Zeit mit der Familie zu verbringen. Oder dass wir einfach mal Freizeit hatten, um zum Beispiel Ausflüge zu machen. Meine Frau und die Kinder waren zwischendurch auch mal da. Der Kleine war erst zwei Jahre alt. Es war schön, dass wir Zeit miteinander verbringen konnten. Mal kamen sie zu uns, mal war ich bei ihnen im Hotel, das gleich um die Ecke war. Wenn die Familien nicht dabei waren, sind wir Spieler zusammen losgezogen. Bodo Illgner, Pierre Littbarski und haben in unserer Freizeit einen kleinen Ausflug mit ein paar aufgemotzten Mopeds von ein paar jungen Italienern gemacht, die vor unserem Hotel rumstanden. Bei meiner Maschine ging der Lenker so komisch rauf und runter. Das war schon gefährlich (lacht). Franz fand das nicht so toll, hatte Angst, dass uns was passiert. Also hat er uns andere, weniger gefährliche Roller besorgt, mit denen wir dann zum Comer See gefahren sind. Rückblickend war das natürlich Wahnsinn! Wir hatten keine Helme und sind einfach so durch die Gegend gedüst (lacht).

BODO ILLGNER: Da kam es mal vor, dass wir mit einer geborgten Vespa los sind – oder was auch immer das war, ich bin kein Moped- oder Motorradkenner. Franz Beckenbauer hatte dafür gesorgt, dass uns neben Autos auch Mopeds für Ausflüge zur Verfügung standen, zum Beispiel zum Comer See, nachdem er mitbekommen hatte, dass Litti für uns Kölner von drei Italienern ein paar Mopeds organisiert hatte, die frisiert waren und so wahrscheinlich niemals durch den TÜV gekommen wären (lacht). Heute wäre sowas alles undenkbar, vor allem wegen der ganzen Sicherheitsbestimmungen.

Freizeit bei der WM

Immer wieder hat Franz Beckenbauer den Spielern zwischen den Spielen freigegeben, um die gute Laune im Team hochzuhalten.

FRANZ BECKENBAUER: Die Spieler wussten, dass ich selbst gespielt habe und daher ein Gespür dafür hatte, was einem als Spieler während einer WM guttut. Genau das habe ich ihnen dann erlaubt. Wenn jemand über die Stränge geschlagen hätte, hätte ich Konsequenzen gezogen. Das war aber nie notwendig. Manchmal durften sie über Nacht weg, meistens aber nur bis halb zwölf. Wir haben das am Anfang beobachtet, ob sie gleich die ganze Hand nehmen, wenn man ihnen den kleinen Finger gibt. Doch die Spieler haben mich nie enttäuscht. Nie! Was sie draußen gemacht haben, im Hotel oder sonst wo, war mir wurscht. Die waren zum Training immer pünktlich da. Nur das zählte!

BERTI VOGTS: Gegen halb elf sind wir auch mal abends durch die Zimmer gegangen. Dann haben wir ein bisschen mit den Spielern gequatscht, über das kommende Spiel gesprochen: „Du weißt, was du zu tun hast." Und haben sie auch aufgemuntert: „Die hauen wir weg! Kein Thema, Jungs!" Und dann hieß es: „Gute Nacht!"

GUIDO BUCHWALD: Lothar Matthäus war unser Kapitän. Aber alle Nationalspieler waren in ihren Vereinen Führungsspieler. Das waren immer Gespräche auf Augenhöhe. Dass man mit manchen mehr zu tun hat, ist klar. Bei mir war das Jürgen Klinsmann. Wir hatten ein Zimmer mit Verbindungstür.

JÜRGEN KLINSMANN: Meine Bude in Mailand war voll mit Freunden. Die hatten eine super Zeit. Die Leichtigkeit, mit der Franz Beckenbauer mit der WM umgegangen ist, hat dir erlaubt, ins Auto zu steigen und mal eben auf einen Kaffee zu den Kumpels zu fahren, und dann bist du rechtzeitig zum Abendessen wieder im Quartier gewesen. Diese Leichtigkeit und Lässigkeit, die Franz auf das gesamte Umfeld ausstrahlte, ist auch ein Schlüssel, warum diese Mannschaft so erfolgreich war. Das alles hat die acht langen Wochen, die man bei einer WM zusammen ist, ganz schnell vergehen lassen.

THOMAS BERTHOLD: Was toll war: Wir haben in der Freizeit fast alles zusammen gemacht. Lothar, Andi und Klinsi kannten die Gegend, in der unser WM-Quartier war. Die haben da um die Ecke gewohnt und konnten uns sagen, was man da so alles machen kann. Wir waren zum Beispiel Wasserskifahren. Auch wenn Franz das vielleicht nicht ganz so gut gefallen haben dürfte, wegen der Verletzungsgefahr.

STEFAN REUTER: Ich war in der Freizeit mit Lothar im Boot auf dem Comer See unterwegs, mit den Bayern-Spielern sind wir nach Como in den Ort gefahren. Wir waren auch mal bei Lothar zu Hause, der ja nicht weit weg gewohnt hat, und haben da gefrühstückt. Der Mull, also der Dr. Müller-Wohlfahrt, war auch dabei und hat ein paar von uns behandelt. Das war immer eine schöne Abwechslung. Lothar war ein guter Gastgeber. Aber kein guter Autofahrer (lacht)! Er hat sich sehr schnell den italienischen Fahrstil angeeignet. Mit seinem Peugeot 205 ist er gebrettert ohne Ende (lacht). Ich durfte das miterleben ...

OLAF THON: Wir sind in unserer Freizeit auch mal mit Lothars Boot auf dem Comer See unterwegs gewesen und Wasserski gefahren. Klaus Augenthaler ist Angeln gegangen und wir haben ein bisschen Tennis gespielt. Zum Mittagessen um 13 Uhr gab es immer Tomate-Mozzarella. Jeden Tag. Und Nudeln!

RAIMOND AUMANN: Wir haben in Erba einen Pool gehabt. Das war wunderbar! Zwischen den Trainingseinheiten oder an freien Tagen konnte man sich da ein bisschen reinhauen. Das war cool.

HANSI PFLÜGLER: Raimond Aumann und ich waren in der Freizeit die heimlichen Bademeister am Pool in unserem Hotel (lacht). Meine Frau war auch zu Besuch in Italien, mit Sebastian, unserem ältesten Sohn, der damals noch ganz klein war. Die anderen beiden Kinder kamen erst später zur Welt.

FRANK MILL: Ich saß oft zusammen mit Buchwald, Brehme, Matthäus, Klinsmann und Völler an einem Tisch. Lothar habe ich gerne mal die Löffel verbogen, den Teller versteckt – oder Wasser auf seinen Stuhl gekippt, in das er sich dann reingesetzt hat (lacht). Ich habe es aber auch genauso oft selbst abgekriegt. Das gehörte dazu! Den Andy Möller haben wir mehrfach mit vier Leuten gepackt und im hohen Bogen in den Pool geschmissen.

Litti, Icke Häßler und ich haben uns immer wieder irgendwas ausgedacht.

RUDI VÖLLER: Wenn ich mit meinen Vereinen oder der Nationalmannschaft unterwegs war, habe ich in der Freizeit unheimlich gerne Karten gespielt. Meistens war ich auch der Schreiber, weil mir die Mitspieler immer vertraut haben. Ich war dann der mit dem Stift und dem Papier. Wir reden von der Zeit vor dem Internet und dem Handy. Wenn wir nicht trainiert haben, haben wir meistens zu dritt, zu viert oder zu fünft Karten gespielt.

PIERRE LITTBARSKI: In der Freizeit sind Bodo Illgner und ich mit dem Moped nach Mailand gefahren. Die Dinger waren so 50, 60 km/h schnell. Eine Strecke waren rund 45 Kilometer, das lag also nicht unbedingt um die Ecke (lacht). Das Problem war nicht das Fahren, sondern die Sicherheitsvorschriften. Franz hat uns viel erlaubt, wir durften viel machen. Aber dass wir mit Mopeds allein losziehen, war natürlich nicht erlaubt. Aber wir wollten mal raus aus unserem Alltag. Und manchmal will man auch was Verbotenes machen – so kam das dann. Es war zumindest lustig. Kurz nachdem wir angekommen waren, fuhren wir auch schon wieder zurück. Wir haben schnellt was Kleines gegessen und sind dann umgehend wieder zurück. Es ging nur darum, mal rauszukommen.

ANDREAS MÖLLER: Ich habe an einem Tag einen Ausflug nach Como unternommen, mir an einer Eisdiele ein Eis geholt und bin ein wenig spazieren gegangen. Plötzlich winkt mir von einem Boot auf dem Comer See jemand zu. Das Boot kam näher – und es war Lothar! Es wäre mir nie in den Sinn gekommen, Boot zu fahren. Wir sind in der Freizeit mal in den Ort gefahren. Das Problem war allerdings, dass ganz Norditalien voller Fans war. Es war für uns relativ schwierig, sich außerhalb des Castellos aufzuhalten. Wenn wir einen freien Tag hatten, haben wir diesen meistens im Castello am Pool oder mit Spielen verbracht.

KLAUS AUGENTHALER: Ein Vorteil war 1990 sicher, dass etliche Spieler damals in Italien spielten. Die Italiener mochten uns, wir wurden mit offenen Armen empfangen. Lothar hatte ein Boot auf dem Comer See, mit dem wir Ausflüge machten. In Mexiko hatten sie uns in die Savanne verfrachtet, in Italien erlebten wir pure Lebensfreude. Und Franz ließ uns fast alle Freiheiten. Wir schipperten in unserer Freizeit die Uferpromenade entlang, bestaunten die Häuserfassaden und genossen den Sonnenuntergang. Das war echt romantisch. Weniger romantisch waren die Fahrten zur Anlegestelle. Lothar hatte einen Peugeot 205. Da bin ich nur ein einziges Mal mitgefahren, weil er so riskant über die Küstenstraßen bretterte (lacht).

GUIDO BUCHWALD: Bei uns herrschte eine absolute Wohlfühlatmosphäre, alles war perfekt organisiert. Das war kein typisches Hotel, eher ein kleines Schloss, ein bisschen verschachtelt, einfach schön. In unserer Freizeit haben wir gerne Tischtennis gespielt. Ich glaube, ich war einer der besten Tischtennisspieler in unserer Mannschaft. Ich weiß jedenfalls nicht, dass mich jemand geschlagen hätte. Der Olaf Thon war aber auch sehr gut. Das war ein harter Gegner. Aber ich glaube, gegen mich wollte keiner gerne spielen (lacht).

KARL-HEINZ RIEDLE: In der Freizeit habe ich viel Tischtennis gespielt. Wer am häufigsten gewonnen hat, weiß ich gar nicht mehr so genau. Gegen Icke Häßler habe ich viel gespielt. Eisessen waren wir auch zwei-, dreimal.

THOMAS HÄSSLER: Litti und ich waren die Spaßvögel, hatten viel Spaß bei unseren „Dingsda"-Auftritten, wo wir wie zwei Kinder vor der Kamera Dinge beschreiben mussten. Das war überragend. Dass wir nach der Ausstrahlung so viele Zuschriften und so viel positive Resonanz bekommen haben, hat uns umgehauen. Dass „Dingsda" von Litti und mir in Deutschland so gut angekommen ist, damit haben wir nicht gerechnet. Wir hatten das vor der WM aufgenommen.

HOLGER OSIECK: Freizeit hatten wir Trainer natürlich nicht allzu viel. Wir waren im Grunde genommen den ganzen Tag gefordert. Zwischendurch habe ich aber schon mal ein bisschen auf der faulen Haut gelegen. Und wir hatten im Hotel so kleine Vespas zur Verfügung. Damit konnten wir Touren durch den Ort unternehmen. Man ist auf keinen Fall vor Langeweile eingegangen.

Der verrückte Ausflug

Als die Mannschaft freihatte, bekam Karl-Heinz Riedle Lust auf eine Spritztour.

WOLFGANG NIERSBACH: Franz hatte einen freien Tag angesetzt. Und da fragte mich der Kalle Riedle im Vorbeigehen: „Du hast doch ein Auto hier?“ „Ja, ja“, sagte ich. Ich hatte meinen Dienstwagen vom DFB dabei und fragte zurück: „Brauchst du den Wagen morgen? Du kannst ihn gerne haben!“ Ich dachte, der wollte zum Kaffeetrinken an den Comer See fahren oder einen Abstecher in die nähere Umgebung machen. Also hat er den Wagen genommen und ist mit Günter Hermann los. Was die allerdings wirklich vorhatten, habe ich erst rausgefunden, als die zurückkamen und der Wagen über 1000 Kilometer mehr draufhatte: Die hatten einen Heimatausflug ins Allgäu unternommen. Heutzutage wäre so eine Tour sofort aufgeflogen, damals war das noch anders. Mir ist ziemlich der Schweiß ausgebrochen. Denn wenn dabei was passiert wäre, das möchte ich mir gar nicht vorstellen. Es gibt die klare Bestimmung, die heute noch viel strenger kontrolliert wird als es 1990 der Fall war, dass du als Spieler das Land während einer WM nicht verlassen darfst. Schon gar nicht für so eine Aktion! Unsere Delegationsleitung wusste nichts davon und der Franz auch nicht. Ich hatte einfach gesagt: „Klar, du kannst den Wagen haben!" (lacht)

KARL-HEINZ RIEDLE: Ich weiß gar nicht, ob ich diese Geschichte überhaupt erzählen soll. Nicht, dass ich im Nachhinein noch Ärger kriege, weil ich verbotenerweise während der WM das Land verlassen habe – und uns deswegen der Titel noch aberkannt wird (lacht). Ich hätte ja gesperrt werden können! Das alles hatte ich erst später realisiert, nachdem Wolfgang Niersbach mich aufgeklärt hat. An einem freien Tag habe ich mir den Wagen von ihm geliehen. Das Allgäu, wo ich herkomme, liegt nicht ganz so weit weg von Erba, wo wir während der WM gewohnt haben. Da habe ich mir gedacht: Komm, ich fahr mal nach Hause zu meinen Eltern (lacht)! Um nicht allein fahren zu müssen, habe ich den Günter Hermann mitgenommen, der war mein Zimmernachbar. Wohin wir wollten, haben wir dem Wolfgang nicht erzählt, ich weiß gar nicht mehr, warum nicht. Weil's so schön war, sind wir dann noch über Nacht geblieben (lacht). Der Wolfgang war dann am nächsten Tag sehr überrascht, dass nicht 100, 200 Kilometer mehr auf dem Tacho waren – sondern über 1200! Da hat er sich schon sehr gewundert. Wir haben ihm dann erzählt, wo wir waren.

GÜNTER HERMANN: Kalle Riedle sagte, meine Eltern wohnen hier um die Ecke. Lass uns da mal hinfahren! Also haben wir uns einen Wagen geliehen und fuhren los. Ich wusste ja nicht, dass das so weit ist. Früher gab's kein Handy. Wir waren fünf Stunden unterwegs. Das war eine ganze Ecke. Bei seinen Eltern haben wir einen Kaffee getrunken, an den Kuchen kann ich mich nicht erinnern. Aber ich weiß noch, dass er viele Geschwister hatte. Die ganze Familie war da! Abends haben wir gegrillt. Ich glaube, wir sind sogar die Nacht dageblieben. Wir hatten ja einen Tag frei.

KARL-HEINZ RIEDLE: Ich weiß gar nicht mehr, was der Grund für den Besuch war. Meine Mutter hat im Juni Geburtstag, das könnte dahintergesteckt haben. Oder vielleicht war's auch einfach nur Lagerkoller. So oder so: Mamas Kuchen ist so gut, der ist jede Reise wert (lacht)!

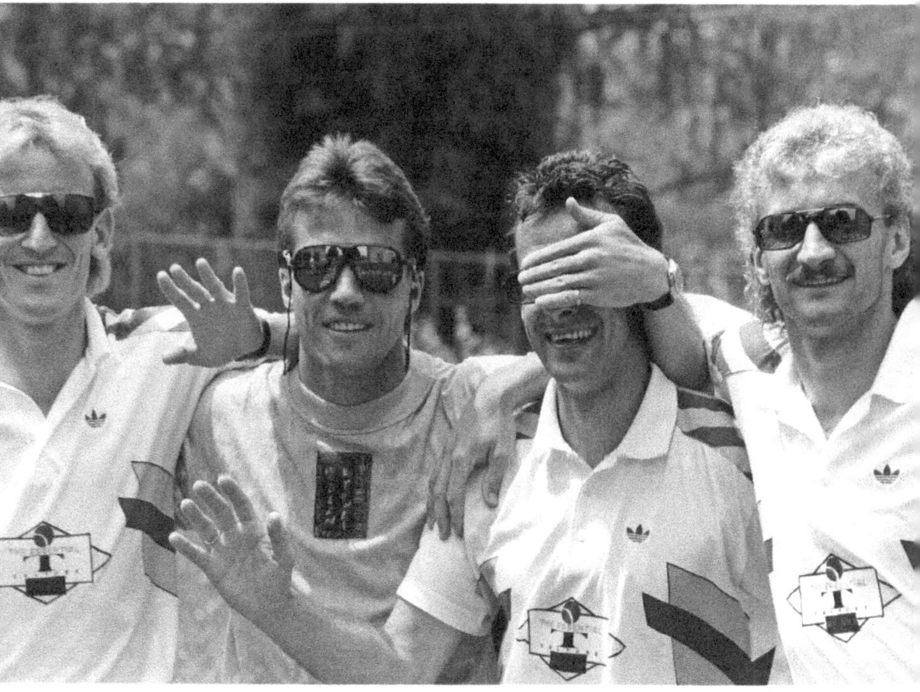

Überraschung an der Hintertür

Ein Abend endete für die Bayern-Clique im Team unerwartet.

RAIMOND AUMANN: Wir hatten damals ein Abendessen, zu dem Jupp Heynckes alle Bayern-Spieler eingeladen hatte. Davon sind wir dann ein bisschen später nach Hause gekommen. Olaf hatte am dem Abend Magenschmerzen. Da haben wir ihm gesagt, er müsse Averna oder so trinken. Danach hatte er einen leichten Hackl (lacht).

OLAF THON: Einer der Momente, an die ich mich noch heute erinnere, war zwischen dem Viertelfinale und Halbfinale, als Jupp Heynckes uns Münchner eingeladen hat. Ich weiß nicht mehr, ob auch Günter Hermann dabei war. Den hatten wir als Bremer in unsere sechsköpfige Bayern-Gruppe aufgenommen, ihn quasi adoptiert. Der war immer mit uns unterwegs. Jupp hatte uns zum Abendessen in ein Restaurant eingeladen. Mein Problem war, dass ich Magenschmerzen hatte. Deshalb habe ich dann nichts gegessen – sondern nur Ramazotti auf Eis getrunken! Das ging auch ganz gut. Nach dem dritten oder vierten waren die Bauchschmerzen weg. Allerdings war ich danach sehr müde – und sehr betrunken (lacht).

HANSI PFLÜGLER: Jupp Heynckes hat uns Bayern-Spieler mal zum Abendessen eingeladen. Da sind wir erst in der Nacht nach Hause gekommen, ich glaube, es war so zwei Uhr. Wir hatten alle einen guten Pegel (lacht). Wir sind durch den Hintereingang rein – und zur Überraschung aller sitzt Franz da. Wir sagten alle: „Guten Abend", und sind schnell ins Bett gegangen. Beim Training am nächsten Morgen wollte keiner sich was anmerken lassen, alle haben wir Vollgas gegeben – und dann war alles wieder okay (lacht)!

KLAUS AUGENTHALER: Die Mannschaft hat harmoniert. Wir waren immer alle zusammen, nicht nur die Stammspieler. Wir waren wie Freunde. Ein einziges Mal haben wir nach einem Essen den Zapfenstreich verpasst. Da kamen wir gegen Viertel vor zwölf zurück. Oben im Zimmer von Franz, der in einem kleinen Türmchen wohnte hat, brannte noch Licht. Wir nahmen also den Hintereingang, um ihm nicht über den Weg zu laufen. Doch als wir reinkamen, empfing er uns. Er stand zusammen mit den Masseuren an einem Billardtisch – alle mit einem Pils in der Hand! Jetzt hat er uns erwischt, jetzt gibt es Zirkus, dachten wir. Franz sagte aber nur trocken: „So kommt ihr mir nicht ins Bett. Ihr trinkt zur Strafe noch ein Bier mit uns."

OLAF THON: An einen Abend mit Klaus Augenthaler und anderen erinnere ich mich gerne zurück. Wir waren unterwegs und kamen erst nach dem Zapfenstreich um elf Uhr zurück ins WM-Quartier. Wir sind durch den Hintereingang reingeschlichen und wollten an der Bar vorbei zu den Zimmern. Da war ein Billardtisch. Und da hat uns Franz Beckenbauer erwartet. Er sagte: „Ihr braucht euch nicht zu verstecken! Kommt her, wir trinken noch ein Bier und dann könnt ihr hochgehen." So war der Franz!

RAIMOND AUMANN: Es kam abends auch mal vor, dass wir unterwegs waren und die Uhrzeit vielleicht falsch abgelesen hatten und einen Tick später ins Hotel kamen. Aber ausgebüxt ist keiner. Mussten wir auch nicht. Franz hat viel erlaubt und uns vertraut.

GÜNTER HERMANN: Ich war abends oft mit Olaf Thon, Raimond Aumann, Hansi Pflüger, mit der Bayern-Gang, unterwegs. In einer Taverne im Ort haben wir dann ein Glas Wein oder ein Glas Bier getrunken. Da waren dann auch Fans. Das war ja damals noch ganz anders als heute. Die haben uns angesprochen und wir haben mit denen gequatscht. Handyfotos und so gab es ja noch nicht. Das war angenehm und hat Spaß gemacht.

RAIMOND AUMANN: Günter Hermann war unser Bayern-Anhängsel. Das war super. Ich muss echt sagen, der Günter war Bombe. Der war gehörte zu unserer Bayern-Gruppe mit dazu. Den haben wir in der Freizeit immer mitgenommen. Das war ein supernetter Kerl.

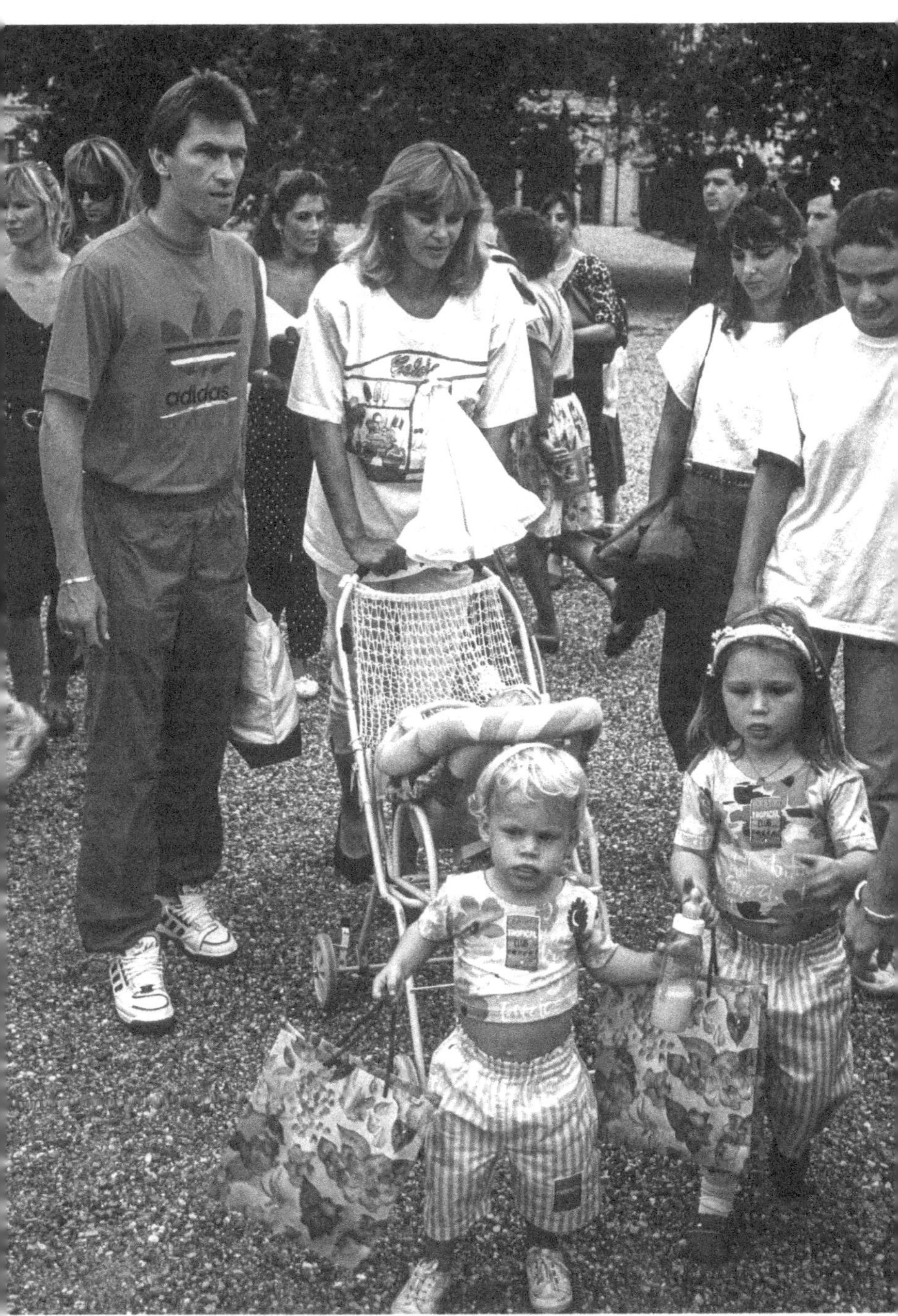
adidas

Dauerbesetzt

Ein paar Spieler hatten Einzelzimmer (wie zum Beispiel Jürgen Klinsmann), andere haben sich für Doppelzimmer entschieden. Wie Uwe Bein und Andreas Möller, die ab 1990 gemeinsam für Eintracht Frankfurt spielten.

UWE BEIN: Andreas Möller war enttäuscht und frustriert, dass er so selten gespielt hat. Das kann man ja nachvollziehen. Er hat mir aber gegönnt, dass ich gespielt habe. Wir hätten natürlich gerne mal zusammengespielt. Das ging leider nicht. Er hat dann viele Gespräche mit seinem Berater geführt und dann hieß es: „Ich fahre nach Hause, ich reise ab." Ich habe das mitbekommen und sagte zu ihm: „Andy, mach keinen Scheiß! Versau dir nicht deine Karriere! Wenn du jetzt hier abreist, dann war's das für dich in Sachen DFB." Er war der Jüngste im Kader und hat das schlussendlich verstanden. Es war die richtige Entscheidung, dass er dageblieben ist. Er hat am Ende alle Titel gewonnen, die man gewinnen kann. Unfassbar seine Karriere!

ANDREAS MÖLLER: Ich wollte abreisen? Da übertreibt der Uwe! (lacht) Das würde ich jetzt dementieren! Das war anders! Der Uwe hat die ganze Zeit das Telefon blockiert. Das war ja noch vor den Handys! Der hat die ganze Zeit mit seiner Frau telefoniert und mich kaum ans Telefon gelassen (lacht). Das ist Fakt! Wir hatten ein Doppelzimmer mit einem Telefon in der Mitte.

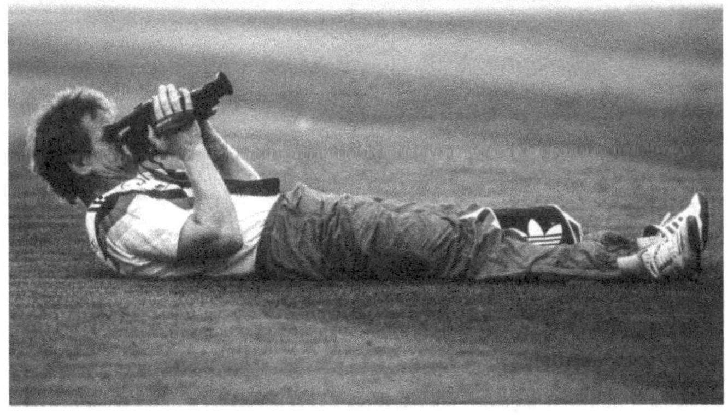

GER

ARG

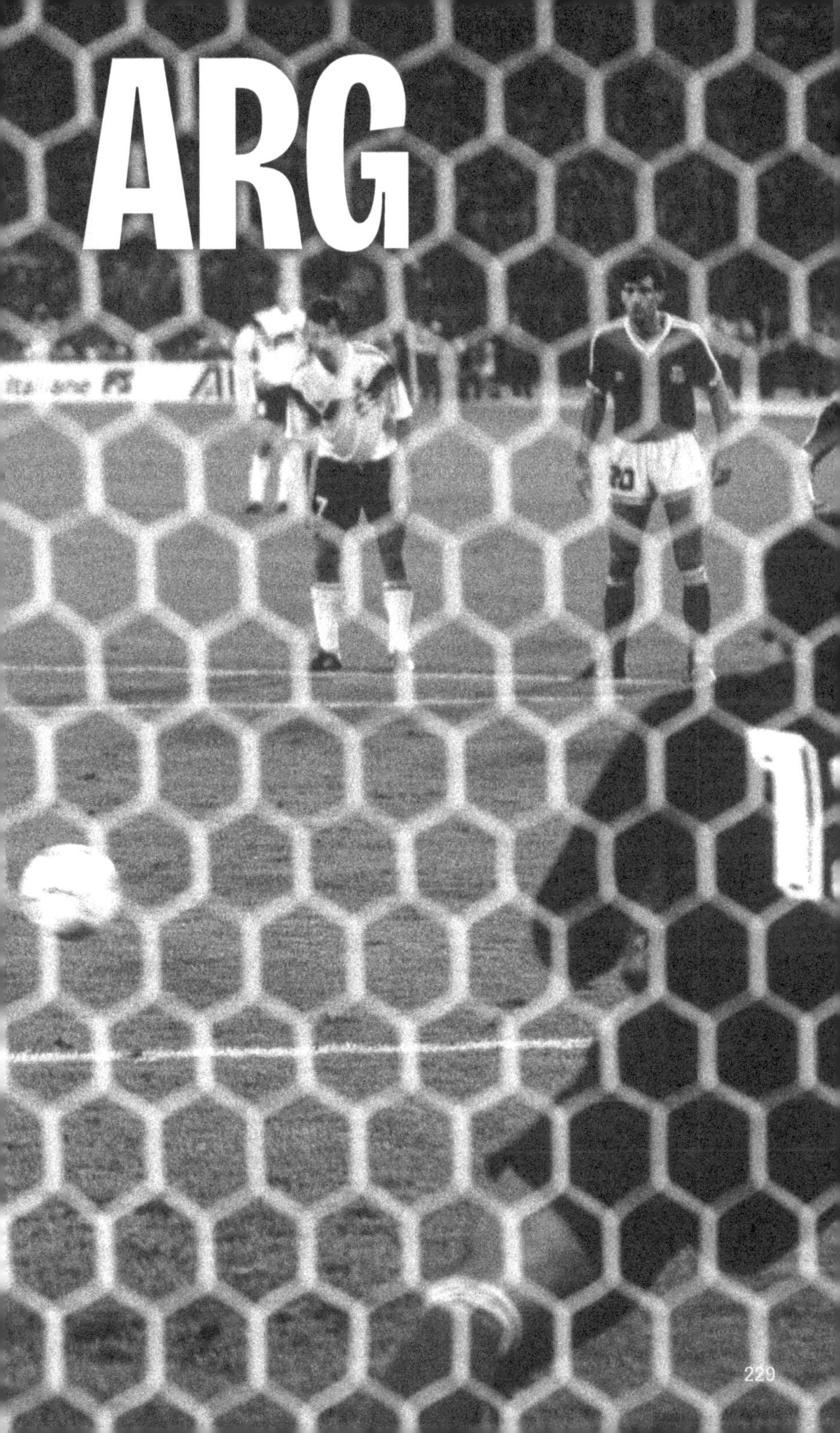

GUIDO BUCHWALD
über sein legendäres Duell
mit Diego Maradona

Bei der Dopingkontrolle habe ich Maradona wiedergetroffen. Auch da habe ich klar gegen ihn gewonnen.

Deutschland - Argentinien

1:0

8. Juli 1990 in Rom, Finale

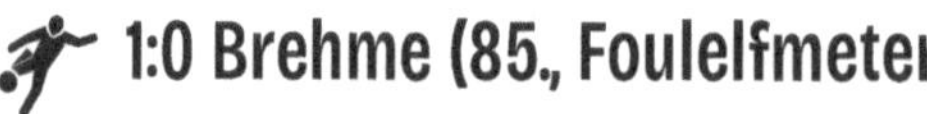

1:0 Brehme (85., Foulelfmeter)

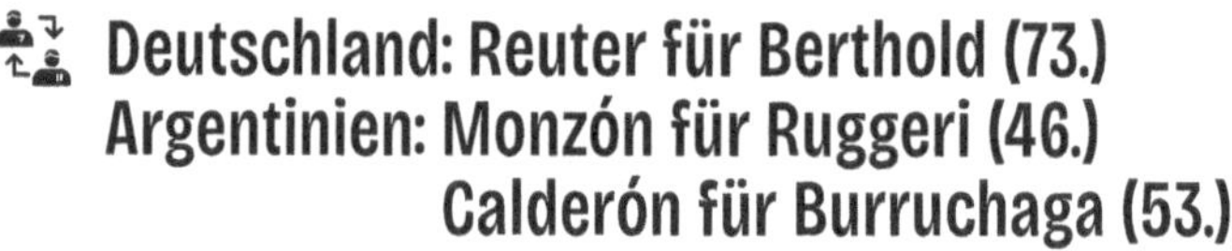

Deutschland: Reuter für Berthold (73.)
Argentinien: Monzón für Ruggeri (46.)
Calderón für Burruchaga (53.)

Völler - Troglio, Maradona (Gelb)
Monzón (65.), Dezotti (87.) (Rot)

Codesal Méndez (Mexiko)

73.603

DEUTSCHLAND

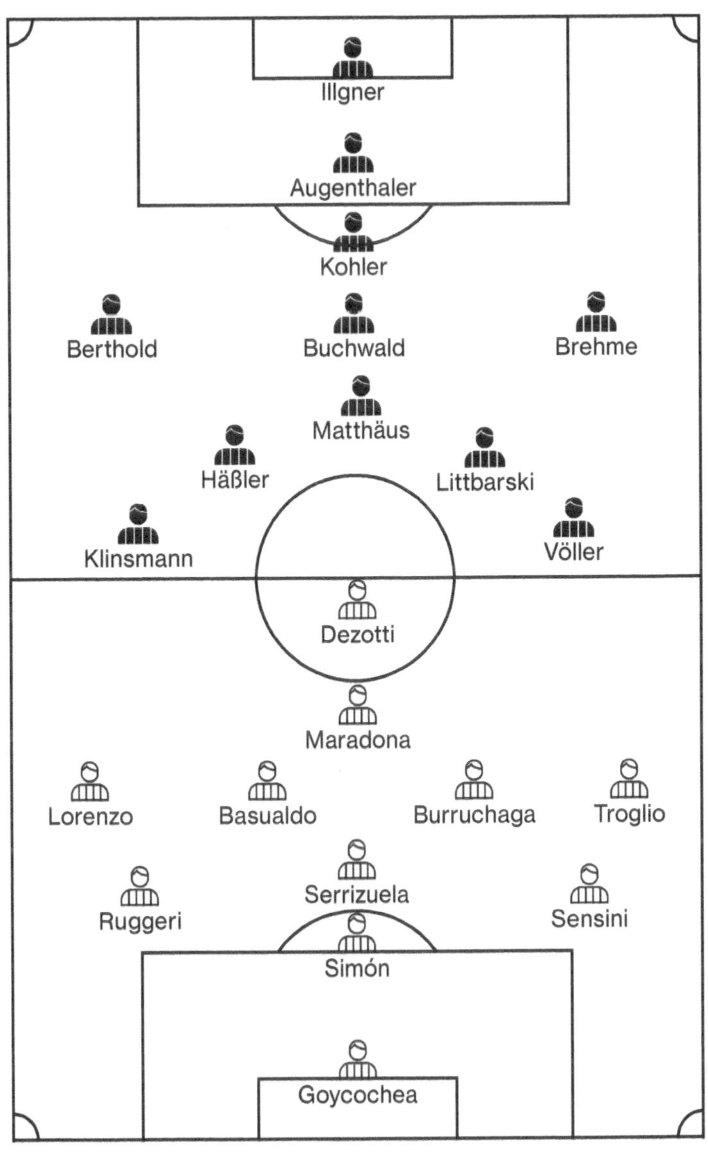

ARGENTINIEN

Das Vorspiel

1982 stand Deutschland im WM-Finale gegen Italien – und verlor 1:3. 1986 stand die Mannschaft wieder im Endspiel, verlor aber mit 2:3 gegen Diego Maradona und Argentinien. Vier Jahre später macht die DFB-Elf das Final-Triple perfekt.

GUIDO BUCHWALD: Ich erinnere mich noch ganz genau: Franz kam vorm Finale runter zum Sportplatz, hat mich zur Seite genommen und gesagt: „Die Nummer 10 ist dein Mann!" Er hat gespürt, dass ich bereit bin, dass ich darauf brenne, gegen Maradona im Finale zu spielen.

FRANZ BECKENBAUER: Guido Buchwald hätte damals auf jeder Position spielen können. Außer vielleicht im Tor. Deshalb sagte ich zu ihm: „Guido, du hast hier bisher sechs Spiele weltklasse gespielt. Du bist so gut drauf, da wird auch das siebte Spiel weltklasse. Du kümmerst dich um Maradona!" Er nickte. Ich wusste, er war bereit!

RUDI VÖLLER: Es lagen nur vier Tage zwischen Halbfinale und Finale. Ich hatte gegen England einen Schlag auf das Wadenbeinköpfchen bekommen und konnte zwei Tage lang nicht oder nur sehr eingeschränkt trainieren. Am Abend beim Abschlusstraining in Rom gab es eine wunderbare Situation. Ich wollte wegen meiner Probleme mit der Prellung noch zusätzlich etwas machen. Da kam Franz und hat gesagt: „Bist du bescheuert? Du musst hier nichts beweisen. Du kannst allein entscheiden, ob du morgen spielst oder nicht!" Das war typisch Franz. Das war ein WM-Finale! Einen größeren Vertrauensbeweis gibt es nicht. Es war eine seiner großen Qualitäten, dass er seinen Spielern Vertrauen entgegengebracht hat. Er wusste, dass ich vernünftig genug bin, mein Schicksal nicht über das der Mannschaft zu stellen.

PAUL STEINER: Vorm Endspiel hat Franz mich gefragt: „Sag mal, Paul, willst du im Finale auf die Bank? Weil ich eigentlich auch einen Mittelfeldspieler draußen gebrauchen könnte." Ich habe geantwortet: „Das ist überhaupt kein Problem, ich verzichte, wenn ich damit helfen kann." Auf meiner Position hätte er innerhalb der Mannschaft wechseln können, da gab es Alternativen. Für mich war das ja auch alles mentaler Stress. Ich habe 350 Bundesligaspiele gemacht und das am Stück. Ich war bis auf wenige Ausnahmen nicht verletzt, ich war zudem nie rotgesperrt. Ich habe im Grunde jedes Spiel gemacht. Bundesliga, DFB-Pokal, Europacup. Dann war ich von der Vorbereitung bis zum Endspiel acht Wochen unterwegs, in der Zeit hast du nur trainiert, warst aber trotzdem immer angespannt, weil du bereit sein musstest, falls etwas passiert. Das Gefühl, eingewechselt zu werden, kannte ich gar nicht aus meiner Karriere. Klar, sicherlich wäre ich gerne dabei gewesen. Aber ob du da als Ersatzspieler auf der Bank sitzt oder nicht im Kader stehst und trotzdem daneben auf der Bank sitzt, das ist nicht so entscheidend. Da habe ich mich selbstverständlich auch in den Dienst der Mannschaft gestellt und Franz bei seiner Nominierung der 16 Spieler fürs Finale geholfen.

Litti und Icke statt Thon und Bein

Franz Beckenbauer bringt im Finale Pierre Littbarski und Thomas Häßler. Olaf Thon, der gegen England überragend gespielt hat, und Uwe Bein sitzen draußen.

FRANZ BECKENBAUER: Die schwerste Entscheidung war: Wem gebe ich das Endspiel? Häßler, Thon, Litti, Bein – alle vier waren im Training gleich gut. Aber es gab ja nur noch zwei Plätze. Also habe ich die vier vor der Sitzung an einen Tisch geholt. Hört mal, zwei von Euch muss ich opfern. Der Litti spielt, er hat über 70-mal für Deutschland auf dem Platz gestanden. Der zweite Mann ist der Thomas. Denn ohne ihn, ohne sein Tor gegen Wales, wären wir alle nicht hier.

OLAF THON: Vor dem letzten Training vorm Endspiel sagte mir Lothar Matthäus: „Hau am besten alle in den Winkel!" Er hat mir gesagt, Franz habe vor, Häßler und Littbarski spielen zu lassen. Das war mir ehrlich gesagt klar gewesen! Ich wollte das in dem Moment zwar nicht hören, aber ich wusste es. Weil sie das ganze Jahr drauf hingearbeitet hatten, immer dabei waren und es einfach auch verdient hatten! Dann muss man das akzeptieren. Im Training konnte ich dann leider nichts zeigen, weil es nur so ein lockerer Aufgalopp war.

WOLFGANG NIERSBACH: Drei Tage vorm Finale – Franz war wieder in Aufstellungsnöten. Er entschied: Der Icke spielt, weil er uns mit seinem Tor in der Qualifikation gegen Wales zur WM geschossen hat. Und Litti kam rein und der Olaf Thon saß wieder draußen, obwohl er gegen England sehr gut gespielt hat. Ich habe Franz diese Story mit dem Litti erst später erzählt. Da sagte er: „Wenn ich das gewusst hätte, hätte ich wahrscheinlich anders aufgestellt." Der Litti weiß das auch alles, und er weiß, dass er mir da ein bisschen was zu verdanken hat. Das war ja von mir aus nicht gegen den Olaf Thon gerichtet, den ich genauso gerne mag. Litti hat dann halt im WM-Finale gespielt.

OLAF THON: Ich hatte mir gute Chancen ausgerechnet, auch im Endspiel wieder in der Startelf zu stehen. Aber die Konkurrenz in unserem Kader war groß, gerade im offensiven Mittelfeld. Pierre Littbarski und Uwe Bein, die gegen England angeschlagen gefehlt hatten, waren wieder fit. Hinzu kamen Thomas Häßler, Andreas Möller und ich. Franz Beckenbauer hat uns nach dem Abschlusstraining zu sich gerufen und gesagt, dass nur zwei von uns spielen könnten. Das waren Thomas Häßler, der uns mit seinem Tor gegen Wales zur WM geschossen hatte, und Pierre Littbarski, der die meisten Länderspiele hatte. Für mich war's das. Ich war sauer, bin aufgestanden und gegangen. Für diese Aktion hätte ich sogar aus dem Kader fliegen können, aber Franz war nicht enttäuscht oder nachtragend.

THOMAS HÄSSLER: Dass Franz gesagt hat: „Ohne dich wären wir gar nicht hier! Daher darfst du spielen!" – das hat mich stolz gemacht. Dass so einer wie Franz so etwas denkt und sagt. Er hätte ohne Weiteres auch die anderen spielen lassen können. Man ist acht Wochen zusammen, jeder will jede Minute spielen. Da bist du so lange dabei, natürlich bist du im ersten Moment enttäuscht wie der Olaf Thon, als er erfahren hat, dass er nach seinem starken Halbfinale gegen England nicht im Finale ran durfte. Das kann ich nachvollziehen. Das kann ich schon verstehen, dass das nicht so einfach ist.

ANDREAS BREHME: Im Halbfinale hat Franz Olaf Thon in die Elf genommen, der vorher nur zwei Minuten gespielt hatte. Und dann liefert der Olaf ein Weltklassespiel ab und macht im Elfmeterschießen auch noch seinen Elfmeter rein. Alle dachten, der spielt jetzt auch im Finale. Und dann hat Pierre Littbarski gespielt. So war er eben, der Franz. Bei ihm konnte man sich nie hundertprozentig sicher sein, was er ausheckt.

PIERRE LITTBARSKI: Ich glaube, dass es eine Mischung aus Taktik und Franz' Bauchgefühl war, dass ich im Finale spielen durfte. Thomas Häßler und ich kamen mehr über die Flügel als Olaf Thon und Uwe Bein, und wir wollten die Argentinier über die Flügel knacken.

UWE BEIN: Ich habe Olaf Thon vor Kurzem zweimal getroffen. Er hätte es nach seinem tollen Halbfinale genauso verdient gehabt, im Finale zu spielen. Wir hätten alle spielen müssen. Litti hatte absolut verdient, im Finale zu spielen, weil er von uns allen der Erfahrenste im Mittelfeld war.

PIERRE LITTBARSKI: Nachdem wir gegen die Engländer gewonnen hatten, tat mir das Knie weiter weh. Ich habe aber nicht gedacht, dass das ein Kreuzbandriss sein könnte. Ich hatte eine gute Oberschenkelmuskulatur und habe das alles kompensiert. Ich konnte aber nicht mit der rechten Innenseite schießen. Beim

Schusstraining habe ich dann immer auf ganz cool gemacht und mit dem linken Außenrist geschossen. Irgendwie hat der Franz das nicht gemerkt und die Trainingseinheiten waren auch nicht mehr ganz so anstrengend und so habe ich mich ins Finale gemogelt.

OLAF THON: Natürlich war ich traurig, dass ich im Endspiel nicht spielen durfte. Aber in das England-Spiel habe ich alles reingelegt, was in mir steckte. Und ich glaube, ich hätte das im Endspiel auch gar nicht mehr geschafft. Und wie der Kaiser ist, hat er nach dem Halbfinale gesagt, es war das beste Spiel von mir in der Nationalelf – und das könnte auch stimmen. Wenn er das gesagt hat, dann wird das auch stimmen (lacht).

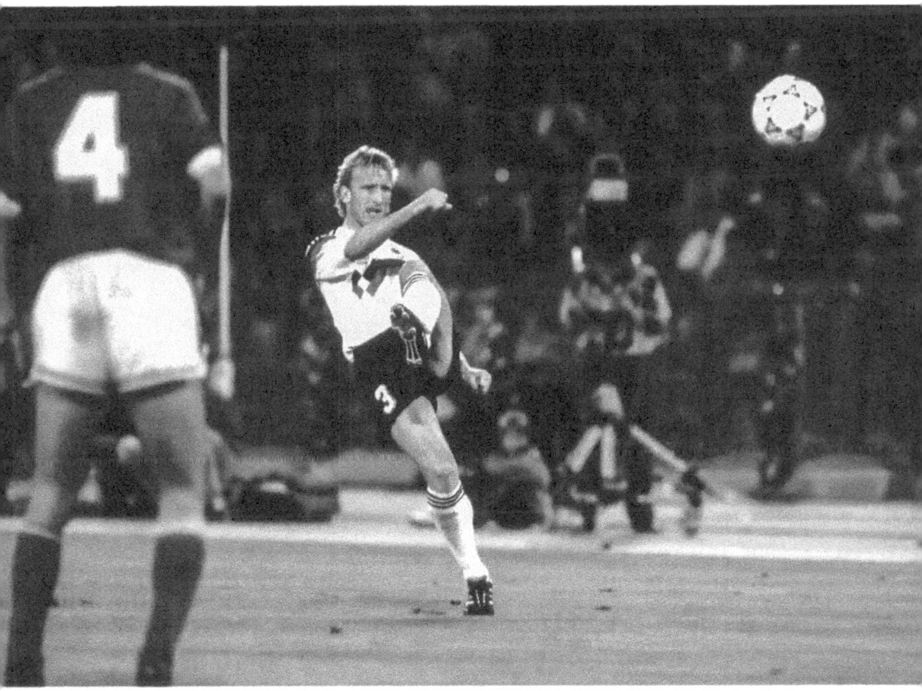

Diego Buchwald

Vor der WM bekommt Guido Buchwald einen Spitznamen verpasst, an den sich die Fans noch heute erinnern.

GUIDO BUCHWALD: Den Spitznamen „Diego“ habe ich vor der WM von Klaus Augenthaler verliehen bekommen. Da hat er den Ball beim Fünf-gegen-zwei nicht bekommen und hat zu mir gesagt: „Du spielst ja wie der Diego.“ Das war das erste Mal, dass ich den Spitznamen gehört habe. Es ist witzig, zu sehen, wie sowas entsteht. Einer fängt damit an und dann übernehmen das die anderen. Wenn man das dann auch noch mit guten Leistungen bestätigt, dann bekommt man so einen Spitznamen. Das haben dann auch ein paar Journalisten aufgeschnappt und den Namen nach dem Holland-Spiel verwendet. So hat sich das dann weiterentwickelt. Und es kam, wie es kommen musste, und wir trafen im Endspiel auf Argentinien. Diego gegen Diego! So hat sich während des Turniers die Sache mit meinem Spitznamen entwickelt. Und heute, über 30 Jahre später, werde ich immer noch Diego genannt. Vor allem außerhalb von Stuttgart, wenn mich da Leute erkennen, denen aber nicht gleich mein richtiger Name einfällt, die sagen, das ist der „Diego“. Der Spitzname ist verbunden mit dem Endspiel und dem Titel. Anfangs war es mir ein bisschen unangenehm, Diego genannt zu werden, weil Maradona ein Fußballkünstler war, der Dinge gemacht hat, die andere nicht konnten. Und ich war bloß der Arbeiter, wurde aber plötzlich mit diesem unglaublichen Fußballer gleichgesetzt. Ich denke, es ist ein Stück weit eine Auszeichnung, wenn man mich so nennt.

PIERRE LITTBARSKI: Das mit Guido Buchwald war ja eine besondere Geschichte. Der hatte eine Leidenszeit hinter sich. 1986 hatten wir die Situation, dass wir mit 26 Spielern ins WM-Trainingslager gefahren sind und vier dann vor dem Turnier aussortiert wurden – unter anderem Frank Mill und auch Guido. Das war für ihn damals enttäuschend. Und dann, vier Jahre später, spielt er im Finale gegen Maradona. Guido wurde immer ein bisschen verkannt. Aber ich kannte ihn aus dem Training, wo er ganz andere Sachen machte als im Spiel. Der konnte schon zaubern – es sah bloß mit seinen langen Beinen anders aus als bei Maradona (lacht). Guido hat im ganzen Turnier und speziell in diesem Spiel bewiesen, dass er sich voll in den Dienst der Mannschaft stellt.

STEFAN REUTER: Guido Buchwald hat im Finale ein Wahnsinnsspiel gegen Maradona gemacht, ihn super in Schach gehalten und zu Recht den Spitznamen „Diego“ bekommen. Er war mit seinen langen Gräten ein sehr unangenehmer Gegenspieler – für jeden.

GUIDO BUCHWALD: Ich habe mir vorher ständig Gedanken gemacht, wie ich Maradona ausschalten kann. Für mich war klar, dass ich ihn nur wenig ins Spiel kommen lassen durfte, dass ich ihn immer dorthin abdrängen muss, wo ich ihn haben will – an der Außenlinie, sodass er nur eine Seite hat, um vorbeizugehen. Ich habe in der Nacht vorher einige Male durchgespielt, wie ich ihn knacke. Ich wusste, wenn er mit Tempo kommt, ist er nicht zu halten. Dann macht er intuitiv sensationelle Sachen. Ich habe es geschafft, dass er den Ball meist mit dem Rücken zu mir annehmen musste und verhindert, dass er in die Mitte ziehen konnte.

Der Countdown bis zum Anpfiff

Was in den Stunden vorm Finale passiert ist.

FRANZ BECKENBAUER: Dass wir den Titel holen, war mir schon am Abend vor dem Finale von Rom klar. Und zwar um 18:43 Uhr! Als wir zum Abschlusstraining ins Olympiastadion gekommen sind, waren die Argentinier noch da. Ich bin hin zu meinem Trainerkollegen Bilardo und sagte forsch: „Wir sind dran!" Und die trollten sich ohne Widerrede vom Rasen. Da wusste ich: Die haben Angst und die Hosen voll! Wir gewinnen!

PIERRE LITTBARSKI: 1982 konnte ich nicht pennen, 1986 konnte ich auch nicht richtig schlafen vor dem Finale. Aber 1990 schlief ich tatsächlich sehr gut.

WOLFGANG NIERSBACH: Ich war am Morgen des Finales beim Franz auf dem Zimmer. Da ruft der Bernard Tapie, der Präsident von Olympique Marseille, und macht ihm das Angebot. Franz wollte ja gar nicht als Trainer weitermachen. Tapie hatte gerade Adidas gekauft. Dazu sagte der Franz: „Congratulations!" Und da begann im Grunde die Geschichte mit Marseille, wo er für ein Jahr doch noch mal Trainer war. Das alles fing an am Morgen des Finales!

HOLGER OSIECK: Franz und ich hatten auch privat ein sehr gutes Verhältnis. Wir haben uns sehr gut verstanden. Ich habe mich riesig gefreut, als er mich gefragt hat: „Kommst mit nach Marseille?!" Ich sagte, dass ich das gerne machen würde.

LOTHAR MATTHÄUS: Wir standen das dritte Mal in Folge im Endspiel. Wieder gegen Argentinien, die vier Jahre zuvor in Mexiko gegen uns Weltmeister geworden waren. Mit einem überragenden Maradona. Wir wussten natürlich, wie besonders dieses Spiel ist. Nicht nur für uns Spieler, sondern auch für die deutschen Fans. Es war allerdings nicht mehr der Maradona von 1986. Er war nicht mehr so schnell wie vorher, das muss man deutlich sagen. Und wir waren selbstbewusster und hatten eine bessere Mannschaft als 1986.

PIERRE LITTBARSKI: Meine große Sorge war, dass wir im Finale gegen Italien ranmüssen. Daher habe ich mich sehr gefreut, dass sich die Argentinier durchgemogelt haben. Ich glaube, gegen Italien wären unsere Chancen im Endspiel fifty-fifty gewesen.

KLAUS AUGENTHALER: Ich weiß nicht, wie unsere Chancen gestanden hätten, wären wir im Finale auf Gastgeber Italien getroffen. Ich glaube nicht, dass wir dann Weltmeister geworden wären.

FRANZ BECKENBAUER: Wir haben gewusst, dass wir die bessere Mannschaft sind. Außerdem waren die Argentinier gehandicapt durch vier gesperrte Spieler. Das mussten wir natürlich ausnutzen! Wir sind konditionell so gut drauf gewesen, dass wir von Anfang an Druck gemacht und den Druck über die vollen 90 Minuten aufrechterhalten haben. Ich glaube, es gab keine Mannschaft bei diesem Turnier, die uns das Wasser reichen konnte.

Es geht los

Am 8. Juli 1990 pünktlich um 20 Uhr wird das WM-Finale angepfiffen.

FRANZ BECKENBAUER: „Geht's raus, spielt's Fußball!" Das waren tatsächlich meine letzten Worte, bevor ich die Mannschaft im Finale aus der Kabine geschickt habe. Das waren immer meine letzten Worte am Ende meiner üblichen Ansprache, bevor die Mannschaft raus ist auf den Rasen. Ich habe dann immer noch die Schwerpunkte genannt, unsere Stärken, wichtige Duelle. Das waren immer nur ein paar Minuten. Und zum Schluss sagte ich dann immer: „So, und jetzt geht's raus und spielt's Fußball!"

JÜRGEN KLINSMANN: Ich war vorm Finale sehr nervös, sehr angespannt. Denn ich wusste nicht, wohin mit all den Gedanken in meinem Kopf, um entspannt genug für die größte Bühne meines Lebens zu sein. Vor dem Endspiel habe ich einfach in der Kabine auf Franz Beckenbauer gestarrt und mir gesagt: „Der Franz hat das alles schon erlebt und ist so souverän. Alles wird gut und wir gewinnen das Ding!" Seine Gelassenheit und Ausstrahlung haben uns unendlich viel Selbstvertrauen gegeben.

LOTHAR MATTHÄUS: Bevor wir aus der Kabine raus sind, haben wir die wildesten Schreie ausgestoßen: „Auf geht's!" „Denen werden wir's zeigen!" „Die machen wir nieder!" „Wir müssen zusammenhalten!" Das hat uns noch mal zusammengeschweißt!

KLAUS AUGENTHALER: Ich kann mich noch gut erinnern, wie wir eingelaufen sind und ich den WM-Pokal mitten auf dem Spielfeld stehen sah und mir dachte: Ich habe mich gequält, Achillessehnenprobleme, Leistenprobleme, jetzt bin ich so weit gekommen – also ich gehe hier nicht ohne diesen Pokal vom Spielfeld! Das Finale war mehr oder weniger ein Heimspiel für uns. Ich habe das noch gut in Erinnerung, wie wir eingelaufen sind, die Stimmung der Fans war nach dem Mauerfall eine ganz besondere.

LOTHAR MATTHÄUS: Wir haben im 3-5-2-System gespielt. Mit Augenthaler – Kohler – Buchwald als Dreierkette. Wenn der Gegner nur mit einer Sturmspitze gespielt hat, ist der Buchwald ein bisschen ins Mittelfeld hinter mich gekommen. So hat er auch im Endspiel gegen Maradona gespielt. Ich war der Sechser im zentralen Bereich. Außen waren Brehme und Berthold.

Ich auf ähnlicher Linie mit den beiden. Davor waren auf den Halbpositionen Häßler und Littbarski. Und vorne waren die zwei Stürmer Völler und Klinsmann. Das war die Grundformation. Wenn Völler verletzt oder gesperrt war, hat Riedle gespielt. Wenn im Mittelfeld was getauscht worden ist, hat Olaf Thon oder Uwe Bein gespielt. Das waren eigentlich alles Zehner, die da gespielt haben. Ich würde sagen, ich war zwischen der Sechs und der Acht. Wenn ich nach vorne gegangen bin, wusste ich, dass Littbarski oder Häßler sich etwas tiefer fallen lassen. Das hat hervorragend funktioniert.

GUIDO BUCHWALD: Die ersten Zweikämpfe zu gewinnen, ist das Wichtigste. Und mit der Zeit hat man gemerkt, dass Maradona immer frustrierter wurde. Er ließ die Schultern hängen, schüttelte ständig den Kopf und fing an zu fluchen. Auf das Spielfeld, den Schiedsrichter, seine Mitspieler. Ich erinnere mich, dass er sich nach einem Zweikampf umdrehte und mich auf Englisch anzischte: „Du schon wieder!“

THOMAS BERTHOLD: Ich kannte Maradona aus meinen Spielen mit Rom gegen Neapel. Diego war ein einmaliger Spieler, unvergleichbar. So einen wird es nicht mehr geben. Du musstest versuchen, ihn so zuzustellen, dass er gar nicht angespielt werden konnte. Er konnte den Ball unheimlich gut an- und mitnehmen – alles in einer Bewegung. Weil er so klein war, war er viel beweglicher als größere Spieler, gerade auf den ersten Metern. In dem Finale kam er aber eigentlich gar nicht zur Geltung.

JÜRGEN KLINSMANN: Wir dachten nicht, dass es so brutal wird. Es gab Tritte, Tritte, Tritte. Ein hässliches Spiel. Eines WM-Finales unwürdig. Ich habe mir die Szene mit der Roten Karte nach einem Foul gegen mich mehrere Male gesehen. Manche sagen, ich hätte nicht so abheben müssen. Aber darüber hatte ich keine Kontrolle. Der Kerl hat mir das Schienbein aufgeschlitzt. Ich hatte eine 15 Zentimeter lange Wunde am Schienbein.

Das Litti-Geständnis

Pierre Littbarski spielt trotz einer Kreuzband-verletzung im Knie im Endspiel. Er war nicht der einzige Verletzte in der Startelf...

PIERRE LITTBARSKI: Im Finale spürte ich meine Knieschmerzen nicht wegen des Adrenalins. Ich bin ja klein und kompakt, da kann man das besser kompensieren, als wenn man so ein Langer ist. Beim Schießen zog das. Ich bin über die Jahre aber extrem schmerzunempfindlich geworden und habe im Finale ganz passabel gespielt, da merkte ich auch nichts von dem Knie. Aber sofort danach kam der Schmerz. Ich stand für das Siegerfoto neben Olaf Thon und sagte zu ihm: „Olaf, mein Knie kannst du vergessen." Ich konnte mich nicht hinhocken, ich habe das eine Bein da hochgehalten. Im Urlaub danach wurde es auch immer dick. Ich habe es in der Bundesliga noch versucht. Dann bin ich nach dem dritten Spieltag noch mal in ein Loch getreten und dann wars vorbei. Das war an einem Freitagabend. Ich musste operiert werden. Ich weiß bis heute nicht, ob ich mit einem gerissenen oder angerissenen Kreuzband im WM-Finale gespielt habe.

THOMAS BERTHOLD: Was kaum einer weiß: Ich hatte zwei eingeklemmte Ischiasnerven und bin verletzt ins Finale gegangen. Die waren auf beiden Seiten ziemlich lädiert, sodass es nur mit Schmerzmitteln ging. Ich muss ganz ehrlich sagen: Wenn es losgeht, man sich fürs Spiel warm macht und dann das Adrenalin einsetzt, dann merkt man die Schmerzen nicht so. Wenn aber mit der Zeit im Spiel die Müdigkeit eintritt, dann melden sich die Wehwehchen und die spürt man dann auch. Gerade durch die Drehungen schränken einen die beiden eingeklemmten Nerven im Rücken sehr in der Bewegung ein. Das macht man nur in einem Finale! In einem normalen Spiel hätte ich nicht gespielt. Nur bei so einem großen Spiel macht man eine Ausnahme, sonst ist es Quatsch mit solchen Einschränkungen zu spielen. Aufgetreten ist die Verletzung durch die Turnierbelastung. Aber es gab keinen speziellen Moment, in dem es passiert ist.

STEFAN REUTER: Ich hatte während des Turniers Probleme mit meiner Achillessehne. Immer wieder hat Dr. Müller-Wohlfahrt mir Spritzen ins Gleitgewebe gegeben, um alles geschmeidiger zu machen. Deshalb habe ich ihm zu verdanken, dass ich sechs Einsätze bei der WM hatte und auch im Endspiel zum Einsatz gekommen bin. Es war für mich das Größte, bei der Weltmeisterschaft dabei zu sein. Ich war mit Bodo Illgner und Andy Möller einer der jüngsten Spieler im Kader.

Deutschland überlegen

Die Torschuss-Statistik im Endspiel ist atemberaubend. 23:1 Schüsse zugunsten der DFB-Elf. Argentinien schießt nur einmal aufs Tor: Ein Freistoß von Diego Maradona kurz vor der Pause, der übers Tor geht.

LOTHAR MATTHÄUS: Wir waren etwas vorsichtiger gegen die Argentinier. Und wir haben vielleicht auch nicht mehr so befreit gespielt wie am Anfang. Wir wussten, die Argentinier sind gefährlich, zwar nicht mehr so wie 1986, aber es war eine gefährliche Mannschaft. Nach vorne waren wir immer gut aufgestellt.

GUIDO BUCHWALD: Die Holländer fand ich stärker als die Argentinier, bei denen man eigentlich nur auf zwei Spieler aufpassen musste: Caniggia, der im Finale gesperrt war, und Diego. Und folglich waren wir im Endspiel so dominant, dass der Sieger eigentlich nur Deutschland heißen konnte. Das war fast ein Spiel auf ein Tor, da hätten wir eigentlich schon vorher die Tore machen müssen.

THOMAS BERTHOLD: Ich hatte im Finale das 1:0 auf dem Kopf. Dann wäre ich heute vielleicht der Andi Brehme (lacht)! Ich bin eine oder sogar nur eine halbe Sekunde zu spät abgesprungen, als die Flanke vom Andi reinkam. Das ist immer so eine Sache mit dem Timing. Wenn man den optimal trifft, ist der drin. So ist der Ball leider über die Latte gegangen.

KLAUS AUGENTHALER: Ich habe die Szene noch genau vor Augen: Ich war bei einer Ecke vorne, bekam plötzlich den Ball und war vorbei an Torwart Goycochea – bevor der mich im Strafraum foulte! Klarer Elfmeter! Allerdings kein Pfiff! Vielleicht hätte ich das Tor gemacht, dann wäre ich der Matchwinner gewesen. Ich glaube, dass wir später nicht den Elfmeter nach dem Foul an Rudi Völler bekommen hätten, wenn der Schiedsrichter diesen bei dem Foul an mir gegeben hätte. Ausgleichende Gerechtigkeit also! Die beiden Szenen sind miteinander verknüpft. Vielleicht ganz gut so, dass das Tor da noch nicht gefallen war. Es wären noch 60 Minuten zu spielen gewesen, vielleicht wären die Argentinier da noch mal aktiver geworden. Aggressiv waren sie ohnehin schon, was man an den zwei Roten Karten sehen konnte. So sind die südamerikanischen Mannschaften ja öfter. Wenn sie auf der Verliererstraße sind, dann gehen ihnen gern die Nerven durch. Zum Beispiel bei der zweiten Roten Karte für Dezotti, der hat Jürgen Kohler in den Arm genommen und ihm dabei den Hals zugedrückt (lacht).

PIERRE LITTBARSKI: Wir haben gesagt: Die anderen können den Ball bekommen, aber Maradona muss immer vom Sechzehner ferngehalten werden. Sie hatten eigentlich auch nur eine Chance, eine Standardsituation kurz vor der Halbzeit: Ein Freistoß aus 18 Metern Entfernung, halbrechte Position. Das war die ideale Position für Maradona – aber ansonsten hatten wir immer alles im Griff.

JÜRGEN KOHLER: Was das Erstaunliche war: Argentinien hat in diesem Spiel nur ein einziges Mal aufs Tor geschossen. Ein Freistoß von Maradona aus 18 Metern. Der Schuss ging drüber. Die Argentinier, das muss man fairerweise sagen, hatten den Nachteil, dass ihr Stürmerstar Claudio Caniggia nicht spielen konnte, weil der gesperrt war. Der war neben Maradona der wichtigste Mann in der Truppe.

BODO ILLGNER: Als Diego Maradona im Endspiel zum Freistoß angetreten ist und wir die Mauer aufgestellt haben, da wusste man natürlich, jetzt wird's ernst. Sein Schuss ging aber drüber. Die gefährlichste Aktion im Finale war daher eine Kopfballrückgabe von Andi Brehme auf mein Tor (lacht).

WOLFGANG NIERSBACH: Als Presschef war ich immer in der Kabine dabei, saß bei jedem Essen am Tisch der Trainer und war deshalb stets informiert. Die Argentinier waren ersatzgeschwächt. Aber es gab trotzdem noch die Befürchtung, dass der Maradona mit einer Einzelaktion etwas Entscheidendes macht. Der Franz hat in der Halbzeit gesagt: „Habt Geduld! Lasst euch nicht locken!" Wir waren überlegen. Und es hätte nach dem glasklaren Foul an Augenthaler schon Elfmeter geben müssen.

LOTHAR MATTHÄUS: In Rom waren die italienischen Fans auf unserer Seite. Weil Italien gegen Maradona und Argentinien verloren hatte. Wir wussten auch, dass wir gegen eine Mannschaft spielen, die in der Defensive alles verhindern will und vorne auf Maradona hofft. Wir wussten, dass wir auch ein bisschen Glück brauchen, um ein Tor zu machen.

THOMAS BERTHOLD: Wir hatten viel Ballbesitz. Wer den Ball kontrolliert, kontrolliert das Spiel, so ist das heute immer noch. Mir war von Anfang an klar, dass es in diesem Spiel nur einen Sieger geben kann. Wir waren in dieser Konstellation zu stark für die Argentinier.

ANDREAS BREHME: Wahnsinn, wie viele Torchancen wir in diesem Spiel hatten. Nach 20 Minuten hätte es schon 4:0 stehen müssen, Klaus Augenthaler hätte schon früh einen Elfmeter bekommen müssen. Aber irgendwie nahm die Angst zu, obwohl die Argentinier schwach waren, keine Torchance hatten, nicht mal einen Eckball. Nichts gegen Bodo Illgner, aber in dem Spiel hätten wir auch ohne Torwart spielen können.

OLAF THON: Gefühlt haben wir 90 Minuten auf ein Tor gespielt. Ich kann mich an keine nennenswerte Chance der Argentinier erinnern. Maradona wurde von unserem „Diego" abgemeldet, von Guido Buchwald.

Das Elfmeter-foul

Pass in die Tiefe von Lothar Matthäus auf Rudi Völler, der im Zweikampf mit Gegenspieler Roberto Sensini, der grätscht, zu Boden geht. Lauter Pfiff vom mexikanischen Schiri Codesal Méndez: Elfmeter!

LOTHAR MATTHÄUS: Zwei, drei Tage vor dem Finale hatte ich im Training die Idee, einen Laufweg einzustudieren. Rudi geht von halblinks oder halbrechts in die Tiefe, dann spiele ich den Ball. Genau diese Situation hat zu dem Elfmeter geführt. Es war ein Foul. Aber es war kein Foul, bei dem ich sage, das war ein hundertprozentiger Elfmeter.

RUDI VÖLLER: Den Spielzug vor dem Elfer hatten wir im Training extra einstudiert. Lothar passt in die Tiefe, ich starte durch – nur dass mich ein Argentinier gestoppt hat.

OLAF THON: Der Pass von Lothar Matthäus auf Rudi Völler war super gespielt. Und Völler brachte seinen Körper rein und wurde leicht touchiert. Man kann ihn geben, muss es aber nicht. Aber den an Klaus Augenthaler hätte man geben müssen.

RUDI VÖLLER: Natürlich kann man über den Elfmeterpfiff, nachdem mich Roberto Sensini zu Boden gebracht hat, diskutieren. Man hätte diesen Strafstoß nicht pfeifen müssen, das gebe ich zu. Aber es gab vorher eine Situation gegen Klaus Augenthaler. Ein ganz klarer Elfmeter, den der Schiedsrichter nicht gepfiffen hat. So war es eine Konzessionsentscheidung. Die Gesamtsumme aller Fouls gegen uns bis zu jener 85. Minute hat den Elfmeterpfiff gerechtfertigt. Bei einer vergleichbaren Situation in der ersten Halbzeit hätten wir wahrscheinlich keinen Elfmeter bekommen. Irgendwann hatte der Schiri wohl genug und hat auf den Punkt gezeigt.

OLAF THON: Ich bin natürlich froh, dass es für uns Strafstoß gab nach diesem brutalen Foul (lacht) und dieser zum 1:0 geführt hat.

FRANK MILL: Der Elfer, der dann gegeben worden ist, war eine Konzessionsentscheidung, nachdem vorher ein ganz klarer Elfer nicht gegeben worden war. Das war kein richtiger Elfmeter, wenn man sich das heute noch mal anschaut. Das war eine Lachnummer! Der Argentinier hat den Oberschenkel ein bisschen rausgefahren, das hat der Rudi clever genutzt. Heutzutage würdest du damit beim Video-Schiri niemals durchkommen (lacht). Egal, der Sieg war verdient!

ANDREAS BREHME: Ich stand etwa 40 Meter von Rudi entfernt, als der Schiedsrichter Foul pfiff. Er zeigte auf den Punkt und verursachte damit ein richtiges Chaos. Man konnte den Elfmeter geben, weil der Abwehrspieler blöd hingeht. Als wir uns die Aktion mit Rudi hinterher in der Kabine nochmal angesehen hatten, war das Gelächter groß, und wir haben ihn hochgenommen: „Ey, Rudi, bist du da zusammengebrochen?“ (lacht).

FRANZ BECKENBAUER: Beim Elfmeter hat der Rudi ein bisschen mitgeholfen. Wenn wir gegen diese Mannschaft in die Verlängerung hätten gehen müssen, eine größere Ungerechtigkeit hätte im Fußball nicht passieren können. Wir haben von der ersten bis zur letzten Minute auf ein Tor gespielt. Die Argentinier sind kaum in die Nähe unseres Tores gekommen. Also einen verdienteren WM-Sieg habe ich noch nie gesehen!

Der kaputte Schuh

Die ganze Welt rechnet damit, dass Lothar Matthäus zum Elfer antritt – wie zuvor schon im Viertelfinale gegen die Tschechoslowakei und im Elfmeterschießen gegen England. Doch der DFB-Kapitän hat ein Problem.

LOTHAR MATTHÄUS: Ich hätte den Elfmeter gerne geschossen, so wie im Viertelfinale und im Halbfinale. Aber mit den neuen Schuhen, die ich in der Halbzeit angezogen hatte, fühlte ich mich nicht sicher. Für mich war es eine der besten und cleversten Entscheidungen, dass ich die Verantwortung an Andi Brehme weitergegeben habe. Ich habe mich nicht gedrückt!

FRANZ BECKENBAUER: Da kam der Lothar Matthäus plötzlich zur Mittellinie gerannt. Er winkte, ich dachte: Was ist denn jetzt los? Er zeigte kurz auf die Schuh. Er hatte in der Halbzeit neue Schuhe angezogen. Mit neuen Schuhen schießt kein Mensch einen Elfer. In so einem Spiel schon gar nicht! Den Andi konntest du mitten in der Nacht aufwecken: Der steht auf, schießt und trifft!

LOTHAR MATTHÄUS: In der 35. Minute habe ich festgestellt, dass die Sohle meines Schuhs gebrochen war, sodass der Stollen vom Fuß unten weg hing. Wie ein Milchzahn, der noch irgendwo an den letzten Fasern hängt. Deswegen musste ich in der Halbzeit wechseln. Aber nicht nur den Schuh, sondern sogar das Modell. Wir hatten damals nie ein zweites Paar Schuhe dabei, so professionell waren wir noch (lacht). Ich musste vom Copa Mundial zum 90er-Schuh von DFB-Ausrüster Adidas wechseln. Dieses Modell kannte ich nicht, darin fühlte ich mich nicht hundertprozentig sicher, um die Verantwortung für diesen Schuss zu übernehmen. Deswegen habe nicht ich den Elfmeter geschossen, sondern Andi Brehme. Mir wurde das leider als Schwäche ausgelegt. Ich glaube aber, das hat Stärke gezeigt. Man hätte es mir eher vorwerfen können, wenn ich egoistisch gewesen und zu diesem Elfer angetreten wäre.
Kurz vor der EM 1988 hatte Michel Platini sein Abschiedsspiel in Frankreich. Da haben Diego Maradona und ich in einer internationalen Auswahlmannschaft gespielt gegen die französische Nationalmannschaft. Und Diego Maradona hatte seine Schuhe vergessen! Beim Mittagessen hat er gefragt: „Wer hat noch ein paar Schuhe dabei?" „Ja, ich habe noch ein zweites Paar dabei." Ich hatte einen Ausrüstervertrag mit Puma, nur in der Nationalmannschaft habe ich immer in Adidas spielen müssen. Und weil ich schon auf der Anreise zum EM-Trainingslager war, hatte ich auch die Adidas-Schuhe dabei. Also sage ich zu ihm: „Hier hast du die Schuhe!" Am Abend nach dem Spiel gibt er mir die Schuhe zurück. Und ich sehe auf einmal eine ganz

andere Schnürung. Er hat den Schuh leichter geschnürt. Wir in Deutschland schnüren kreuzweise übereinander. Er ist erst nach oben gegangen mit den Schnürsenkeln und hat dann erst übereinander geschnürt. Da dachte ich mir: Wenn Maradona damit spielen kann, dann lass ich die Schnürung! Dann kann ich das auch! Ich habe dann 1988 bis 1990 mit dieser Schnürung gespielt.
Weil ich diese Stollenschuhe nur bei der Nationalelf angehabt habe und sonst nie, in keinem Training, keinem Bundesligaspiel, keinem Europapokalspiel, haben die auch länger gehalten. Vor der WM war der Schuh schon ein bisschen lädiert. Ich habe öfter auch mit Löchern in den Schuhen gespielt, so etwas kann man sich heute gar nicht mehr vorstellen. Ein Fußballschuh muss gut sitzen, wie eine zweite Haut. Wenn er enger geschnürt ist, drückt er mehr, dann passt er sich mehr an. Mit der Schnürung von Maradona saß er auf dem Spann lockerer. Im Endeffekt war er angenehmer zu tragen.

ANDREAS BREHME: Ich finde es großartig von Lothar, dass er die eigenen Interessen zurückgestellt und an die Mannschaft gedacht hat. Sein Verzicht hatte nichts mit Angst zu tun, sondern mit der Frage, ob man sich sicher fühlt oder nicht. Ich finde es ungerecht, wenn ihm manche Leute vorwerfen, er habe sich in die Hosen gemacht. Nein, Lothar hat eine Weltklasse-WM gespielt und in diesem Moment die richtige Entscheidung getroffen. Denn hier ging es nicht um persönliche Eitelkeiten, sondern um uns, um die Mannschaft – und um eine ganze Nation. Es ging nur um Deutschland!

OLAF THON: Lothar war eigentlich die Nummer eins, aber wenn der sagt: Andi, mein bester Freund, du schießt genauso gut oder besser als ich, dann ist das eine weise Entscheidung des Kapitäns, und die sollte auch nicht auf Biegen und Brechen hinterfragt werden. Lothar wollte immer die Tore machen und wollte alle Elfmeter schießen, um den Erwartungen, die an einen Leader gestellt werden, gerecht zu werden. Und wenn er dann in diesem Moment auf sein Gefühl hört, dann ist das sehr bemerkenswert.

Der legendäre Weltmeisterelfer

In der 85. Minute verwandelt Andreas Brehme den wichtigsten Elfmeter der deutschen Fußballgeschichte.

ANDREAS BREHME: Mir war sofort klar, dass ich schießen musste. Es werden immer drei Schützen für ein Spiel festgelegt: Rudi Völler – aber der war ja gefoult worden, und der Gefoulte sollte nie selbst schießen. Dann Lothar Matthäus – aber der fühlte sich nicht gut, er hatte zur Halbzeit seinen kaputten Schuh wechseln müssen. Und ich. Franz Beckenbauer und Lothar sahen mich fragend an, und ich nickte. Das haben wir ganz ohne Worte geklärt. Damit war klar: Ich schieße! Also ging ich zum Punkt. Ich musste ausblenden, dass die Argentinier versuchten, mich zu verunsichern – und dass die ganze Welt, Millionen von Fernsehzuschauern, auf mich schaute.

GUIDO BUCHWALD: Vorm Elfmeter habe ich Andi Brehme gesagt, dass Goycochea alle Elferversuche in die rechte Ecke gehalten hatte. Die linke Ecke wäre nicht seine Schokoladenseite. Andi hätte allerdings auch ohne mich in diese Ecke geschossen (lacht).

ANDREAS BREHME: Ich war mir absolut sicher: Den mach ich rein! Die Argentinier haben Theater ohne Ende veranstaltet. Ständig haben sie den Ball weggeballert, mit dem Schiedsrichter diskutiert und wild gestikuliert. Irgendwann herrschte dann Ruhe, und ich konnte den Ball hinlegen, ohne dass ihn einer wegschoss. Normalerweise schnappte ich mir immer den Ball, legte ihn hin, überlegte nicht lang und schoss ihn in das Eck, das ich mir vorher ausgesucht hatte. Diesmal verging eine halbe Ewigkeit. Für mich fühlte es sich an, als dauerte das ganze Theater vom Pfiff über die Diskussion mit dem Schiedsrichter bis zu meinem Schuss mindestens sieben oder acht Minuten. Tatsächlich, so wurde mir später gesagt, waren es nur 1:57 Minuten. Aber es ist sicher nicht verwunderlich, dass sich für mich die Zeit so lang angefühlt hat. Rudi Völler kam noch zu mir und sagte: „So, den machst du jetzt rein, dann sind wir Weltmeister." „Na, schönen Dank auch, mein Freund", antwortete ich. Und meinte zu ihm: „Du kannst ihn auch gerne selbst schießen." Aber Rudi winkte ab: „Nein, nein! Lieber nicht!"

RUDI VÖLLER: Obwohl Sergio Goycochea die Argentinier mit seinen Reflexen in zwei Elfmeterschießen im Turnier gehalten hatte, war ich mir sicher, dass Andi Brehme den Elfmeter reinmacht. Er war sehr konzentriert, ein überragender Schütze, eiskalt, ohne Nerven. Und ich wusste: Wenn der reingeht, sind wir Weltmeister. 1986 in Mexiko im Viertelfinale gegen Mexiko hat Andi seinen Elfer mit links reingeschossen. Und jetzt trifft er mit rechts! Das muss man sich mal vorstellen! Sein Tor haben wir überschwänglich gefeiert. Mit einem Knutscher von mir. Das kann man bei einem WM-Finale kurz vor Schluss schon mal machen (lacht).

PIERRE LITTBARSKI: Ich hatte überhaupt keine Sorgen. Ich wusste: Der Elfer geht rein! Normalerweise denkst du ja: Ah, wenn der Abpraller kommt, dann muss ich da und da hinlaufen. Diese Gedanken, die man sonst in so einer Situation hat, hatte ich überhaupt nicht. Ich habe gewusst: Wenn der mit rechts schießt, rennt der nach links zum Jubeln weg. Da dachte ich mir: Ich muss mir nur einen guten Platz sichern, damit ich ihn gleich anspringen kann! Also habe ich mich ein bisschen halblinks an den Sechzehner hingestellt. Und er hat den tatsächlich mit rechts geschossen – und rannte nach links rüber. Und so war ich einer der ersten Gratulanten!

STEFAN REUTER: Ich war der Schnellste in der Mannschaft – aber beim Torjubel nach dem Elfer im Endspiel waren zwei schneller als ich (lacht). Rudi Völler und Jürgen Klinsmann. Typisch Mittelstürmer! Die hatten sich besser postiert, um notfalls abzustauben (lacht). Faszinierend, dass man bei Andi Brehme im Grunde nie wusste, ob er mit rechts oder links schießt. Es gab keinen Spieler, der beidfüßig so gut war wie der Andi. Er hat mir gesagt, dass er mit links etwas härter und mit rechts etwas platzierter schießt – einfach irre!

FRANZ BECKENBAUER: Ich kenne keinen Spieler, der mit rechts und mit links mit einer solchen Präzision schießen konnte wie der Andreas Brehme. Die Torhüter wussten nie, mit welchem Fuß er schießt. Als sich der Andi den Ball genommen hat, hatte ich nicht die geringsten Befürchtungen. Mit seiner Präzision hätte er einen Vogel von der Latte schießen können.

OLAF THON: Andreas Brehmes besserer Fuß ist der linke, trotzdem hat er den Elfer mit rechts geschossen. Bei der WM vier Jahre vorher hat er auch einen Elfer geschossen – mit links! Wahnsinn!

ANDREAS BREHME: Im Halbfinale gegen die Engländer hatte ich im Elfmeterschießen auch mit rechts ins vom Schützen aus gesehen linke Eck getroffen. Allerdings hoch. Diesmal sagte ich mir nur: Schieß flach! Halbhoch ist immer schlecht, weil gut für den Torwart. Wenn du halbhoch schießt, hat der Torhüter die besten Chancen, den Ball zu halten. Und wenn du die Kugel hoch oben in den Winkel zimmern willst – puh, das ist schon ein Risiko. Also flach! Fünf Schritte Anlauf. Ich habe schon beim Schuss gespürt, dass der reingeht. Der war perfekt getroffen! Der Torwart flog in die richtige Ecke, kam aber nicht dran, weil der Ball direkt neben dem Pfosten einschlug. Da wusste ich: Wir sind Weltmeister! Danach war Argentinien kaum mehr am Ball. Wir hätten schon ein Eigentor schießen müssen!

KARL-HEINZ RIEDLE: Als Andi den Elfer im Finale reinschoss, war jedem klar, dass das die Entscheidung war. Wir hatten eine gute Abwehr, standen im Finale hinten extrem sicher. Das Spiel war nicht unbedingt das beste Finale, das es je gab. Argentinien war zu dem Zeitpunkt auch schon relativ platt, da wussten wir: Das war's für uns! Weltmeister zu werden, ist das Größte, was man im Fußball erreichen kann.

ANDREAS BREHME: Beim Jubel stürzten sich alle auf mich. Das war eine zentnerschwere Last, ich hatte kurz Beklemmungen. Zum Glück bekam ich genug Luft, weil der ganze Körper in Hochstimmung war, weil das Tor wie eine Erlösung wirkte.

PIERRE LITTBARSKI: Mir war schon klar: Er schießt den rein und wir sind Weltmeister. Das hat nichts mit Überheblichkeit zu tun. Man merkt das, wenn alles für einen läuft – oder im Fall der Argentinier, wenn alles gegen einen läuft.

ANDREAS BREHME: Franz ließ im Training Elfmeter üben. Ich habe immer gesagt: „Trainer, das bringt nichts." Im Training habe ich keine besondere Motivation, weil da keine 80.000 Fans sind, die pfeifen oder raunen. Und wenn ich auf dem Trainingsplatz verschieße, ärgere ich mich auch nicht. Das Einzige, was du im Training üben kannst: Ein Eck aussuchen und genau zielen. Aber im Spiel brauchst du dann die totale Konzentration, du musst alles um dich herum ausblenden können. Das kannst du im Training nicht simulieren.

THOMAS HÄSSLER: Beim Elfer bin ich ganz ruhig gewesen. Weil ich wusste: Andreas macht den locker rein. Er war der weltbeste Außenverteidiger. Ich habe nie jemand kennengelernt, der beidfüßig so stark ist wie er. Das war ja das Gute, dass sich ein Torwart nie drauf einstellen konnte, mit welchem Fuß er jetzt schießt, wie er sich gerade entscheidet. Da war ich mir sicher. In dem Moment, als ich gesehen habe, dass Andreas sich den Ball genommen hat, wusste ich – der macht den hundertprozentig rein!

ANDREAS MÖLLER: Was das Endspiel anging, hatte ich überhaupt keine Bedenken. Caniggia war gesperrt, und zusätzlich waren bei den Argentiniern noch einige verletzt. Wir waren so gut drauf, da konnte nichts schiefgehen. Als Andreas Brehme zum Elfer angetreten ist, war ich mir sicher: Der geht rein!

ANDREAS BREHME: Als ich anlief, wurde das Tor klein und kleiner. Meinen Blutdruck hätte niemand messen dürfen (lacht). Es dauerte mehrere Sekunden, bis ich realisierte, dass der Ball drin war in diesem winzigen Tor. Als ich für einen Werbespot später noch mal im Stadion war, erkannte ich das Tor nicht mehr wieder. Es war plötzlich riesengroß.

PIERRE LITTBARSKI: Andi Brehme ist der Wilhelm Tell des deutschen Fußballs. Den Name habe ich ihm verpasst! Er hat mir mal aus Jux eine Flasche vom Kopf geschossen. Unglaublich, wie genau der schießen kann! Ich bin der Lattenschusskönig von Köln. Acht hintereinander! Aber der Andi, der war unglaublich. Der hatte eine Präzision – mit beiden Füßen! Das habe ich nie geschafft. Ich habe in meiner Karriere höchstens einen Spieler getroffen, der so ähnlich war: Michael Ballack! Der konnte links wie rechts schießen. Dafür konnte ich besser dribbeln als der Andi Brehme. Der wusste genau, was er kann und was er nicht kann. Es gibt manchmal so Leute, die können alles und verzetteln sich dann. Er hat aus seinen Möglichkeiten extrem viel gemacht.

LOTHAR MATTHÄUS: Andi war mein bester Mitspieler aller Zeiten. Mit ihm habe ich mich blind verstanden. Er war ein sehr intelligenter Spieler, beidfüßig, überragend. Er war für mich das Phänomen schlechthin. Den Elfmeter hat er mit rechts geschossen. Aber 70 oder 80 Prozent hat er mit links gemacht.

PIERRE LITTBARSKI: Hinterher klingt das ja immer ein bisschen blöd. Ich habe den Andreas Brehme – und das habe ich nie öffentlich gesagt – bewundert. Wir waren alle keine schlechten Spieler. Aber er war der beste Fußballer in dieser Truppe. Der hat, was ich am Fußball so liebe, nah an der Perfektion gespielt hat. Der hat extrem wenig Fehler gemacht. Der konnte dir den Ball aus 60 Metern genau auf den Punkt servieren. Seine Flankentechnik war außergewöhnlich.

Die letzten Minuten

Im TV wird angezeigt, dass das Brehme-Tor in der 95. Minute fiel. Das stimmt natürlich nicht! Es war die 85.! Nach dem Treffer werden bis zum Abpfiff noch insgesamt 7:28 Minuten gespielt. In der Zeit sieht der Argentinier Gustavo Dezotti Rot, weil er Jürgen Kohler am Hals zu Boden reißt. Diego Maradona ist so wütend über den Platzverweis, dass er den Schiri heftig angeht – und Gelb sieht. Die deutschen Fans singen: „Oh, wie ist das schön!"

GUIDO BUCHWALD: Ich habe immer wieder gesagt: „Konzentriert bleiben, konzentriert bleiben." Wir hatten Maradona im Griff, aber wir durften nicht leichtsinnig werden, weil die Partie, obwohl wir sehr überlegen waren, immer noch sehr eng war mit 1:0. Da durften wir keinen Fehler machen, damit er nicht vielleicht doch noch den entscheidenden Treffer macht. Ihn ganz aus dem Spiel zu nehmen, war unglaublich schwer. Er war immer unberechenbar, ein genialer Fußballer.

KLAUS AUGENTHALER: Ich bin Realist und habe lange genug Fußball gespielt, um zu wissen, dass selbst nach dem 1:0 gegen die Argentinier – auch mit einem Mann in der Überzahl – immer was passieren kann. Argentinien war eine herausragende Mannschaft, die verdient ins Finale kam. Daher hatte ich bis zum Schluss Bedenken: Hoffentlich reicht uns das Elfmetertor!

JÜRGEN KOHLER: Bei der zweiten Roten Karte der Argentinier im Finale war ich hautnah dabei: Ein weiter Ball flog in Richtung unseres Tores, ich befand mich im Laufduell mit dem argentinischen Stürmer Dezotti – nach dem Zweikampf hat er mich auf einmal am Hals gepackt. Dafür gab es Rot für ihn. Da waren Frust und viele Emotionen dabei, weil die Argentinier ja schon sehr lange mit nur zehn Mann gegen uns spielen mussten.

RUDI VÖLLER: Danach waren noch fünf, sechs Minuten zu spielen. Die Argentinier sind kaum noch an den Ball gekommen, sie hatten ja nach den Platzverweisen zwei Mann weniger auf dem Feld. Es waren die schönsten Minuten. Wir wussten, dass wir Weltmeister sind. Vor dem Schlusspfiff gab es schon ein Feiergefühl. Es war toll!

ANDREAS BREHME: Die Argentinier waren am Ende ja auch nur noch zu neunt und sind gar nicht mehr an den Ball gekommen. Bodo Illgner hat im ganzen Spiel keinen Ball aufs Tor bekommen. Ich weiß nicht, was der Trainer denen gesagt hat.

BODO ILLGNER: So richtig sicher, dass wir den Titel holen, war ich wirklich erst beim Schlusspfiff. Auch wenn die Argentinier keine richtige Chance hatten und kaum mehr in Ballbesitz kamen, wollte ich mir bei so einem großen Titel keine Nachlässigkeit erlauben. Ich war bis zur allerletzten Sekunde angespannt. Bis zum Schlusspfiff herrschte hundertprozentige Konzentration, um nicht noch irgendeinen Leichtsinnsfehler zu machen.

UWE BEIN: Das Einzige, worüber ich ein wenig traurig war, ist, dass Franz mir im Finale nicht fünf oder wenigstens zwei Minuten gegeben hat. Deswegen war ich ein bisschen enttäuscht. Das hätte vom Spiel her gepasst, noch einmal eine Auswechslung zu machen. Es waren ja Räume da und man hätte vielleicht noch mal den tödlichen Pass spielen können. Dann wäre es das Happy End schlechthin für mich gewesen. Aber mal ehrlich, wenn mir jemand ein Jahr vor der WM gesagt hätte: „Du fährst mit zur WM, du spielst, du schießt ein Tor, du wirst Weltmeister" – da hätte ich gesagt: „Ja, ja, träum weiter!" So wie das alles gekommen ist, das kann mir keiner mehr nehmen. Darauf bin ich stolz!

OLAF THON: Dass ich überhaupt bei der WM dabei war – dafür bin ich Franz sehr dankbar. Deshalb war ich ihm auch nie böse. Ich durfte im Finale auf der Bank sitzen und mich in der zweiten Halbzeit warmlaufen. Ich habe mich im Laufe des Turniers immer weiter nach vorne gekämpft, darauf bin ich stolz. Ich wäre im Endspiel vielleicht nicht der Frischeste gewesen. Da es für mich innerhalb von drei, vier Tagen zwei Topspiele dieser Art gewesen wären. Ich wäre höchstwahrscheinlich reingekommen, wenn es in die Verlängerung gegangen wäre. Das war auch immer mein Gedanke beim Warmmachen. Ich habe versucht, im Augenwinkel von Franz Beckenbauer zu laufen, damit er mich sieht und nicht vergisst (lacht). Hat leider nicht geklappt. Es kam ja letztlich nur Reuter für Berthold rein.

Abpfiff! Welt-meister!

Um 21:48 Uhr Ortszeit in Rom pfeift Schiri Edgardo Codesal Méndez, der in Uruguay geboren wurde und bei der WM für Mexiko antritt, das Spiel ab.

JÜRGEN KLINSMANN: Plötzlich dieser Gedanke: Wenn der Schiedsrichter abpfeift, bist du Weltmeister! Weltmeister! Aber das begreifst du in dem Moment erst mal nicht, weil es deine Vorstellungskraft übersteigt. Das ist einfach zu groß, viel zu groß.

ANDREAS BREHME: Man muss ehrlicherweise sagen, dass es kein gutes Finale war. Das wissen wir alle. Wir haben versucht, ein gutes Spiel zu machen, aber die Argentinier waren sehr defensiv und haben das Spiel kaputt gemacht. Die haben ab der ersten Minute auf Elfmeterschießen gespielt! Trotzdem waren wir nach dem Spielende überglücklich und stolz. Für einen Fußballer ist Weltmeister zu werden das Größte, was er erringen kann.

LOTHAR MATTHÄUS: Wir hatten eine Mannschaft, die insgesamt im richtigen Alter war. Mit Guido Buchwald, Rudi Völler, Pierre Littbarski, Andreas Brehme und mir standen im Finale fünf Spieler auf dem Rasen, die zehn Jahre zuvor gemeinsam in der U21 gespielt haben. Für den Zusammenhalt, für die Harmonie in der Mannschaft, ist so ein gemeinsamer Weg wirklich wertvoll. Aus diesem Gefüge heraus kann dann Großes entstehen.

RUDI VÖLLER: 1986 haben sie uns im Endspiel mit 3:2 geschlagen, 1990 waren sie aber nicht mehr so gut. Vier Jahre vorher ist Argentinien zu Recht Weltmeister geworden, weil sie die beste Mannschaft hatten. 1990 waren wir besser und im Endspiel total überlegen. Sie hatten keine Chance gegen uns. Wir waren so überlegen, hatten 60, 70 Prozent Ballbesitz. Die Argentinier hatten in 90 Minuten nicht eine einzige Torchance. Sie haben sich gar nicht darum bemüht, das Spiel offen zu gestalten, sondern auf Maradona vertraut – oder auf das Elfmeterschießen. Ich könnte mir fast vorstellen, dass Bodo Illgner nach dem Finale gar nicht geduscht hat (lacht). Er hat sich nicht einmal hinwerfen müssen. Ich weiß nicht, ob es jemals so ein einseitiges WM-Finale gegeben hat.

THOMAS HÄSSLER: Mir wird warm ums Herz, wenn ich an den Schlusspfiff im WM-Finale denke. Dieser Moment! Weltmeister! Einfach unglaublich. Vorher die Situation, als der Argentinier gegen Jürgen Kohler die Rote Karte gesehen hat. Als die Argentinier anfingen, wie wilde Stiere auf uns loszugehen. Da konnten wir es nicht erwarten, dass der Schiedsrichter endlich abpfeift. Man kann sich das in dem Moment nicht vorstellen, wie bedeutend das für einen ist. Aber natürlich freut man sich, dass man das Finale gewonnen hat. Und den Rest verarbeitest du in den nächsten Tagen. Es war ein Gänsehautmoment, zu wissen, was man erreicht hat und dass man jetzt die beste Mannschaft der Welt ist.

GUIDO BUCHWALD: Als der Schlusspfiff kam und wir später den Pokal in der Hand hatten, da fühlte man sich so, als wolle man die ganze Welt umarmen.

PIERRE LITTBARSKI: Nach dem Spiel vergeht erstmal eine ewig lange Zeit, bis du nach oben gehen kannst und den Pokal bekommst. Ich habe als Einziger das Trikot getauscht – das heißt, ich hatte nur einen Pullover an und war auf allen Fotos der Einzige, der nicht ordentlich aussieht (lacht). Woran ich mich tatsächlich gut erinnern kann, ist Franz Beckenbauer. Wir Spieler haben natürlich mitgekriegt, wie Franz allein über den Platz gegangen ist. Wir haben gescherzt: „Hat der was verloren?" Das war die absolute Genugtuung für ihn. 1986 hat ihm sehr wehgetan, weil wir da nicht gut gespielt haben. Franz ist Perfektionist.

JÜRGEN KLINSMANN: Man will diesen Moment festhalten. Für immer! Weil er nie wieder kommt. Keiner konnte richtig begreifen, was sich mit diesem Erfolg verändert. Ein Weltmeistertitel bleibt fürs Leben. Pure Emotionen, pure Freude! Es wurde tagelang durchgefeiert, wir hatten viel Spaß miteinander. Doch um so richtig zu kapieren, was wir da erreicht haben, das hat Jahre gebraucht.

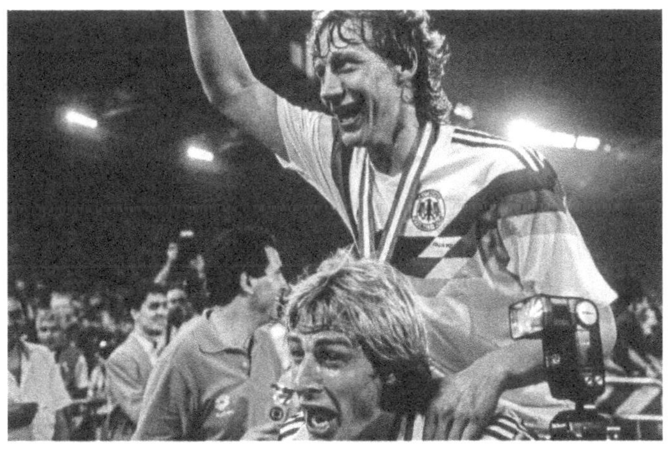

Der berühmte Franz-Spaziergang

Während die Spieler den Titel feiern, schlendert Franz Beckenbauer über das Spielfeld im Olympiastadion.

FRANZ BECKENBAUER: Nach dem Schlusspfiff bin ich im abgedunkelten Stadion allein über den Rasen spaziert. Mein ganzes Leben ist an mir vorbeigezogen. Ich habe gedacht an meine Mutter Antonie, der ich alles im Leben zu verdanken habe, an meine Kinder, an die Triumphe mit Bayern, an die WM 1974 und an viele andere Stationen meines Lebens. Ich weiß nur, dass es auf dem Platz war, als würde mich jemand ziehen oder schieben.

PIERRE LITTBARSKI: Dieses Bild, wie der Franz völlig abwesend über den Platz läuft – ich hatte damals genau das gleiche Gefühl. Ich wollte eigentlich auch einfach nur rumlaufen, weil es für mich nach drei Weltmeisterschaften die Krönung war. Es ist erstaunlich, da ist so viel noch passiert: Du hast Leute umarmt, bist mit dem Pokal rumgerannt. Ich weiß aufgrund der Fotos, dass ich da war, aber ich kann mich nicht mehr so richtig an alles erinnern. Also ich weiß nicht, wem ich die Hand gegeben habe und so weiter. Das ist wirklich weg. Ich kann mich nur erinnern, dass wir irgendwann wieder im Bus saßen.

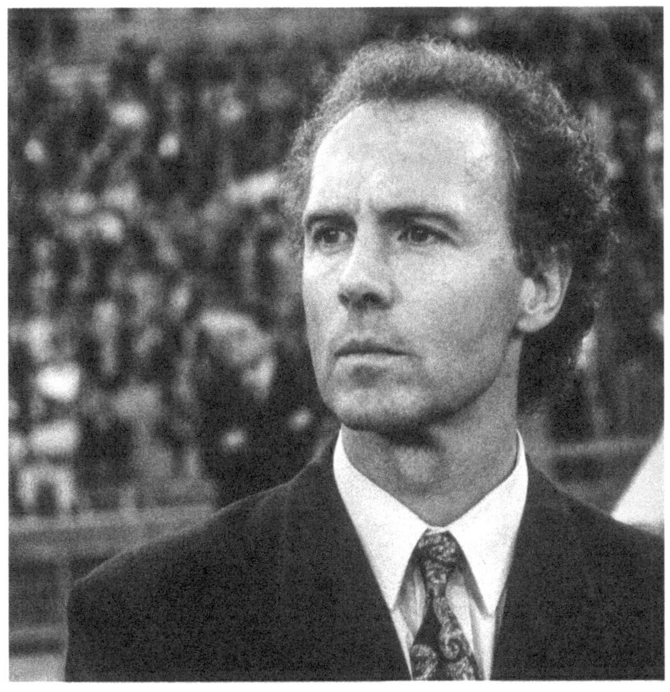

Das ist das Ding!

Der goldene WM-Pokal ist 40 Zentimeter hoch und 6,175 Kilo schwer. Zudem ist der Sockel mit zwei Edelsteinkränzen aus Malachit verziert. Die Trophäe soll über 100.000 Euro wert sein.

ANDREAS MÖLLER: Was mich überrascht hat: Wie schwer der WM-Pokal war – er war sauschwer (lacht)!

GÜNTER HERMANN: Beim Feiern nach dem Finale hat man den Pokal kaum gesehen, jeder wollte ihn halten und damit rumrennen. Da konntest du froh sein, wenn du ihn mal kurz in der Hand hattest. Das ging im Stadion alles ratzfatz.

PIERRE LITTBARSKI: Ich habe den Pokal als Zweiter hochhalten dürfen! Ich war neben Augenthaler der Älteste, aber auch der Verdienteste. Das war schließlich mein drittes WM-Finale. Nach Lothar habe ich den Pokal gehabt. Das ist nicht von der Mannschaft beschlossen worden. Das erste Mal in meinem Leben habe ich mich in den Vordergrund gedrängt (lacht). Ich wollte den Pokal unbedingt in der Hand halten! Es war ein Martyrium, 1982 und 1986 das Finale zu verlieren und immer am Pokal vorbeizulaufen. Ich wusste, das ist das Ende meiner Nationalmannschaftskarriere – und da habe ich mich nach vorn gedrängt. Normalerweise stehe ich immer im Hintergrund, lasse gerne andere glänzen. Aber da habe ich mich einmal im Leben vorgedrängelt und mich gleich neben Matthäus gestellt. Das war ganz lustig, weil, meinen Lehrmeister, den Berti Vogts, der mich über die U21 zur Nationalmannschaft gebracht hatte und mich beim Franz noch mal in die Mannschaft gedrückt hat, mussten wir fast zwingen: Berti, jetzt komm mit aufs Foto! Bei ihm habe ich immer ähnliche Charakterzüge gesehen wie bei mir. Der wollte auch nicht im Vordergrund stehen. Der hat als Co-Trainer aber einen großen Anteil an diesem Erfolg gehabt. Es war eines der wenigen Male, dass ich auf Fotos vorne gestanden habe. Ungewohnt und komisch hat sich das angefühlt.

THOMAS HÄSSLER: Wenn ich die Jubelbilder von damals sehe, muss ich immer lachen, weil mir mein Trikot fast bis zu den Knien hing. Wenn mich jemand drauf anspricht, sag ich immer: Ich bin in dem Spiel so viel gelaufen, dass ich wohl eingelaufen bin (lacht). Im Ernst, ich habe immer das Problem gehabt: Egal, was ich angezogen habe, immer war alles ein bisschen zu groß.

Maradonas Trikot

Das Finaltrikot von Diego Maradona hängt im Deutschen Fußballmuseum in Dortmund. Wie es dort hingekommen ist, verrät Frank Mill.

GUIDO BUCHWALD: Das Maradona-Trikot habe übrigens nicht ich bekommen – sondern Frank Mill! Der war schneller (lacht)! Ich hatte das Trikot meines Stuttgarter Teamkollegen Jose Basualdo bekommen. Das habe ich noch bei mir zu Hause.

FRANK MILL: Auf dem Weg zur zweiten Halbzeit des WM-Endspiels musste man aus den Katakomben ein paar Stufen hoch ins Stadion. Diego Maradona lief ein paar Schritte vor mir. Da habe ich ihn ngesprochen, von der Seite in den Arm genommen und gefragt, ob ich nach dem Spiel sein Trikot haben könne. In einer Mischung aus Englisch, Italienisch – und Zeichensprache mit Händen und Füßen (lacht). Ich habe vor der WM ein bisschen Italienisch gelernt. Man hatte ja eine lange Zeit in dem Land, da konnte man das gebrauchen, dachte ich mir. Maradona, der zu der Zeit in Italien bei Neapel gespielt hat, sagte: „Okay, kein Problem, kannst du dir nachher bei uns in der Kabine abholen."
Dann war das Spiel vorbei – und man muss sich das mal vorstellen: Die Argentinier hatten gerade verloren und waren ziemlich niedergeschlagen. Ich bin aber trotzdem hin zur Kabine und habe angeklopft. Da machte ein riesengroßer Kerl die Tür auf. Der Typ war ein echter Schrank. Ich sagte freundlich: „Ich möchte gerne zu Diego." Da machte er die Tür wieder zu und ich habe eine Minute gewartet. Dann durfte ich rein – und da stand Diego unter der Dusche. Er kam dann mit dem Handtuch um die Hüften zu mir. Wir haben uns umarmt und dann ging er an seine Sporttasche, griff sich das schweißnasse Trikot und gab es mir. Damit bin ich dann wieder raus und habe das Trikot versteckt, halb unter meinem Trikot und halb in meiner kurzen Hose. Damit es keiner mitkriegt – und man es mir nicht aus den Händen reißt (lacht)! Ich bin in unsere Kabine rein und habe es gleich in meiner Tasche verstaut. Ganz tief verbuddelt in meinen Sachen. Das war genau in dem Moment, als Helmut Kohl, der uns in der Kabine besucht hatte, mit Schampus bespritzt wurde (lacht).
So habe ich das Endspieltrikot von Diego Maradona. Lothar Matthäus hat mal behauptet, er hätte das Finaltrikot von Maradona. Der hat bestimmt eins von ihm, da bin ich mir sicher – aber nicht das Endspieltrikot! Das habe nämlich ich (lacht)! Das Maradona-Trikot habe ich dann meinem Sohn Kevin geschenkt und jetzt hängt es als Leihgabe im Deutschen Fußballmuseum in Dortmund. Übrigens direkt neben dem Trikot von Guido Buchwald, den wir alle nur „Diego" nennen.

Feier in der Kabine

Später enthüllen Videoaufnahmen von Torwarttrainer Sepp Maier, wie in der deutschen Kabine gefeiert wurde. Lothar Matthäus feiert nackt mit dem Pokal. Bundeskanzler Helmut Kohl ist mittendrin, hält dabei einen Plastikbecher mit Coca-Cola-Aufdruck in der Hand.

ANDREAS BREHME: In der Kabine, nach dem gewonnenen Finale, lagen wir uns alle in den Armen. Den Pokal in den Händen zu halten, war ein ganz besonderes Gefühl. Der war richtig schwer, der ist ja aus massivem Gold, ich schätze, der wiegt über fünf Kilo.

THOMAS HÄSSLER: Dass Sepp Maier mich nackt unter der Dusche gefilmt hat für seinen WM-Film, war auch so ein Ding. Gott sei Dank hat er einen Balken über die entscheidenden Stellen gelegt – einen großen Balken (lacht). Nein, alles gut. Im ersten Moment habe ich schon geguckt, als ich das Video gesehen habe. Und Litti stand daneben und hat sich im Pullover eingeseift. Dummsinn machen! So waren wir beide!

RUDI VÖLLER: Der Masseur von AS Rom hat im Finale die Schiedsrichter massiert. Er hieß Giorgio und kam kurz in die Kabine, um mir zu gratulieren – da habe ich ihm kurzerhand mein Trikot geschenkt. Weltmeister zu werden, in Rom, in meinem Stadion den Pokal in den Händen zu halten, das war für mich ein Traum. Schon als kleiner Junge träumst du davon, Weltmeister zu werden – und dann bist du es wirklich! Weltmeister bleibst du ein Leben lang. Es war einfach fantastisch. Und das in Italien, in Rom, in meiner Stadt, in meinem Stadion.

LOTHAR MATTHÄUS: Etwas an jenem Abend in Rom war sehr charakteristisch für Franz: Ich kann mich nicht erinnern, dass er im Stadion den WM-Pokal angefasst hat. Den hat er ganz uns überlassen, wir konnten uns damit austoben. Erst viel später hat auch er ihn berührt.

FRANZ BECKENBAUER: Den Pokal habe ich in Rom übrigens nicht angefasst. Das Ding gehört der Mannschaft. Dem Guido Buchwald zum Beispiel, über alle sieben Spiele gesehen mein bester Spieler. Oder Lothar Matthäus, meinem Chef auf dem Platz. Dem Auge, dem Rudi, dem Kohler, Häßler oder Möller. Allen! Seit der Jubelnacht von Rom sind das alles meine Freunde. Ich habe ihnen das Du angeboten. Ohne den narrischen Kerl Sepp Maier, den Berti Vogts, den Holger Osieck und die anderen Kollegen hätte ich's nie geschafft.

ANDREAS BREHME: Bundeskanzler Helmut Kohl hat in der Kabine des Olympiastadions noch ein Bierchen mit uns getrunken.

WOLFGANG NIERSBACH: Der Helmut Kohl war nach dem Spiel in der Kabine. Was er im Becher hatte, weiß ich nicht. Ich tippe aber auf Champagner oder Prosecco. Ich kann mich auch an 1996 erinnern, als er in der Kabine war. Danach wurde ja der Mehmet Scholl gefragt: „Wie war es denn, als der Helmut Kohl bei Ihnen in der Kabine war?" Und Scholli sagte: „Eng!" (lacht).

LOTHAR MATTHÄUS: Wichtig ist, dass wir diesen Pokal geholt haben, nicht nur für uns als Spieler, sondern für Deutschland. Nach dem Spiel war Bundeskanzler Helmut Kohl in der Kabine und hat mit uns mitgefeiert. Kohl sagte: „Das war ein großer Beitrag für die Wiedervereinigung!"

JÜRGEN KOHLER: Wir sind verdient ins Endspiel eingezogen, weil wir übers ganze Turnier gesehen die beste Mannschaft waren. Zusammen mit den Italienern! Wenn man überlegt, wie unglücklich die Italiener rausgeflogen sind. Mit einem Gegentor! Für uns war's natürlich super, weil danach alle Italiener für Deutschland waren. Das war eine geile Zeit! Ich glaube, das war die beste WM aller Zeiten – nicht, weil wir gewonnen haben, sondern wegen des ganzen Ambiente. Der Titel hat das Ganze gekrönt, aber auch unabhängig davon bin ich glücklich, dass ich das miterleben durfte, diese Erinnerungen sind unbezahlbar.

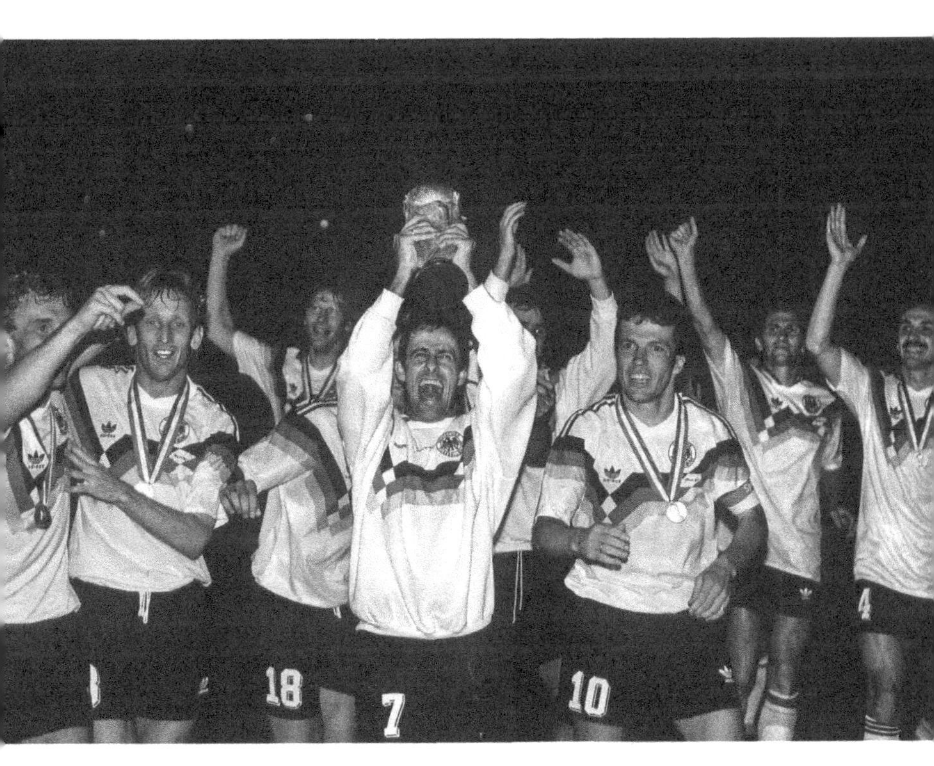
18
7
10

Drei Welt-meister zum Doping-test

Klaus Augenthaler, Guido Buchwald und Ersatztorwart Raimond Aumann müssen die Kabine verlassen und zum obligatorischen Dopingtest. Bei den Argentiniern erwischt es Diego Maradona.

KLAUS AUGENTHALER: Ich hatte gerade mal einen Becher Sekt ergattert, bevor die Männer von der FIFA kamen. Sie marschierten direkt hinter Helmut Kohl in die Kabine. Ich musste mit zur Dopingkontrolle. Zusammen mit Guido Buchwald und Raimond Aumann. Guido war nach einer Stunde fertig, Raimond nach zehn Minuten. Ich war fast vier Stunden in dem Kabuff. Vier Stunden! Nach drei, vier Litern, die ich in mich hineingeschüttet hatte, hatte ich schon einen Wasserbauch. Ich hätte ja gerne ein Bier gehabt, aber Bier war nicht erlaubt. Nur Wasser! Da war die FIFA ganz streng. Es ist echt schwer, in die Pötte zu kommen, wenn bei den zehn-, fünfzehn Versuchen zu pinkeln, ein 75-jähriger Kontrolleur zuschaut. Da tröpfelt es eben nur. Ich habe mir Unmengen an warmem Wasser über die Hände laufen lassen. Irgendwann habe ich einem der Kommissare mein DFB-Sweatshirt angeboten, damit er sich mit der vorhandenen Flüssigkeitsmenge zufriedengibt. Er hat sich auf den Deal eingelassen, dem wurde wohl auch schon langweilig.

GUIDO BUCHWALD: Bei der Dopingkontrolle habe ich Maradona wieder getroffen. Auch da habe ich klar gegen ihn gewonnen (lacht)! Man ist ja sowieso jeder etwas für sich, es waren quasi zwei Räume. Man hat schon gewusst, wer da auf der anderen Seite sitzt, aber da waren die Dopingkontrolleure und haben auf einen aufgepasst. Ich wollte auch gar nicht viel reden, ich wollte nur so schnell wie möglich meinen Urin abgeben, damit ich mitfeiern kann. Ich war auf jeden Fall schnell fertig und konnte wieder los. Bei Diego hat man gemerkt, dass er brutal traurig war. Da sind auch Tränen geflossen. Das ist menschlich – und hat ihn in diesem Moment sympathisch gemacht.

KLAUS AUGENTHALER: Ich habe erst später durch den privat gedrehten Film von Sepp Maier gesehen, was in der Kabine abging und was ich alles verpasst habe. Als ich zurückkam, waren bloß noch meine Klamotten da. Und der Fahrer, der auf mich gewartet hat. Als ich zum Hotel kam, war die Feier schon weit fortgeschritten, die Reden schon gelaufen, standen die Leute schon auf den Tischen, die Musik war laut und es wurde getanzt und geschunkelt. Aber ich habe schnell aufgeholt (lacht)!

WM-

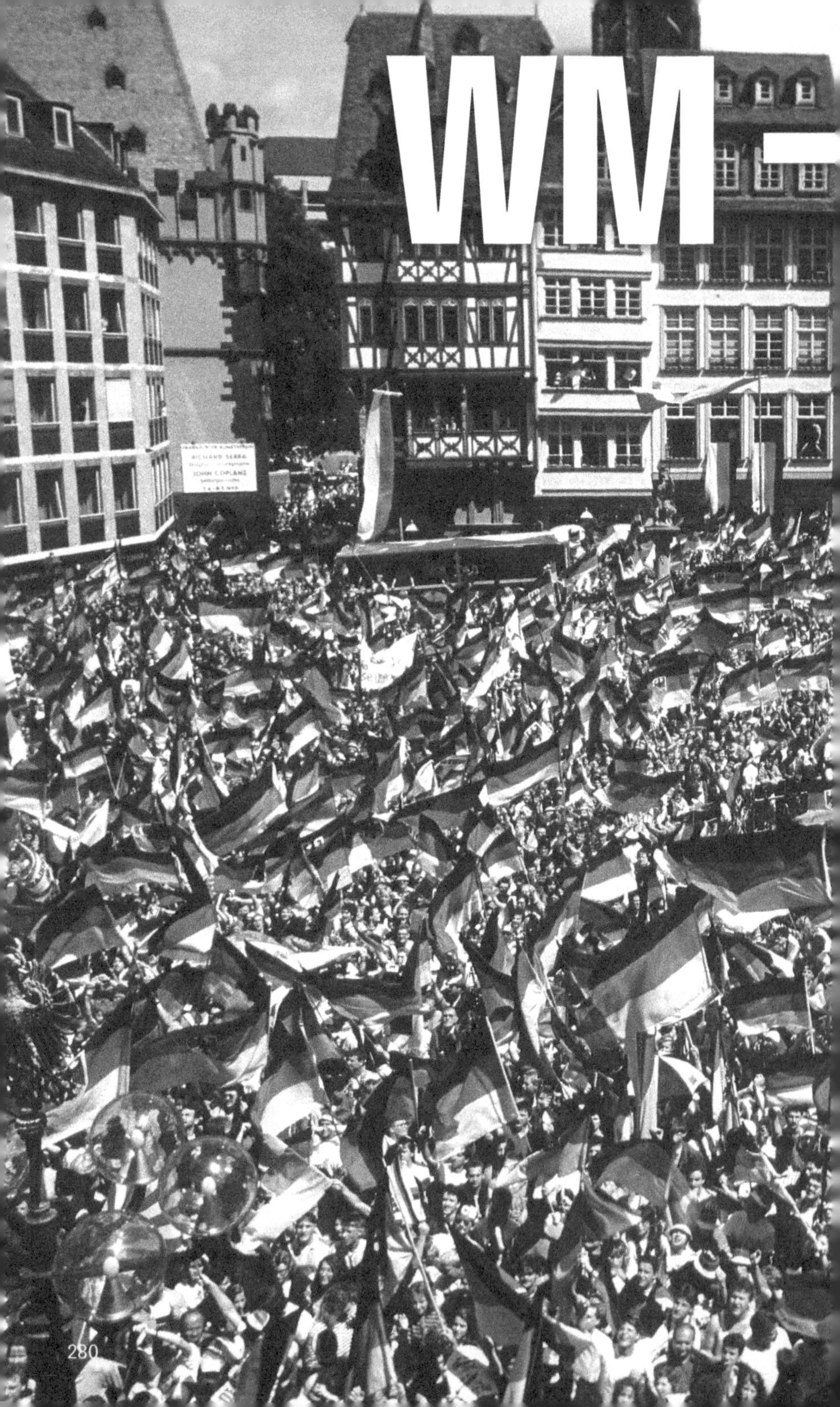

EMPFANG

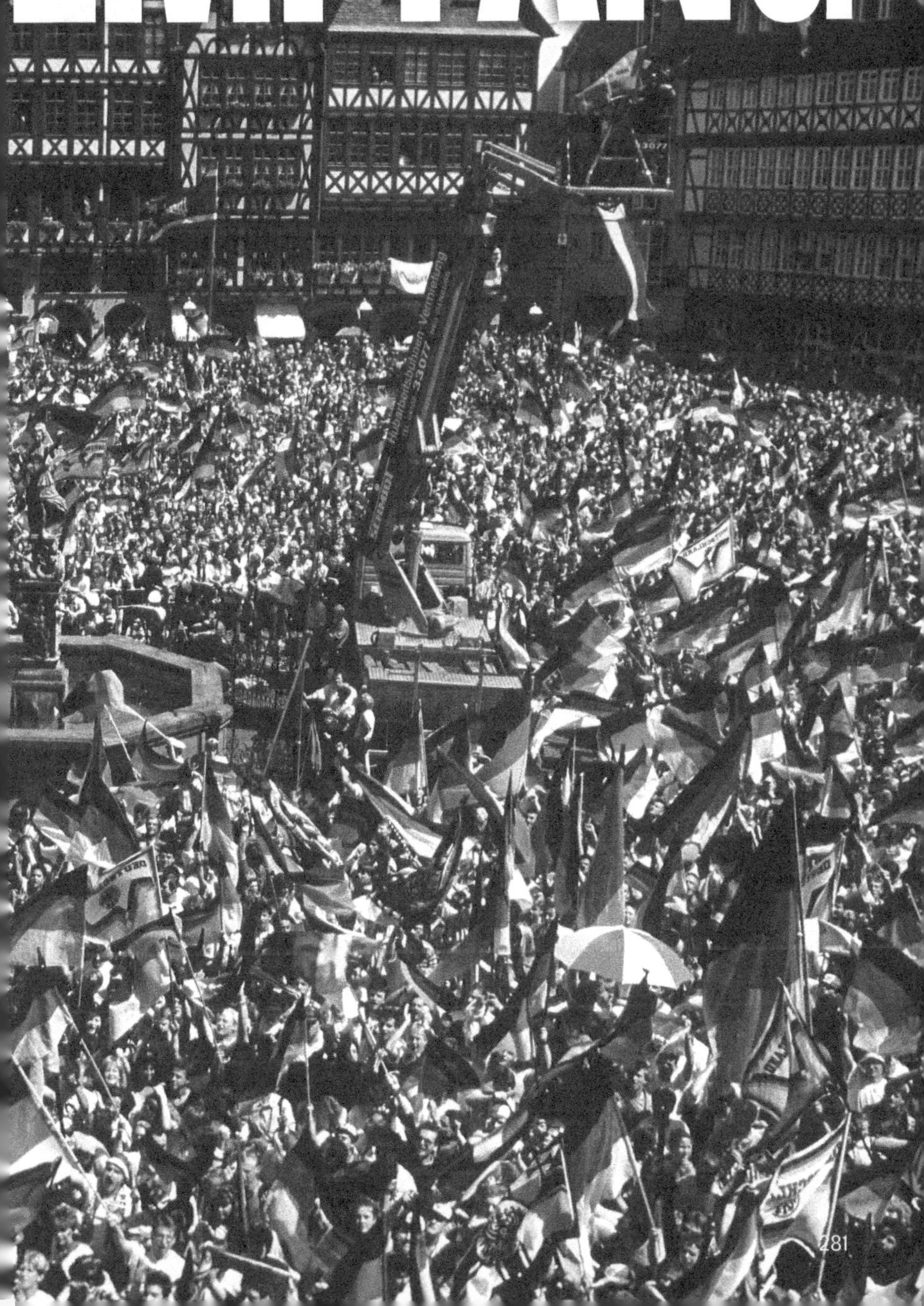

JÜRGEN KLINSMANN
zur historischen Bedeutung
des WM-Titels 1990

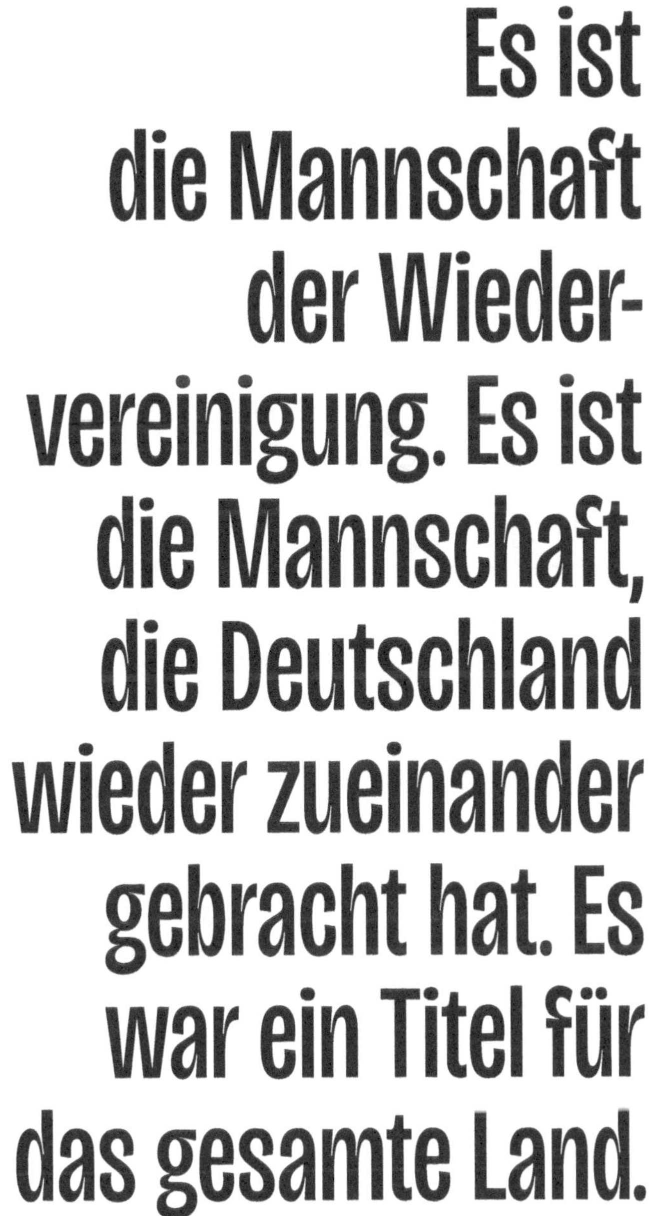

Es ist die Mannschaft der Wiedervereinigung. Es ist die Mannschaft, die Deutschland wieder zueinander gebracht hat. Es war ein Titel für das gesamte Land.

Der legendäre Franz-Spruch

„Wir sind die Nummer eins in der Welt. Jetzt kommen die Spieler aus Ostdeutschland noch dazu. Ich glaube, dass die deutsche Mannschaft über Jahre hinaus nicht zu besiegen sein wird. Das tut mir leid für den Rest der Welt." Das sagt Franz Beckenbauer auf der Pressekonferenz nach dem WM-Finale.

BERTI VOGTS: Nach dem Endspiel hat Franz dann richtig einen rausgehauen und gesagt, dass die deutsche Mannschaft mit den Spielern aus der ehemaligen DDR auf Jahre hinaus unbesiegbar sein wird. Im Bus, Franz und ich saßen hinter dem Fahrer, sagte er zu mir: „Du, Berti, ich habe gerade Scheiß geredet." Ich habe gefragt: „Was hast du denn jetzt schon wieder gesagt?". Ich hatte aber kein Problem mit dem, was er gesagt hat. Ich war nicht sauer. Ich war so euphorisch vom Erfolg, dass mich die Aussage von Franz nicht gestört hat. Franz kann man nicht böse sein! Er hätte auch Schlimmeres sagen können, das wäre mir auch scheißegal gewesen. Wir waren Weltmeister! Und das mit so vielen Spielern, die ich schon in der Jugend trainiert hatte! Es waren 18, 19 Spieler dabei, die bei mir schon in der U16 oder U21 gespielt haben. Darauf war ich so stolz, darüber habe ich mich so gefreut, dass diese Jungs Weltmeister geworden sind, das kann man sich gar nicht vorstellen.

FRANZ BECKENBAUER: Nach dem Finale hatte ich in der Euphorie völlig unbedacht auf der Pressekonferenz gesagt, dass die deutsche Mannschaft mit den Spielern aus Ostdeutschland über Jahre hinaus nicht zu besiegen sein wird. Später im Bus habe ich mich neben meinen Nachfolger Berti Vogts gesetzt und gesagt: „Ich habe eben etwas Dummes erzählt. Das tut mir leid!" Ich wusste, dass ich ihm seine Arbeit durch meine Aussage unnötig schwer gemacht hatte.

Der Empfang am Römer

Auf Anweisung von Bundeskanzler Helmut Kohl bringt die Flugbereitschaft der Bundeswehr die deutsche Mannschaft mit der Boeing 707 „August Euler“ zurück nach Frankfurt.

LOTHAR MATTHÄUS: Wir sind über die deutsche Botschaft in Rom nach Frankfurt geflogen. Dort war die nächste Feier. Erst wurden wir herzlich von den Flughafenangestellten empfangen, dann ging es zum Fanempfang am Römer. Der Weg dahin führte durch ein Fahnenmeer. Überall Schwarz-Rot-Gold. Dann der fantastische Empfang am Römer mit vierzig- bis fünfzigtausend Fans.

THOMAS BERTHOLD: Man kann sich gar nicht vorstellen, was in Frankfurt am Flughafen los war, als wir am Tag nach dem Finale zurückgeflogen sind. Die Leute standen sogar auf den Autobahnen am Straßenrand bis hin zum Römer. Da wurden wie wild die Fahnen geschwenkt. Wir haben Stunden gebraucht, um dahin zu kommen.

UWE BEIN: Schwer zu sagen, wie viele Menschen nach auf den Straßen und am Römer in Frankfurt waren. Auf jeden Fall war alles dicht. Für mich als Hesse und Spieler von Eintracht Frankfurt war das noch mal was ganz Besonderes. Wir waren fünf Stunden zu spät am Römer. Ich hatte Thomas Berthold mit bei mir im Auto. Die Menschen haben uns gefeiert. Der Europa-League-Sieg von Eintracht Frankfurt 2022, den ich auch mitmachen durfte, war wie ein Revival für mich. Da kamen die Bilder von 1990 wieder hoch. Die Erinnerungen an das, was damals los war, wurden wieder wach.

HANSI PFLÜGLER: Es war unglaublich, als wir in Frankfurt aus dem Flieger gestiegen sind und auf dem Weg zum Empfang am Römer waren: Normalerweise wurde man als Bayern-Spieler dort immer ausgebuht, beschimpft und mit allem beworfen, was so herumlag. Das war immer sehr extrem! Da war man wirklich nicht beliebt (lacht)! Und auf einmal jubeln dir die Leute zu. Das war ganz ungewohnt für einen Münchner (lacht). Das war schon ein ganz besonderes Erlebnis, an das ich gerne zurückdenke.

OLAF THON: Ich habe in der Nacht der WM-Party nicht geschlafen. Am nächsten Morgen sind wir nach Frankfurt geflogen und haben am Römer den Pokal hochgehalten. Das sind schon besondere Erinnerungen, bei denen ich Gänsehaut bekomme, jedes Mal, wenn ich darüber spreche.

STEFAN REUTER: Bei der WM-Party habe ich die ganze Nacht durchgemacht. Am Ende habe ich noch eine Stunde geschlafen, na ja, das war eher ein Power Nap (lacht). Dann ging es schnell unter die Dusche und dann schon weiter nach Frankfurt, wo wir mit Cabrios zum Empfang am Römer gefahren wurden. Ganz viele haben die Sonnenbrille gebraucht, weil die Augen doch etwas rot waren (lacht).

KARL-HEINZ RIEDLE: Der Triumphzug mit den Cabrios durch Frankfurt zum Römer und dann dort die Feier mit den Fans war toll. Ich saß zusammen mit Günter Hermann im Cabrio.

ANDREAS KÖPKE: Der Empfang in Frankfurt war schon cool, wie wir mit den Cabrios zum Römer gefahren sind. Diese Begeisterung der Fans, da kriegte man Gänsehaut. Heute wäre das gar nicht mehr möglich, weil man Angst hat, dass was passiert. Heute fährt man oben auf dem Bus. Damals war das noch lockerer, wir fuhren mit den Cabrios direkt durch die Menge (lacht). Das hat zwar lange gedauert, aber es war sehr cool.

RAIMOND AUMANN: Ich habe nach dem WM-Sieg nicht geschlafen. Es war eine heftige Nacht! Aber das war egal. Ich erinnere mich nur noch bruchstückhaft, wie wir mit der Mannschaft nach Frankfurt geflogen sind, an die Fahrt in den Cabrios und so weiter. Ich dachte irgendwann: Das ist aber nicht der Marienplatz hier (lacht)! Ich hatte das erst gar nicht gecheckt, plötzlich standen wir am Römer. Das war dann der Hallo-Wach-Moment für mich! Ich war es gewohnt, mit den Bayern bei Titelfeiern zum Marienplatz zu kommen.

LOTHAR MATTHÄUS: Mir lief es kalt den Rücken runter, als ich die Fans mit ihren schwarz-rot-goldenen Fahnen und die fröhlich winkenden Menschen am Römer sah. Mit Jubel hatten wir gerechnet. Aber nicht mit einem so überwältigenden, südländisch-temperamentvollem Empfang. Das war keine gespielte Begeisterung. Das kam echt aus den Herzen. Sepp Maier hat gesagt, dass der Empfang für die Weltmeister 1974 bei Weitem nicht so grandios war. Die Leute haben honoriert, dass wir von

Anfang an auf hohem Niveau gespielt haben, dass es keine internen Probleme gab. 1974 zeigte die Mannschaft in der Vorrunde Schwächen, nicht nur beim 0:1 gegen die DDR. Es gab einen Prämienstreit zwischen Mannschaft und DFB. Zum Bankett waren die Frauen nicht eingeladen. Diesmal war das alles fast perfekt. Es war das Wir-Gefühl, das uns zum Weltmeister machte.

JÜRGEN KLINSMANN: Für einen Fußballer ist es das Größte, bei einer Weltmeisterschaft dabei zu sein. Wenn du dann noch den Titel gewinnst, bleibt das natürlich für immer in Erinnerung. In diesem Moment denkst du aber nicht darüber nach, was gerade passiert ist. Du willst einfach nur Party machen und feiern. Erst nach der aktiven Karriere, und wenn dich Menschen aus anderen Ländern immer wieder auf diesen Erfolg ansprechen, realisierst du, dass das etwas ganz Besonderes war. Es ist eine Auszeichnung, wenn du erkannt oder daran erinnert wirst.

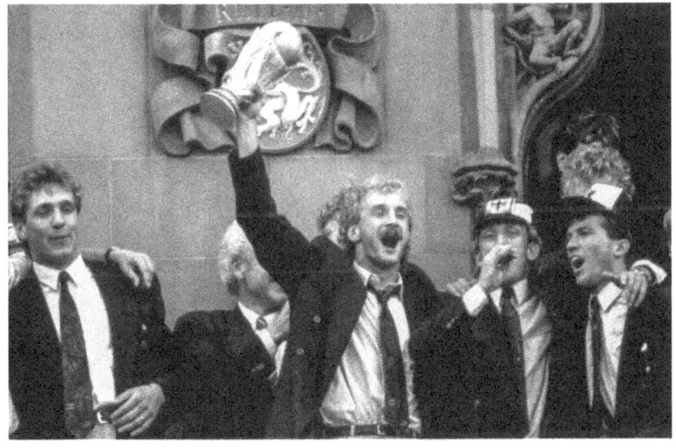

Diebe schlagen zu!

Die legendären Videoaufnahmen von Sepp Maier verschwinden plötzlich nach der Rückkehr nach Frankfurt.

SEPP MAIER: Ich habe bei der WM ganz viel mit meiner Videokamera aufgenommen. Im Bus, in der Kabine, bei der Party. Ich war also damals nicht nur Bundestorwarttrainer, sondern auch Bundeskameramann und -regisseur (lacht). Auf dem Weg zum Römer-Empfang sind wir alle in Cabrios durch Frankfurt gefahren. Dabei habe ich fleißig gefilmt und irgendwann alles in einer Tasche verstaut und nach hinten ins Auto gestellt. In dem ganzen Jubel und Trubel habe ich leider nicht mehr richtig aufgepasst, denn als wir am Römer ankamen, war die Tasche nicht mehr da! Weg!

Aber das Fernsehen war ja da, überall Kameras. Also habe ich einen Aufruf gemacht: „Die Kamera kann der Dieb behalten, aber die Bänder will ich alle zurückhaben, bitte! Bitte beim DFB melden!" Die zwölf, dreizehn Bänder waren alle in der Tasche. Jedes Band war ungefähr eine Stunde lang. Material von über vier Wochen WM. Alles weg! Ich hätte Heulen können vor Wut! Ich war so sauer, ich war gar nicht mehr zum Feiern auf dem Balkon.

Nach ungefähr vier Wochen bekam ich einen Anruf vom DFB: „Die Bänder und die Kamera sind wieder aufgetaucht. Aber du musst sie dir selbst abholen, hieß es – bei einem Italiener in Frankfurt!" Dann bin ich mit einem Freund von München nach Frankfurt geflogen und wir sind dann zu dem uns genannten Restaurant. Das war in der Nähe vom Hauptbahnhof. Doch war der Chef, der mir die Bänder geben wollte, gar nicht da. Ich fragte: „Was ist denn jetzt mit den Bändern?" Da hieß es: „Die hat der Chef hinten im Büro, die bringen wir gleich." Das hat dann ewig gedauert, bis ich die tatsächlich bekommen habe. Und dafür haben die 1000 Mark von mir verlangt! Man sagte mir, sie hätten die Kamera und die Bänder von jemanden abgekauft für den Preis. Na ja, wer das glaubt, habe ich gedacht. Aber gut, ich wollte unbedingt alles zurückhaben sagte: „Klar, freilich, das zahlen wir doch! Ciao ..."

Nachdem ich alles zurückbekommen hatte, stellte ich fest: Die Batterien waren alle leer, die Bänder durcheinander. Die Banditen hatten sich alles angeschaut. Aber es war Gott sei Dank alles da und nichts gelöscht!

Die Bedeutung des Titels

Nach 1954 und 1974 ist Deutschland zum dritten Mal Fußballweltmeister. Es folgt ein weiterer WM-Titel 2014 in Brasilien. Am 9. November 1989 fiel die Mauer. Vor der Wiedervereinigung am 3. Oktober 1990 vereinigen sich die Fußballfans aus Ost und West und feiern gemeinsam die DFB-Elf – während der WM und danach.

FRANZ BECKENBAUER: Wenn ich auf die WM 1990 zurückblicke, hatte ich nie den geringsten Zweifel, dass wir nicht den Titel holen werden. Mir war klar: Wenn alles normal läuft, werden wir Weltmeister. Ich würde sagen: Es war von allen Weltmeisterschaften, die ich erlebt habe, die perfekteste. Dass es am Ende geklappt hat, ist aber nicht mein Verdienst. Das ist das Verdienst der Spieler. Ich war dabei, okay. Aber ich habe nur aufgepasst, dass alles läuft.

JÜRGEN KLINSMANN: Es ist die Mannschaft der Wiedervereinigung. Es ist die Mannschaft, die Deutschland wieder zueinander gebracht hat. Wir haben für Gesamtdeutschland gewonnen, auch wenn noch keine Spieler aus Ostdeutschland dabei waren. Das war uns Spielern bewusst. Wir fühlten uns ein Stück weit auch verantwortlich für Gesamtdeutschland. Das war so besonders für uns, beide Seiten Deutschlands zu repräsentieren und sie dadurch zusammenzubringen. Wenn du Weltmeister werden willst, muss alles zusammenpassen. Aber auch in deinem Land. Wir haben in diesem Jahr Geschichte geschrieben. Es war wirklich historisch. Es war Schicksal, dass es genauso passiert ist. Ich bin überzeugt: Der WM-Titel 1990 war das Fundament für das neue Deutschland. Ost und West kamen durch diese WM zusammen. Es war ein ganz besonderer Moment, ein historischer Moment.

ANDREAS MÖLLER: Das war der WM-Titel zur richtigen Zeit. Das war ja der Wiedervereinigungs-Titel. Das hatte ja eine andere Dimension, plötzlich haben wir für ein vereintes Deutschland gespielt.

JÜRGEN KLINSMANN: Genau zum Zeitpunkt, als die Mauer fiel, hatten wir ja das entscheidende Qualifikationsspiel gegen Wales in Köln, wo uns Icke Häßler mit seinem Treffer zum 2:1 erlöst hat. Und alle Spieler haben sich die Ereignisse damals im Fernsehen angeschaut. Der Mauerfall gab der Mannschaft eine unheimliche Energie. Von dem Tag an war es die gesamtdeutsche WM für alle! Ein tolles Gefühl und zudem hatten wir lauter Heimspiele im San-Siro-Stadion in Mailand.

JÜRGEN KLINSMANN: Franz Beckenbauer hatte dem Team zur WM 1990 ein komplett neues Gesicht gegeben. Jede Weltmeisterschaft schreibt ihre eigene Geschichte. Selbstverständlich hat es uns geholfen, dass Beckenbauer schon 1986 DFB-Trainer gewesen ist. Dadurch konnte er Dinge, die damals nicht so gut gelaufen sind, anders machen. Für uns als Team war es natürlich trotzdem besonders, weil wir das erste Mal als vereintes Deutschland eine WM bestritten. Auch wenn Spieler aus den neuen Bundesländern noch nicht mitspielen durften, hatten wir das Gefühl, dass ganz Deutschland wieder zusammen war. Es war ein Titel für das gesamte Land.

STEFAN REUTER: Das war für uns fast wie eine Heim-WM. Viele von uns haben in Italien gespielt. Hinzu kam die große Begeisterung der Fans. Als wir zum Endspiel gegen Argentinien gefahren sind, standen die Italiener am Straßenrand Spalier und haben applaudiert. Das war beeindruckend. Wir haben auch mitgekriegt, wie groß die Begeisterung zu Hause war. Ein Jahr später bin ich selbst nach Italien zu Juventus Turin gewechselt. Ich weiß noch, dass der Präsident sagte, dass er am liebsten 1990 die ganze deutsche Nationalmannschaft verpflichtet hätte.

HOLGER OSIECK: Dass die WM vor dem Hintergrund der Wiedervereinigung in eine für Deutschland sehr wichtige Zeit fiel, war innerhalb der Mannschaft durchaus ein wichtiges Thema. Wir hatten auch Besuch von einigen DDR-Trainer. Der Eberhard Vogel, der Ede Geyer, der Dixie Dörner, der Hans-Georg Moldenhauer, der später noch DFB-Vizepräsident geworden ist – die haben uns alle im Camp in Erba besucht und sind herzlich aufgenommen worden. Das war eine wirklich nette Atmosphäre. Da hat sich bei uns allen schon das Gefühl breitgemacht: Jawoll, wir gehören jetzt zusammen! Das war uns allen bewusst auf dem Weg, in Italien etwas Großes zu erreichen.

Der Weltmeistermoment

Die Fußball-WM in der Zeit vom 8. Juni bis zum 8. Juli 1990 findet nach 1934 zum zweiten Mal in Italien statt. Die DFB-Elf bestreitet insgesamt sieben Spiele. Die Spieler verraten, ab wann ihnen klar war, dass sie den Titel holen.

JÜRGEN KLINSMANN: Vom ersten Spiel an war ich mir sicher, dass uns keiner stoppen kann. Eigentlich sogar vom Anpfiff weg. Wir haben eine unglaubliche Energie aufs Feld gebracht – das hat man gespürt. Wir waren von Anfang an davon überzeugt, dass wir die WM gewinnen. Jeder hat diese WM gelebt und aufgesaugt in diesem Land, das damals das Nonplusultra des Weltfußballs war. Wir hatten das Selbstvertrauen zu sagen: Das wird unsere WM, die nimmt uns keiner weg. Bis auf die Holländer hatten alle Bammel vor uns.

GUIDO BUCHWALD: Mein persönliches Aha-Erlebnis kam sehr früh. Zum Auftakt gegen Jugoslawien hatte ich mit Dejan Savićević einen der Stars als Gegenspieler. Ich hatte ihn total im Griff, habe gemerkt, dass ich in einer Topverfassung bin. Außerdem rannte Lothar über das halbe Feld und machte ein Riesentor, wir gewannen 4:1. Da wusste ich: Das wird eine gute WM für mich und für uns.

RUDI VÖLLER: Wir haben im Trainingslager schon mitbekommen, was in Deutschland los war. Und durch unseren ersten Sieg habe wir eine Euphorie im ganzen Land entfacht. Wir haben von Anfang an den Glauben gehabt, dass wir Weltmeister werden können.

THOMAS BERTHOLD: Für mich war von Anfang an klar, dass wir Weltmeister werden. Schon als wir im Trainingslager in Südtirol waren. Ich hatte keinen anderen Gedanken. Diese große Überzeugung war auch ein wichtiger Faktor für diese Mannschaft, dass man als Favorit ins Turnier geht und es am Ende auch gewinnt. Es gab keine Zweifel, weil wir von unserer Stärke so überzeugt waren. Franz hat immer wieder gesagt: „Ihr könnt euch nur selbst schlagen!" Er hat bei den Besprechungen nie groß was zum Gegner gesagt. Sondern nur die ersten elf benannt. Und dann hat er immer gesagt: „Geht's raus, spielt's Fußball und habt's Spaß!" Wir waren eine richtige Mannschaft. Von Nummer 1 bis Nummer 22. Die ersten 13, 14 waren klar. Aber auch die anderen haben nicht aufgemuckt und sich im Training voll reingehauen, anstatt sich hängen zu lassen.

JÜRGEN KLINSMANN: Wir sind sehr selbstbewusst ins Turnier gegangen und haben uns sehr gut gefühlt. Das Eröffnungsspiel gegen Jugoslawien war der Startpunkt. Lothar Matthäus' Supertor gegen Jugoslawien war wie ein großes Ausrufezeichen für uns – aber auch für die anderen Mannschaften. Wir signalisierten damit, dass wir bereit waren und den Titel gewinnen wollten. Dieses Selbstbewusstsein, alles gewinnen zu können, hat uns durch das gesamte Turnier getragen. Dennoch trafen wir mit Holland und England im Achtel- und Halbfinale auf zwei Mannschaften, die uns hätten schlagen können.

HANSI PFLÜGLER: Wir hatten von Anfang an im Turnier einen Lauf. Da hatte man das Gefühl: Hier kann nichts schiefgehen! Erst recht, wenn man sieht, wie Lothar Matthäus in Form war, wie Guido Buchwald in Form war, Jürgen Klinsmann und Rudi Völler waren auch super drauf – und dazu ein Mann an der Seitenlinie, der zwar auch mal vor Wut gegen eine Kiste trat, wenn es sein musste, die Mannschaft aber großartig geführt und gelenkt hat.

GÜNTER HERMANN: Für mich war schon nach der Vorrunde klar, dass wir Weltmeister werden. Wir konnten uns nur selbst schlagen – das hat Franz in den Besprechungen immer gesagt. Keine Mannschaft sei besser! „Ihr seid auf allen Positionen besser besetzt als jede andere Mannschaft", das hat er uns eingetrichtert! Natürlich war das Elfmeterschießen gegen England Glückssache. Aber die anderen Spiele waren schon sehr souverän.

UWE BEIN: Nach dem Jugoslawien-Spiel war für mich, war für uns alle eigentlich klar: Wer Weltmeister werden will, der muss uns schlagen! Das war unsere Überzeugung. Vom ersten Tag an haben wir in Italien eine Begeisterungswelle entfacht. So viele Fans beim Training, beim Hotel, vor dem riesengroßen Tor zu unserer Villa, wo wir gewohnt haben – von Tag eins an war das ein Selbstläufer. Weil es in der Mannschaft auch keine Spannungen gab. Klar, es gab einen gewissen Konkurrenzkampf, jeder wollte spielen. Aber es war keiner irgendwie hinterlistig, hinterfotzig, wie man so schön sagt, um jemanden, der gespielt hat, aus der Mannschaft zu drängen. Das lief alles auf einer sehr, sehr sportlichen und fairen Basis ab. Das war der Schlüssel zum Erfolg. Und dass Lothar als Kapitän vorneweg marschiert ist und alle mitgezogen hat. Klar, er hat er seinen Spleen gehabt. Kurz vor Sitzungsbeginn ging die Tür auf und Lothar kam rein. Zehn Sekunden vorher – das war sein Ding. Das war spaßig. Wir hatten viele erfahrene Spieler dabei. Jeder hat seinen Teil dazu beigetragen. Auch die Spieler, die hintendran waren. Die von Anfang an eigentlich wussten, dass sie nicht spielen.

GUIDO BUCHWALD: Das Holland-Spiel ist mir heute noch von der ganzen WM, trotz Finale und Diego Maradona als direkten Gegenspieler, am präsentesten und die erste Erinnerung, die ich habe, wenn ich an die WM denke. Das war das Spiel, das absolut entscheidend war, um am Ende Weltmeister zu werden. Wir hatten drei entscheidende Spiele, die uns als Mannschaft stark gemacht haben. Das war das erste gegen Jugoslawien, als wir super ins Turnier reingekommen sind und Lothar Matthäus dieses sensationelle Tor gemacht hat. Dann das Holland-Spiel, Achtelfinale gegen den amtierenden Europameister, gegen einen Toptitelaspiranten. Die Holländer hatten einen van Basten, Gullit, Frank Rijkaard, die Koemans und, und, und – das ist eine absolute Topmannschaft gewesen. Und dann das Endspiel. Das sind für mich die drei absoluten Highlights der WM.

ANDREAS MÖLLER: Das Holland-Spiel war für mich dieser eine besondere Moment, als mir klar war: Wir werden hier Weltmeister! Die sind 1988 sehr überzeugend Europameister geworden. Mit van Basten, mit Gullit und so weiter. Die hatten eine super Mannschaft! Das war eine super Generation! Als wir die geschlagen hatten, wusste ich: Wir sind richtig gut! Da wussten wir: Jetzt packen wir es! Da war der Glaube da!

JÜRGEN KOHLER: Nach dem Holland-Spiel war mir klar: Wir werden hier Weltmeister! Wir sind mit dem Bus zurück aus Mailand an den Comer See in unser Quartier gefahren, in der Überzeugung, dass wir den Titel holen! Natürlich immer in dem Bewusstsein, du musst die anderen Spiele erst noch spielen. Was auch ein wichtiger Faktor war: Es herrschte die beste Stimmung, die ich je bei der Nationalmannschaft erlebt habe.

ANDREAS KÖPKE: Nach dem Sieg im Elfmeterschießen gegen England war mir klar, dass uns das Ding keiner mehr nehmen kann. Wir hatten von Anfang an einen tollen Lauf, sind mit dem 4:1 gegen Jugoslawien super ins Turnier gekommen. Dann das Achtelfinale gegen Holland. Das war ein 50:50-Spiel. Das war ein richtiges Hass-Spiel mit Anspucken und so.

FRANK MILL: Nach dem Spiel gegen die Engländer war mir irgendwie klar, dass wir jetzt das Ding gewinnen! Die Mannschaft hatte so viel Kraft.

RUDI VÖLLER: Wir haben alle zusammen das erste Halbfinale zwischen Italien und Argentinien geguckt. Und nach dem Spiel haben wir uns noch mal unten an der Bar getroffen und ein Bierchen getrunken. Da herrschte schon eine leichte Euphorie, weil wir wussten, wenn wir unser eigenes Halbfinale gegen England gewinnen, werden wir gegen die Argentinier Weltmeister! Italien hatte eine sehr gute Mannschaft, dazu den Heimvorteil – vor Italien hatten wir großen Respekt. Und obwohl sie die Italiener besiegt hatten, waren wir uns sicher: gegen die Argentinier konnten wir nicht verlieren. Unser Selbstvertrauen war so groß! Wir wussten, dass wir eine super Mannschaft haben. Die Argentinier waren nicht mehr so stark wie 1986.

HOLGER OSIECK: Wenn ich mich nicht sehr täusche, waren wir nach dem England-Spiel überzeugt, dass wir den Titel holen. Von Anfang an hat sich das im Turnier Schritt für Schritt abgezeichnet. Mit jedem starken Gegner, den wir aus dem Weg geräumt hatten. Die Jugoslawen hatten eine Bombentruppe, die Holländer waren Europameister. Dann das Elfmeterschießen gegen England – so ein Spiel kann auch anders ausgehen. Mit jedem Sieg wuchs die positive Stimmung. In einem Endspiel kann natürlich immer etwas passieren, aber die Mannschaft war so stark, dass sie es von Anfang bis Ende durchgezogen hat! Die Mannschaft hatte ein ungeheures Selbstbewusstsein, dass durch jedes erfolgreiche Spiel noch zugenommen hat. Und es gab keine Spannungen innerhalb der Mannschaft.

LOTHAR MATTHÄUS: Ich glaube, dass wir 1990 verdient Weltmeister geworden sind – und auch den schwersten Weg hatten. Wir mussten fünf Topgegner besiegen: Jugoslawien, die Tschechoslowakei, Holland, England und Argentinien als amtierenden Weltmeister.

WM-Erinner-ungen

Acht Wochen sind die Nationalspieler zusammen. Erst im Trainingslager, dann beim Turnier in Italien. Zeit für viele Erlebnisse und Emotionen.

ANDREAS MÖLLER: Die WM war vom ersten bis zum letzten Tag wie ein Märchen. Ich war der Jüngste im Team, ja, aber gemerkt hat man davon nichts. Es gab für mich keinen Welpenschutz oder so. Im Fußball gibt's kein Jung oder Alt, sondern Gut oder Schlecht. Ich habe übrigens erst Jahre später erfahren, dass ich der Jüngste im Kader war. Ich war 22 damals. Aber das Alter war nie ein Thema. Die besten Fußballer Deutschlands waren in der Mannschaft. Mir kam es vor, dass alle Spieler sehr reif waren, weil sie schon viel erlebt hatten.

BODO ILLGNER: Das Highlight für mich – neben der tollen Atmosphäre und der Harmonie – war sicherlich, dass ich den Elfmeter im Halbfinale gegen England halten konnte und dass ich mit 23 schon Weltmeister geworden bin. Bis heute übrigens bin ich der jüngste Torwart, der den WM-Titel geholt hat. Und der erste Torwart – das habe ich mal in Amerika erfahren, wo man versessen auf Statistiken ist – der ein clean sheet hatte in einem WM-Finale, also kein Gegentor zugelassen hat.

LOTHAR MATTHÄUS: Wenn ich an 1990 denke, dann muss ich Paul Steiner erwähnen – er war der „Kapitän der Bank". Olaf Thon hat sich sensationell verhalten, er hat akzeptiert, dass er trotz guter Leistungen in den Spielen und im Training im Finale nicht zum Zug gekommen ist. Das war groß. Wenn irgendjemand quergeschossen hätte, wären wir niemals Weltmeister geworden.

GUIDO BUCHWALD: Das waren acht Wochen, die man nie vergessen wird. Ich habe noch nie erlebt, dass eine Mannschaft so harmoniert hat, und wir sind ja lauter junge Männer gewesen, aber auch zwei Generationen, ganz junge und ein paar ältere. Die haben sich alle untereinander respektiert. Sowas habe ich, so hundertprozentig, wie es damals war, nie mehr erlebt. Wenn man eine so lange Zeit einkaserniert ist, dann ist das schwierig. Da gibt es normalerweise eigentlich immer Konflikte untereinander. Bei uns gab es die aber einfach nicht! Das war nur schön, einfach super, einfach toll. Wenn man dann noch Erfolg hat, dann ist das eine Sensation.

RAIMOND AUMANN: Ich kann mich nicht entsinnen, dass es bei uns gescheppert hätte. Wir hatten keine Diva. Jeder war ein Teil der Mannschaft. Ein Frank Mill ebenso wie der Lothar Matthäus oder der Andreas Brehme, die in Italien die großen Stars waren. Das hat uns alle stark gemacht! Sonst wirst du auch nicht Weltmeister. Es gab keine Grüppchenbildung. Natürlich sind die Bayern mal zusammen raus. Das muss auch mal sein. Aber der Schlüssel zum Erfolg war die Harmonie, der Zusammenhalt aller. Auch von denen, die wenig oder gar nicht gespielt haben. Uns alle hat das große Ziel angetrieben. Da hat sich keiner zu wichtig genommen, da war sich keiner zu schade, sich mal hintanzustellen. Das war schon toll! Ich glaube nicht, dass es heute so funktioniert.

SEPP MAIER: Die 90er-Mannschaft war super harmonisch. Es hat nie Ärger gegeben. Da waren ja auch so viele gute Fußballer dabei. Um Erfolg zu haben, musst du nicht elf Freunde haben. Eine Mannschaft aus elf Freunden hat noch nie einen Titel gewonnen. Man muss sich verstehen, aber es muss doch eine gewisse Spannung dabei sein. Wichtig ist aber, dass keine linken Bazillen dabei sind, die Ärger machen. Franz hat einen großen Beitrag dazu geleistet, dass alles so harmonisch war. Unser Trainerteam mit Franz, Berti Vogts, Holger Osieck und mir hat auch eine Riesengaudi gehabt. Das färbt auch auf die Mannschaft ab. Wir waren eine Einheit.

GÜNTER HERMANN: Ich war bei der WM nie im Kader. Es durften damals immer nur fünf Spieler auf die Bank. Aber das war mir völlig egal. Ich durfte Weltmeister werden! Und wir hatten eine tolle Truppe. Das hat so einen Spaß gemacht. Mich als WM-Tourist abzustempeln, das war schon sehr hart. Ich war nicht der Einzige, wurde aber von der BILD-Zeitung herausgepickt. Das war unfair und in der ersten Zeit schon ein bisschen schwierig, das hat wehgetan. Aber dann war ich schnell drüber hinweg, konnte mich damit abfinden und mich über den Titel freuen. Denn in dieser Mannschaft gab es einen so guten Teamgeist, da hatten wir alle das Gefühl, dass wir unseren Beitrag geleistet haben.

PIERRE LITTBARSKI: Was mich immer wieder zum Lachen bringt: Ich werde immer wieder mit Rudi Völler verwechselt. Dann heißt es zum Beispiel: „Danke, Herr Völler!" Die Leute sind irgendwie verbohrt. Wenn ich sage: „Nee, das bin ich nicht", dann sagen die: „Nee, das sind Sie schon."

FRANK MILL: Das waren damals noch alles richtige Jungs. Wir können alle heute noch tolle Geschichten erzählen. Wenn man sich die Fotos von heute anguckt, haben wir uns alle auch nicht groß verändert. Nur der Icke Häßler ein bisschen, der hat nämlich seit zwei Jahren eine Tätowierung am Hals (lacht). Heutzutage hat sich das alles gewandelt in den Mannschaften. Alle haben doch nur noch ihr Handy in der Hand, das war's. Die kommen zum Training und hauen direkt danach wieder ab. Da gibt's keine Freundschaften mehr. Früher hat man noch mit fünf, sechs Leuten zusammengesessen und gequatscht. Ich bin sehr dankbar und froh, dass ich diese Zeiten erlebt habe.

JÜRGEN KLINSMANN: Wir waren extrem gierig nach dem Erfolg, fast schon über die Grenze des Vorstellbaren hinaus. Viele von uns waren zu dem Zeitpunkt bei Klubs in Italien. Unser Fokus lag voll und ganz auf dem Gewinnen, egal wie! Diesen Hunger nach dem Titelgewinn beizubehalten, war leider nicht mehr möglich. Die Enttäuschungen bei der EM 1992 und der WM 1994 kamen zwangsläufig.

GUIDO BUCHWALD: Ich habe danach einen großen Unterschied bei Auswärtsspielen in der Bundesliga bemerkt: Die Fans sind mir mit sehr viel Respekt begegnet. Es kamen kaum noch Pfiffe, obwohl ich beim Gegner spielte.

PIERRE LITTBARSKI: Mir ist immer bewusst, dass wir zwar Weltmeister im Fußball geworden sind, aber deswegen nicht zwangsläufig Weltmeister im Leben sind.

FRANZ BECKENBAUER: 1990 hat einfach alles gepasst. Eine Mannschaft, die sich glänzend verstand. Mit Italien ein Land, in dem wir uns richtig wohlfühlten. Und eine einmalige Fußballatmosphäre. Es war die schönste WM, die ich erlebt habe. Was mich besonders freut: Wir sind alle Freunde fürs Leben geworden.

WER
IST
WER

Die Macher

DER TRAINERSTAB

Franz Beckenbauer (11. September 1945).
Teamchef.
Hörte nach der WM auf. Als Chef des deutschen WM-Bewerbungskomitees holte er die Fußballweltmeisterschaft 2006 nach Deutschland. Lebt mit seiner Frau Heidi in Österreich. Gemeinsam haben sie zwei Kinder.

Holger Osieck (31. August 1948).
Co-Trainer.
Später u.a. Nationaltrainer von Australien und Kanada sowie in der Bundesliga Cheftrainer beim VfL Bochum.

Berti Vogts (30. Dezember 1946).
Co-Trainer.
Wurde Beckenbauers Nachfolger als Bundestrainer. 1996 Europameister.
Später u.a. Cheftrainer bei Bayer Leverkusen, Nationaltrainer von Schottland und Nigeria.

Sepp Maier (28. Februar 1944).
Torwarttrainer.
War bis 2004 beim DFB. Von 1994 bis 2008 Torwarttrainer beim FC Bayern München, u.a. von Oliver Kahn.

Wolfgang Niersbach (30. November 1950).
Pressechef.
Von 2012 bis 2015 Präsident des Deutschen Fußball-Bundes.

Die Mannschaft

TORHÜTER

Bodo Illgner (7. April 1967).
Spielte 1990 beim 1. FC Köln. Wechselte 1996 zu Real Madrid, gewann dort bis 2001 u.a. zweimal die Champions League und einmal den Weltpokal. Lebt heute in Florida und Spanien.

Raimond Aumann (12. Oktober 1963).
Wurde mit dem FC Bayern München sechsmal Meister. Arbeitete nach der Karriere beim Rekordmeister als Fanbeauftragter.

Andreas Köpke (12. März 1962).
Bis zum Abstieg 1994 spielte er für den 1. FC Nürnberg. Dann Wechsel zu Eintracht Frankfurt. Als die Nummer eins Europameister 1996. Von 2004 bis 2021 Torwarttrainer der deutschen Nationalelf, 2014 Weltmeister. Heute unter Jürgen Klinsmann Torwarttrainer bei Südkorea.

ABWEHR

Klaus Augenthaler (26. September 1957).
Nach seiner Karriere beim FC Bayern München (siebenmal Meister) arbeitete er als Trainer u.a. bei SpVgg Unterhaching, VfL Wolfsburg, 1. FC Nürnberg und Bayer Leverkusen. Heute u.a. Talentsichtung und Legenden-Mannschaft bei den Bayern.

Jürgen Kohler (6. Oktober 1965).
Wechselte 1989 vom 1. FC Köln zum FC Bayern München, holt später in seiner Karriere nicht nur den EM-Titel 1996, sondern auch den UEFA-Cup mit Juventus Turin 1993 und gewinnt die Champions League mit Borussia Dortmund 1997. Arbeitet heute u.a. als Vermögensberater.

Guido Buchwald (24. Januar 1961).
Wechselte 1994 vom VfB Stuttgart (zweimal Meister: 1984, 1992) nach Japan zu Urawa Red Diamonds. War danach Trainer beim Karlsruher SC, Urawa Red Diamonds, Alemannia Aachen und Stuttgarter Kickers und u.a. Aufsichtsratsmitglied beim VfB Stuttgart. Arbeitet heute u.a. im Marketing.

Stefan Reuter (16. Oktober 1966).
Wechselte von den Bayern zu Juventus Turin und dann zu Borussia Dortmund. Gewann mit dem BVB u.a. die Champions League. Seit 2012 Sportdirektor beim FC Augsburg.

Thomas Berthold (12. November 1964).
Wechselte 1987 von Eintracht Frankfurt zu Hellas Verona und später zur AS Rom. Nach Stationen beim FC Bayern München und VfB Stuttgart beendete er seine Karriere in der Türkei. Danach u.a. Sportdirektor bei Fortuna Düsseldorf und TV-Experte.

Andreas Brehme (9. November 1960).
Gewann mit Inter Mailand den UEFA-Pokal 1991 und die italienische Meisterschaft 1989. Zuvor ist er mit den Bayern einmal Deutscher Meister geworden. Beendete seine Karriere nach der Sensationsmeisterschaft 1998 mit dem 1. FC Kaiserslautern. Nach seiner Karriere u.a. Co-Trainer unter Giovanni Trapattoni beim VfB Stuttgart. Arbeitet heute u.a. als DFB-Repräsentant und im Marketing.

Günter Hermann (5. Dezember 1960).
Zweimal Meister (1988, 1993) und Europapokalsieger der Pokalsieger 1992 mit Werder Bremen. Betreibt eine Fußballschule und ein Sportgeschäft in der Nähe von Bremen.

Hansi Pflügler (27. März 1960).
Fünfmal Deutscher Meister, dreimal DFB-Pokalsieger mit dem FC Bayern München. Beim Rekordmeister baute er von 1992 bis 2017 den Fanshop und das Merchandising auf. Betreibt in seiner Heimatstadt Freising eine Pension.

Paul Steiner (23. Januar 1957).
Nach seiner Karriere beim 1. FC Köln arbeitete er u.a. als Videoanalyst bei Bayer Leverkusen und dem 1. FC Köln. Lebt im Ruhestand abwechselnd in Spanien und in Deutschland.

M I T T E L F E L D

Lothar Matthäus (21. März 1961).
Spielte von 1988 bis 1992 bei Inter Mailand, wo er italienischer Meister (1989) und UEFA-Cup-Sieger (1991) wird. Danach wechselte er zurück zum FC Bayern München. Ehrenspielführer der Nationalmannschaft. Anerkannter TV-Experte und Kolumnist.

Pierre Littbarski (16. April 1960).
1993 Wechsel vom 1.FC Köln (Pokalsieger 1983) nach Japan zu JEF United Chiba und Brummell Sendai. Später Trainer u.a. bei Yokohama FC in Japan, Bayer Leverkusen, MSV Duisburg, Sydney FC in Australien und FC Vaduz in Liechtenstein. Bis 2023 Markenbotschafter beim VfL Wolfsburg.

Uwe Bein (26. September 1960).
Ging 1994 von Eintracht Frankfurt zum japanischen Erstligisten Urawa Red Diamonds. Heute Markenbotschafter von Eintracht Frankfurt.

Andreas Möller (2. September 1967).
Spielte für Eintracht Frankfurt, Juventus Turin, Borussia Dortmund und Schalke 04. Erfolge: Europameister, Champions-League-Sieger, Weltpokalsieger, UEFA-Cup-Sieger, Deutscher Meister und Pokalsieger. Hat fünf Kinder.

Thomas Häßler (30. Mai 1966).
1990 Wechsel vom 1. FC Köln zu Juventus Turin. Über AS Rom und den Karlsruher SC zu Borussia Dortmund, 1860 München und Austria Salzburg. Später Co-Trainer bei Nigeria und Jugendtrainer beim 1. FC Köln. Heute sportlicher Berater beim BFC Preussen in Berlin.

Olaf Thon (1. Mai 1966).
Der Schalker kehrt nach seiner Zeit beim FC Bayern München (1988 bis 1994) zu den Königsblauen zurück, mit denen er als Kapitän den UEFA-Cup gewann. Beendet 2002 seine Karriere. Heute Markenbotschafter vom FC Schalke 04.

ANGRIFF

Jürgen Klinsmann (30. Juli 1964).
Bis 1992 spielt er bei Inter Mailand. Weitere Stationen: AS Monaco, Tottenham Hotspur, FC Bayern München, Sampdoria Genua. Bei der WM 2006 Bundestrainer. Trainerstationen u.a. Bayern München und Hertha BSC sowie USA und heute Südkorea.

Rudi Völler (13. April 1960).
Wechselte 1992 von der AS Rom zu Olympique Marseille, gewann dort die Champions League. Beendete bei Bayer Leverkusen seine Spielerkarriere. Bundestrainer bei der WM 2002 und EM 2004. Später u.a. Sportdirektor bei Bayer Leverkusen. Seit Februar 2023 Direktor der deutschen Fußballnationalmannschaft.

Karl-Heinz Riedle (16. September 1965).
Wechselte 1990 von Werder Bremen zu Lazio Rom. Danach spielte er noch für Borussia Dortmund (u.a. Champions-League-Sieger 1997) und in England für den FC Liverpool und den FC Fulham. Betreibt ein Sporthotel im Allgäu.

Frank Mill (23. Juli 1958).
1994 von Borussia Dortmund zu Fortuna Düsseldorf gewechselt. Spielt für die BVB-Legenden-Elf und betreibt erfolgreich Fußballschulen.

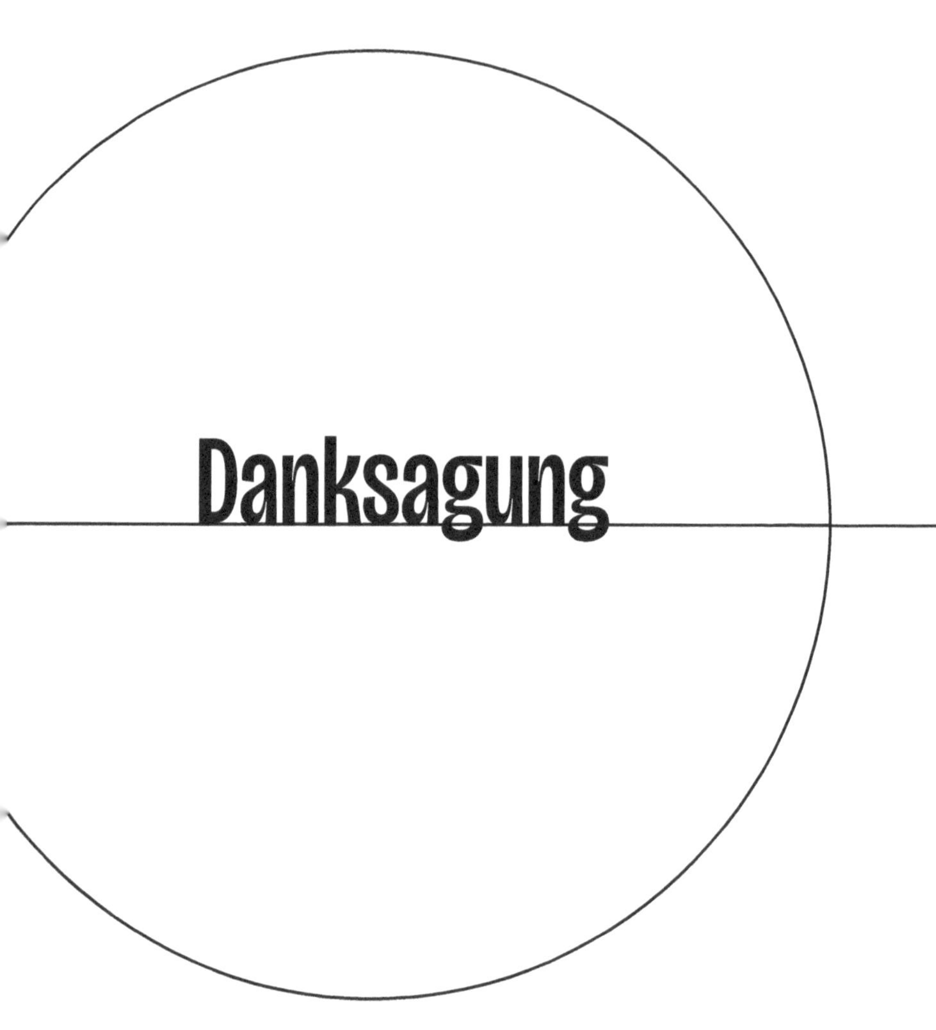

Danksagung

Danke an alle Weltmeister von 1990! Danke für eure Zeit und eure Erinnerungen. Danke an alle Trainer und Pressechef Wolfgang Niersbach. Danke natürlich auch für den WM-Titel!

Danke an Heidi und Franz Beckenbauer!
Für die Unterstützung und das schöne Vorwort.

Ein ganz besonderer Dank gilt Rudi Völler. Er war der Erste, der gesagt hat: „Ich bin dabei!“ Seine Zusage hat dafür gesorgt, dass ich das Ding mit Edel Sports überhaupt erst gestartet habe.

Ohne die Hilfe von Freunden und Kollegen wäre das Projekt gar nicht so umfangreich geworden. Phillip Arens, Jörg Althoff, Walter Straten, Herbert Jung, Roberto Lamprecht, Ulrika Sickenberger, Roland Palmert, Joachim Schuth, Jörg Weiler, Peter Wenzel, Dirk Krümpelmann, Thomas Sulzer, Jens Nagler, Kai Traemann, Andreas Herzog, Max Breitner, Andree Bitterer, Alex von Kuczkowski, Kai Psotta, Yorick Schmidt und Florian Witte – ich danke euch, dass ihr mir die richtigen Türen geöffnet und mir geholfen habt!

Danke an Stefan Weikert und Marten Brandt von Edel Sports. Danke für eure Ideen, euren Support und für die tolle Umsetzung des Buches. Das ist wirklich edel geworden!

Danke an Andreas Volleritsch für das tolle Design.

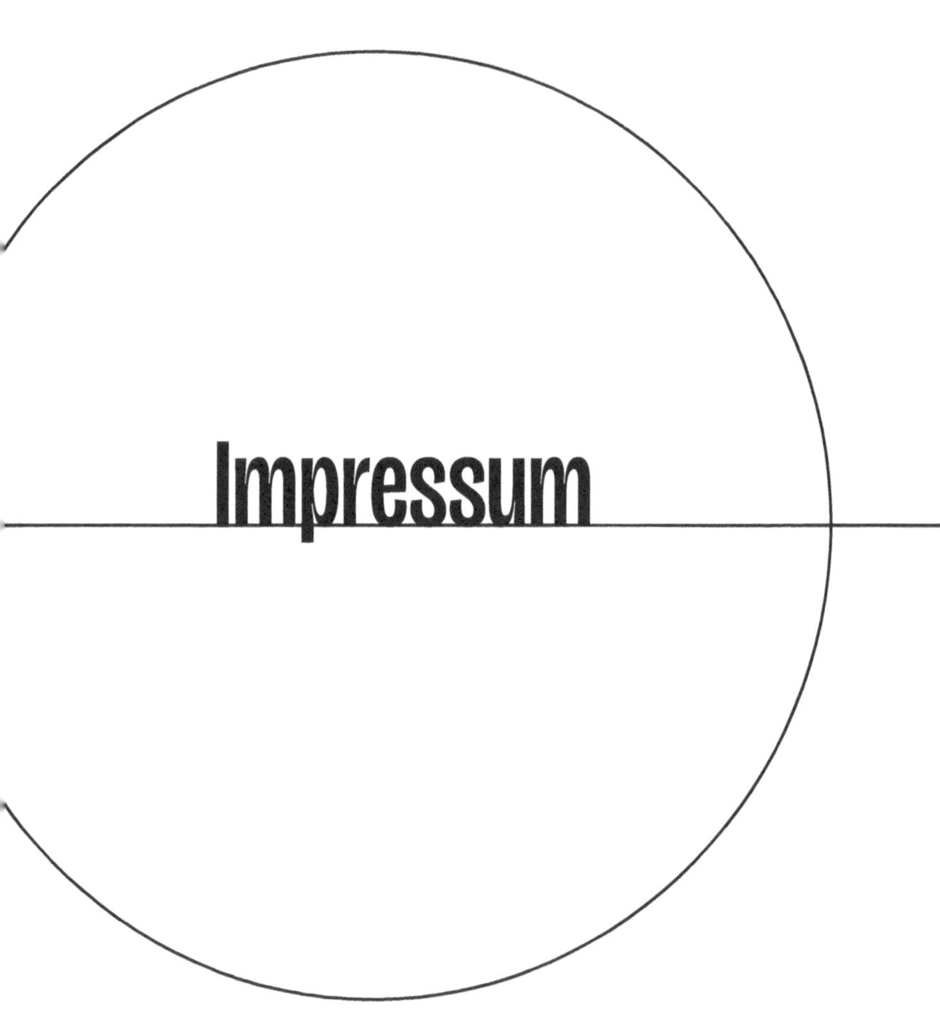

Impressum

IMPRESSUM

Projektkoordination: *Dr. Marten Brandt*
Layout und Satz: *Andreas Volleritsch*
Umschlaggestaltung: *Groothuis. Gesellschaft der Ideen und Passionen mbH www.groothuis.de*
Druck & Bindung: *GGP Media GmbH, Pößneck*

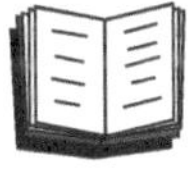

2. Auflage 2024

Neumühlen 17
D-22763 Hamburg
ISBN: 978-3-98588-080-5

BILDNACHWEIS

© Imago: AFLOSPORT S. 174-175, Colorsport S. 119, 277, Horstmüller S. 28-29, 269, 289, Kicker / Liedel S. 204-205, Laci Perenyi S. 21, Magic S. 182, 18, Offside Sports Photography S. 228-22, Pressefoto Baumann S. 50-51, 80-81, 98-99, 135, Sammy Minkoff S. 239, Sportfoto Rudel S. 61, 67, 68-69, 88, 97, 152-153, 26, Sven Simon S. 6, 49, 92, 147, 209, 221, 225, 280-281, WEREK S. 8 0, 120-121, 132, 192, 227

LIEBE LESERINNEN, LIEBE LESER

wie schön, dass Sie ein Buch von EDEL SPORTS lesen! Wir lieben große Geschichten, herausragende Persönlichkeiten und starke Meinungen aus der faszinierenden Welt des Sports und freuen uns sehr, dass Sie diese Leidenschaft mit uns teilen. Sport ist Emotion, Entertainment und Business zugleich. Geben Sie uns gern Ihr Feedback auf Instagram (@edel.sports) oder schreiben uns an: *info-edelsports@edel.com.*

UNSER VERLAGSHAUS

Mit Standorten in Hamburg und München zählt die Edel Verlagsgruppe zu den größten unabhängigen Buchanbietern Deutschlands. Zur Gruppe gehören die Verlage Dr. Oetker Verlag, Edel Sports, KARIBU und ZS.

EDEL Sports – Ein Verlag der Edel Verlagsgruppe
www.edelsports.com
www.instagram.com/edel.sports

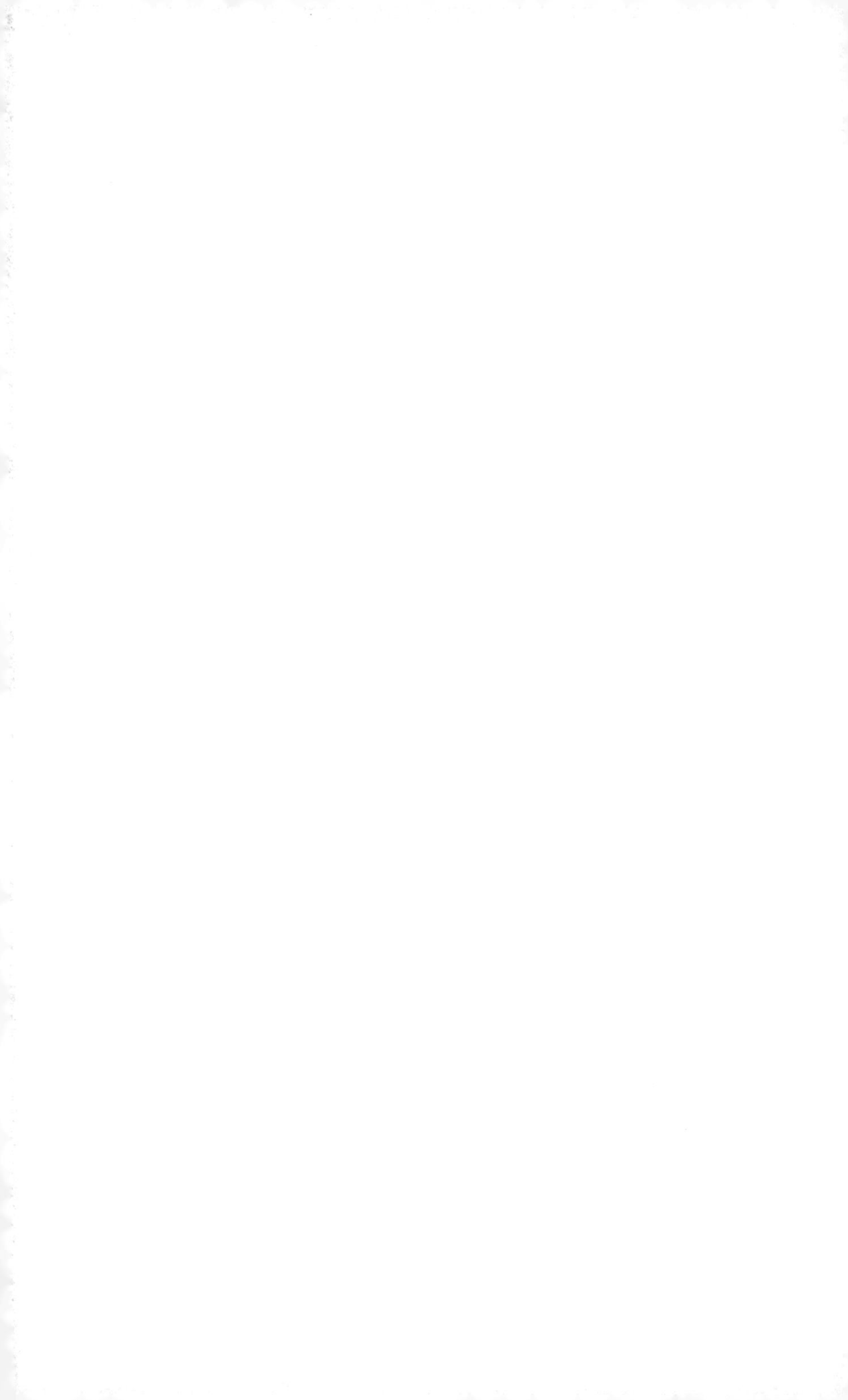